中央大学政策文化総合研究所研究叢書　24

日本社会の持続可能性と総合政策

横　山　彰　編著

中央大学出版部

ま え が き

　今日の日本社会は，少子高齢化とともに人口減少が進展し，欧米先進諸国に比べ経済成長と労働生産性が低迷し，巨額な財政赤字を抱えながら社会保障の国民負担が増大し社会資本の老朽化も進み，大都市圏以外の市町村では過疎化により地域社会の生活基盤が劣化している状況にある．また，東日本大震災時の福島原発事故の影響で，エネルギー政策や地球温暖化対策の見直しが求められている．

　こうした日本社会は，経済・環境・福祉のいずれの持続可能性も危ぶまれ，その対応に迫られている．したがって，日本社会の持続可能性を考察すること，とりわけ複眼的な視点から考察することが必要になる．日本社会の持続可能性を考察するときに複眼的な視点が必要となるのは，日本社会の持続可能性とはそもそも何を意味するのかは論者によって異なり，論者一人ひとりが現下の日本社会をどのように認識するかで，日本社会の持続可能性の論じ方も異なってくるからである．こうした複眼的な視点から，社会を「より良い社会」にしようとする人間の営みである政策を研究する学問が，「総合政策」である．この総合政策では，異なる視点や異なる認識や異なる価値判断をもつ人間一人ひとりが，異なる「より良い社会」を目指す過程で，相互に他者の意見を自らの価値認識体系の中で咀嚼し理解を深め熟考したうえで他者と協同できる可能性を追求する人間の営みが不可欠になる．

　本書は，中央大学政策文化総合研究所の研究プロジェクト「日本社会の持続可能性：経済と環境と福祉の相互補完の総合政策研究」に参加した研究員・客員研究員・準研究員が，各々の視点や認識や価値判断から「日本社会の持続可能性」を巡る研究課題を独自に設定し，その解明を行った研究成果を取りまとめたものである．この点で，本書では各執筆者が異なる「日本社会の持続可能性」に関わる事柄を論じているが，そのことが相互に他者の意見を

自らの価値認識体系の中で咀嚼し理解を深め熟考する機会となっており，さらには読者の一人ひとりも他者である執筆者の見解を自らの価値認識体系の中で咀嚼し理解を深め熟考する機会として本書を手に取っていただければと念じている．こうした思いも込めて，本書のタイトルを『日本社会の持続可能性と総合政策』とした．

　本書は全 9 章から構成されているが，以下で各章の概要を述べておこう．

　第 1 章「社会の持続可能性と総合政策」（横山彰）は，「社会の持続可能性」という言葉の多義性を前提に，社会における経済と環境と福祉の相互関係を理解することを通して社会の持続可能性の意味内容を検討し，社会の持続可能性を考察する視座としては総合政策が重要になる点を明らかにしている．「持続可能性」とは何らかの事柄を示す状態変数の時間的変化量が時間を通して減少しないことであり，社会の持続可能性は社会を示す状態変数として何を考えるかで，その意味内容が異なると指摘する．そして，種々の持続可能性指標の整理をしたうえで，総合政策という視座から社会の持続可能性を考察する意義を明らかにしている．

　第 2 章「超高齢社会における環境の持続可能性——ごみ分別制度の未来——」（篠木幹子）は，ごみの分別のように人びとの協力を前提として設計された環境の持続可能性のための制度が，高齢化によってどのような影響を受けるのかという問を設定している．加齢のため詳細なごみの分別が困難になっている高齢者が多数おり，彼らにごみ出し支援を行っている自治体が全国に 2 割程度存在するという状況を踏まえ，高齢者のごみ分別行動やそれに対する考え方に関して 2005 年および 2015 年に仙台市において実施した調査データをもとに分析を行っている．その分析結果に基づき，高齢化がさらに進むと，住民の協力を前提として資源の持続可能性を目指す現在のごみ分別制度はうまく機能しなくなる可能性があると指摘している．

　第 3 章「持続可能なブロードバンド・エコシステムについて——新たな規制枠組み——」（実積寿也）は，今日の日本における社会経済にとって不可欠なインフラであるインターネットに着目し，ネットワーク産業と OTT（Overthe-Top：動画・音声などのコンテンツ・サービスを提供する）産業の間のインターフェース条件をめぐる議論であるネットワーク中立性に関し考察している．関連プレイヤーそれぞれが外部補助や内部補助なしに経済的に自立できるようになった状況を「持続可能なブロードバンド・エコシステム」が達成された状況と認識し，持続可能なブロードバンド・エコシステムを構築・維持していくための政策介入のあり方について提言を試みている．

　第4章「人口増減からみた都市の持続可能性」（横山彰）は，少子高齢化と人口減少が進む日本社会において地域社会の持続可能性を高める都市のあり方が議論されていることを踏まえ，人口増減の観点から都市の持続可能性について考察している．考察対象の都市は，21大都市（東京都特別区部及び政令指定都市），中核市，連携中枢都市及び連携都市で，総務省「平成27年国勢調査」結果に基づき，人口増減率とDID（Densely Inhabited District：人口集中地区）人口増減率と両者の差のプラス・マイナスの組み合わせで，持続可能性に関する都市類型を提示し，各都市の持続可能性について分析する．さらに，人口規模の大きな2つの連携中枢都市圏に関する移動人口のデータから都市の持続可能性を検討している．これらの分析・検討に基づき，日本社会の持続可能性を探っている．

　第5章「コンパクトシティ政策のインパクト評価――Synthetic Control Methodを用いた比較事例分析――」（後藤大策）は，改正中心市街地活性化法に基づき，コンパクトシティの形成を最初に目指した富山市と青森市を取り上げ，その一連のコンパクトシティ政策が都市の財政パフォーマンス（財政力指数・一人当たり基準財政収入額）に与える影響を因果推論の手法を用いて評価している．具体的には，富山市，青森市以外の中核都市のデータからそれぞれの反実仮想モデルを推定し，現実と比較することで両市の財政パフォーマンスに対するコンパクトシティ政策の影響を分析して，富山市では限定的ながら正の効果を得られたが青森市ではその効果が見られないことを見出し，コンパクトシティ政策の効果が期待できるのはどのような都市なのかという新たな研究課題を提示している．

　第6章「『多文化共生』と『表象化』」（金恩愛）は，多文化共生の概念と外国人移住者に対する表象化に着目し，現行の多文化共生政策について考察し，今後の政策の方向性を探究している．「国籍や民族などの異なる人々が，互いの文化的ちがいを認め合い，対等な関係を築こうとしながら，地域社会の構成員として共に生きていくこと」を意味する多文化共生の概念が多文化共生政策の内容と一致するとはいえないと指摘する．移住者を経済労働力の確保のための手段として捉えるのではなく，社会・文化・政治的側面も包括的に取り込み，将来的には同質的価値と文化を根幹にする国民国家といった社会モデルから，多様な価値と文化が共存する多文化共生社会といった新たな社会モデルへの移行も考慮すべきであると主張している．

　第7章「持続可能な社会に向けた消費者教育の三つの体系化——地域における消費者教育の実態を踏まえて——」（古谷由紀子）は，2012年に成立した「消費者教育の推進に関する法律」に着目し，持続可能な社会を目指した消費者教育を推進していくために，消費者教育の体系化にはどのようなものが必要かを明らかにしている．地域の消費者教育施策である「都道府県消費者教育推進計画」の実態調査及び消費者教育の先行研究に基づいて，消費者にとっての持続可能な社会の意義，そして，そこで求められる消費者の行動や消費者教育について，市場において消費者が影響を受ける側面と影響を及ぼす側面という軸をもとに考察する．そして，これまでに体系化として策定されてきたライフステージの発達段階に沿ったものに加えて，消費者の行動および消費者教育内容の体系化が求められると指摘している．

　第8章「新しいリベラルアーツ批判のリベラルアーツ理解——持続可能な社会における大学批判の考え方——」（石綿寛）は，日本社会の持続可能性を「持続可能性を実現するはずの人間」の教育，特に高等教育の分野から考察している．持続可能性を実現するべく実施されている現在の大学改革およびそこで実践されている学問，すなわち新しいリベラルアーツが市場や企業の要請を前提に進められていることを批判する言説を「新しいリベラルアーツ批判言説」として捉え，この批判言説が地域や大学の持続可能性が問われる中

で新しいリベラルアーツの実践とどのように向き合うべきかを論じる．そして，現代日本において新しいリベラルアーツが目指しているものは，社会問題解決のための能力・技能の付与だけでなく（地域）社会の中で人々が自分と向き合う実践でもあると議論している．

　第9章「社会の持続可能性に資する『人文学』のあり方について」（山内勇人）は，現代日本社会における ESD（Education for Sustainable Development：持続可能な開発のための教育）の抱えている限界を指摘し，それに対するオルタナティブを提示する可能性があるものとしての人文学のあり方を理論的に考察している．ESD の限界は，「持続可能性」の意味内容については明確な合意はなく，目的自体を考えることもその営みの一部となっていることに起因すると指摘する．そして，教育哲学者，ガート・ビースタの教育に関する議論を援用して，人文学は持続不可能性という問題への直接的解決策を提供するものではないが，その問題に対応するために欠かせない，異なる意見を持った人々の「間」をつなぐという点で重要な貢献を為しうると論じている．

　こうした「日本社会の持続可能性」を巡る多様な議論は，現代の日本社会そのものを総論として論じたとしても論者によって日本社会の姿が異なると同時に，日本社会の一部を各論として論じたとしても論者によって異なる日本社会が描写されることを示唆する．コップに水が半分入っている寓話ではないが，同一の数値で示される事柄でも，その数値をどう知覚もしくは認識するかは人が異なれば異なることも多々ある．異なる事実認識を表明し合い，異なる事実を確認し合い，何を基準に良し悪しを判断しているのかも明示し確認し合う人間の行為が，他者と関係し合う人間社会を一時的であれ「より良い社会」に変容できると考える一定規模の人間集団を産み出し，その「より良い社会」にしようとする人間の営みがなされる．そうした人間の営みは，異なる「より良い社会」を考える人々には望ましくない影響を及ぼしうるし，そうした人間の営みがなされた後に出現する社会は，当初思い描いていた「より良い社会」と同じであるとも限らないのである．

かくも不確定な状況の中で,「日本社会の持続可能性」を巡る考察や分析や議論をしている点を理解しておくことも重要になろう.

編者　横　山　　彰

目　　次

まえがき

第1章

社会の持続可能性と総合政策

横　山　彰

は じ め に

　少子高齢化・人口減少，経済成長・労働生産性の低迷，巨額な財政赤字・社会保障費の累増・社会資本の老朽化，大都市圏以外の市町村の過疎化，東日本大震災時の福島原発事故の影響によるエネルギー政策・地球温暖化対策の見直しといった状況下にある日本社会では，種々の観点から社会の持続可能性が議論され，持続可能性を高めるための政策対応がなされている．

　そうした議論や政策対応は，「社会」や「持続可能性」をどのような意味内容で考えるかで異なってくる．例えば，社会を日本全体の社会として考えるのか，都道府県や市町村といった行政管轄区域単位を社会として考えるのか，そうした行政管轄区域内の地区ないし集落を社会として考えるのか，あるいは複数の隣接する行政管轄区域からなる圏域や，行政管轄区域の一部が複数隣接する圏域（この圏域には一行政管轄区域全体が全く含まれない圏域もあれば含まれる圏域もある）を社会として考えるかで，社会の持続可能性に関する議論や政策対応が異なる．さらには，持続可能性についても，どのような条件が満たされれば持続可能と考えるか，言い換えれば持続可能性の定義次第で，社会の持続可能性に関する議論や政策対応が異なる．

本章は,「社会の持続可能性」という言葉の多義性を前提に,社会の持続可能性を考察する視座としては総合政策が重要になる点を明らかにする.本章の構成は,以下のとおりである.まず第1節では持続可能性がどのような意味内容を持つのかを検討したうえで,第2節は社会における経済と環境と福祉の相互関係を考察する.そして,第3節で持続可能性指標の整理をし,第4節では総合政策という視座から社会の持続可能性を考察する意義を明らかにして,おわりに簡単な結論を示す.

1.持続可能性とは何か

「持続可能性（sustainability）」は,「持続可能な発展（sustainable development）」という概念に結び付き,議論されてきている.この概念の意味内容や普及に大きな寄与をしてきたのが World Commission on Environment and Development［以下 WCED と略記］（1987）である.しかし,この「環境と開発に関する世界委員会」（通称：「ブルントラント委員会」）以前から,「持続可能な発展」の概念や類似の概念は,Pezzey（1989, 1992），森田・川島（1993），Hoornweg（2016）が示しているように,いろいろと提示されている.例えば,環境保全制約のもとで経済成長を持続させる「持続可能な社会（sustainable society）」を探求した Coomer（1982）は,「持続可能な発展」と類似の方向性を議論している.ここでの「持続的な発展」の「発展」という言葉は,英語の "development" の訳語表現であるが,「開発」という言葉で訳出されることが多く,WECD（1987）の邦訳では,「持続可能な開発」と表現されている.「持続可能な発展（sustainable development）」の定義を確認すると,以下の通りである[1].

> "Sustainable development is development that meets the needs of the present without compromising the ability of the future generation to

meet their own needs."（WECD 1987: 43）

　「持続的な開発とは，将来の世代の欲求を充たしつつ，現在の世代の欲求
　も満足させるような開発をいう.」（同書邦訳　1987: 66）

　この「持続可能な発展」の概念規定では，現在世代が将来世代の厚生（welfare）
や福祉（well-being）を考慮せずに自分たちの厚生や福祉だけを考え，自然環
境資源などを含めた経済資源（生産基盤）を利用し経済発展や経済成長を追求
することが否定される. これは，時間の経過を考えると，各世代とも前世代
から受け継いだ経済資源を次世代に引き継ぐことが求められる. 経済資源の
ストックとしては，人工資本，人的資本，自然資本などが考えられてきた.
いま単純化して，経済資源全体のストックを K とし，人間はこれを利用して
産出物 Y を生産し，産出物 Y を消費 C と貯蓄 S とに割り振り，消費 C から効
用（utility）$U(C)$ を得る，と想定しよう. ただし，$U'(C) > 0$，$U''(C) < 0$ と
する. つまり，限界効用はプラスであるが，限界効用は逓減するものとする.

　これまで述べてきた厚生，福祉，効用という言葉は，時としてまた論者に
よって使い分けられるが，広く言えば（生活の質をも評価の対象とした）人間の
満足を意味する. そこで，本章では効用，厚生，福祉は同義として，以下で
は福祉という言葉を用いる.

　世代 t の福祉を $U(C_t)$ として表すと，すべての t について $U(C_{t+1}) \geq U(C_t)$
が成り立つならば持続可能な発展の条件を満たすと考えられるが，時点 t の
現在世代の資源利用の仕方が次世代 $(t+1)$ の福祉 $U(C_{t+1})$ のことだけしか考
慮せず次々世代 $(t+2)$ 以降の福祉を無視しているならば，その資源利用の仕
方は，次世代以降の時点 τ で $U(C_{\tau+1}) \geq U(C_\tau)$ を成立させなくする可能性も
ある. これは，一時点での $U(C_{t+1}) \geq U(C_t)$ の成立は，すべての時点で
$U(C_{t+1}) \geq U(C_t)$ の成立を含意できない可能性があることを意味する. こう
した可能性は，次世代だけではなく将来にわたって全世代の福祉も割り引く
ことで組み込んだ，時点 t の社会的福祉 V_t を考えることで回避できる[2]. つ
まり，

4

$$V_t = \sum_t^\infty \beta^{(\tau-t)} U(C_\tau), \quad for\ t \geq 0, \quad where\ \beta \equiv 1/(1+\delta)\,, \delta \geq 0 \qquad (1)$$

を想定する。ここで、$\beta^{(\tau-t)}$は割引因子で、δは時間選好率である。時間について離散型でなく連続型の表現では、$V_t = \int_t^\infty e^{-\delta(\tau-t)} U(C_\tau) d\tau$となる。この社会的福祉で考えると、時点$t$で$V_{t+1} \geq V_t$あるいは$\Delta V_t \equiv V_{t+1} - V_t \geq 0$（連続型では$\dot{V}_t \equiv dV_t/dt \geq 0$）が成立すれば、すべての時点でこの不等式が成立するので、この条件が満たされれば発展は持続可能となり「持続可能性」が達成されている、と考えられてきた[3]。

そして、時点tの社会的福祉V_tを実現する決定要因として、時点tの経済資源全体のストックであるK_tと資源配分メカニズムαと時間tを想定し、一定の仮定をすれば、時点tの社会的福祉V_tは、次式で示すことができる。

$$V_t \equiv V_t(K_t, \alpha, t) \equiv \sum_t^\infty \beta^{(\tau-t)} U(C_\tau) \text{ あるいは } \int_t^\infty e^{-\delta(\tau-t)} U(C_\tau) d\tau \quad (2)$$

(1)式に代わり(2)式で持続可能性の条件を考えると、その条件は、すべての時点tにおいて

$$\Delta V_t = \sum p_{it} \Delta K_{it} \geq 0 \text{ あるいは } \dot{V}_t = \sum p_{it} \dot{K}_{it} \geq 0 \qquad (3)$$

が成立するものとして表現される（Pezzey, 1989; Pearce and Atkinson, 1993; Dasgupta, 2001; Arrow, Dasgupta and Mäler 2003）。ここで、$p_{it}(\equiv \partial V_t/\partial K_i)$は第$i$資本の限界社会的福祉で測った第$i$資本の社会的価値（シャドウ・プライス）で、$\Delta K_{it}(\equiv K_{i(t+1)} - K_{it})$や$\dot{K}_{it}(\equiv dV_t/dt)$は、第$i$資本の時間的変化量である。上記の右辺は、すべての異なる資本形成の加重和で示される価値額であることから、「ジェニュイン・セービング（genuine saving：真の貯蓄）」と呼ばれてきている[4]。経済資源ストックが人工資本K_Mと人的資本K_Hと自然資本K_Nだけからなるとすると、持続可能性の条件は

$$p_{Mt}\Delta K_{Mt} + p_{Ht}\Delta K_{Ht} + p_{Nt}\Delta K_{Nt} \geq 0 \qquad (3\text{-}1)$$

という Hartwick（1977）ルールで示される．この条件は，一般に「弱い持続可能性」の条件といわれている．しかし，こうした資本間の代替可能性を認めずに，Daly（1990, 1996）は自然資本の時間的変化量 ΔK_{Nt} がすべての時点 t において非減少（$\Delta K_{Nt} \geq 0$）を持続可能性の条件とする「強い持続可能性」を主張してきている．

　以上のように，社会的福祉や経済資源ストックの時間的変化量が時間を通して非減少であるという意味での「持続可能性」の概念を基礎にすれば，持続可能性は以下のように広く定義できる．

　　定義：持続可能性とは，何らかの事柄を示す状態変数の時間的変化量が
　　　　　時間を通して減少しないことである．

　したがって，例えば経済の持続可能性は，経済を示す状態変数として何を考えるかで，その内容が変わる．それが，GDP（Gross Domestic Product：国内総生産）なのか，国民 1 人当たりの GDP なのか，就業者 1 人当たりの GDP なのか，上述したような社会的福祉なのか，国民 1 人当たりの社会的福祉なのか，経済資源ストックの価値合計なのか，人工資本ストックや人的資本ストックなのかで，経済の持続可能性の意味内容が異なってくる．また，環境の持続可能性についても，環境の状態変数として何を考えるのか．環境の状態変数として再生不可能性（枯渇性）資源（K_{N1}）だけに着目するときと再生可能性資源（K_{N2}）だけに着目するときと両方の自然資本を考えるときでは，環境の持続可能性の意味も政策対応も異なるのである．「強い持続可能性」の条件（$\Delta K_{Nt} \geq 0$）は，$\Delta K_{N1t} \geq 0$ かつ $\Delta K_{N2t} \geq 0$ であるにしても，すべての種類の再生不可能性資源とすべての種類の再生可能性資源について，この条件を求めるのか．この点に関して，Common and Perrings（1992）は，自然資源利用に対しては，全体としての生態系の安定性あるいは生態系の重要な

一部の安全性を脅かさないことを要件として課している.

　福祉の持続可能性についても,福祉の状態変数として何を考えるか.上記の(3)式で示された持続可能性の条件は,(2)式で示されているように福祉は消費に依存するとともに消費を規定することになる経済資源ストックとしての資本に依存するという想定から導出されたものであり,すべての資本増分の価値額合計が福祉の状態変数であることを示している.では,社会の持続可能性を考えるとき,社会の状態変数として何を考えるのであろうか.次節では,経済と環境と福祉の相互関係を考え,社会の持続可能性の意味内容を検討していこう.

2. 経済と環境と福祉の相互関係

　ある社会における経済と環境と福祉の相互関係は,図1-1のように考えることができる.経済とは,生産過程で初期にある経済資源ストック(人工資本,人的資本,自然資本,技術・知識)を財やサービスとして利用して産出物を生産し,その産出物を投資的支出(人工資本への投資,技術・知識への投資,自然資本への投資,教育支出すなわち人的資本への投資)と消費的支出(消費)に配分することを通して,消費から福祉を得る人間の活動を意味する.ただし,ここでの技術・知識は無形の人工資本とも人間に体現化された人的資本とも解することができる.人工資本,人的資本,技術・知識は,自然資本以外に人間が生み出した広い意味での人工資本として考えられる.

　環境は,再生可能性資源ストック・再生不可能性資源ストックからなる自然資本ストックと汚染ストックとの状態変数で表され,その環境に関する人間の経済活動は自然資本から自然資源をフローとして生産過程で利用するとともに,自然資本ストックと汚染ストックとで表される環境の質から環境アメニティを通して満足として福祉を得ている.

　この経済と環境と福祉の相互関係から,社会の持続可能性の意味内容を検

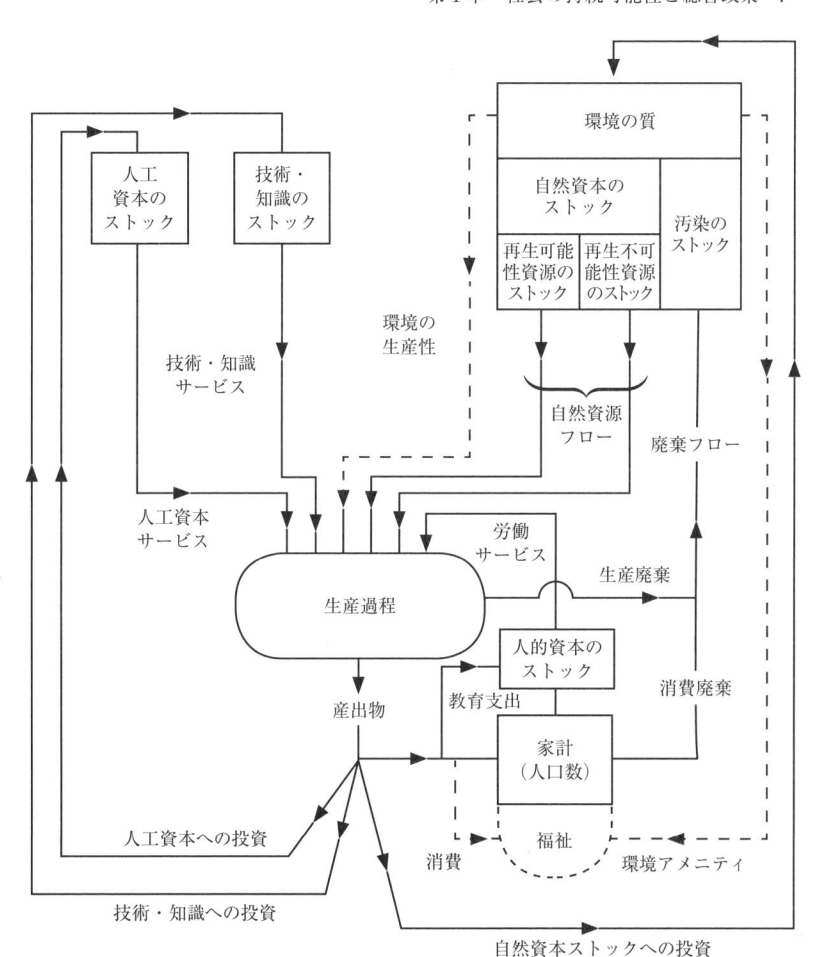

出所：Pezzey（1989：8，図1）と Pezzey（1992：334，図2）に基づき，筆者が加筆修正した.

図 1-1 経済と環境と福祉の相互関係

討してみよう．社会の持続可能性を論ずるときの社会とは，そもそもどのような社会なのか．社会の定義づけ次第であるが，社会を「制度化された様式の中で，相互に関係し合い共同に活動している人間の集団」と定義すれば，国際社会も国や都市や地域や企業や家族も社会であるので，企業や家族の持続可能性も論ずることは可能である．日本社会の持続可能性は，日本におけ

8

 る社会の持続可能性と解すれば，日本における企業の持続可能性や日本における家族の持続可能性を論ずることもありえるし，日本における一国全体や都市や地域の持続可能性を論ずることもある．ここでは，一国全体や都市や地域を社会とし，社会の持続可能性を検討することに限定する．

　一国全体や都市や地域という社会の持続可能性は，それぞれの社会における経済と環境と福祉の相互作用を認識したうえで，経済の状態変数と環境の状態変数と福祉の状態変数をどのように考え，いかに組み合わせるかで，その意味内容が規定される．さらには，人間の福祉を左右するのは経済だけではない．前節では福祉を左右する変数として消費を想定していたが，図1-1では福祉を左右する要素に消費だけではなく環境アメニティも加わっている．だが，人間の福祉を左右する要素としては，消費や環境アメニティだけではなく，政治的権利や働き方や生活の質，社会における正義や公平なども考えられる．このように考えれば，社会の持続可能性は，当該社会の経済と環境と福祉の状態を示す任意の状態変数の時間的変化量が時間を通して減少しないことと理解できる．

　国連（国際連合，UN：United Nations）では，持続可能な発展を経済・社会・環境の3側面の統合的な発展として考えている（UN 2012, 2015）．このときの社会の側面は，「公平な社会的発展と包摂を促進する（fostering equitable social development and inclusion）」（UN 2012: 1）側面で，"social development"に関するものである．日本では，この"social development"は「社会開発」として訳され，「社会開発とは，都市，農村，住宅，交通，保健，医療，公衆衛生，環境衛生，社会福祉，教育などの社会的面での開発をいう．経済開発の直接の目的が生産および所得の増大であるのに対し，社会開発は直接人間の能力と福祉の向上を図ろうとするものである」（人口問題審議会　1963: 4）と論じられた．この議論では，国連の"social development"でいう"social"すなわち「社会の」でいう「社会」は「人間の能力と福祉」に関わることと明示している[5]．

3．持続可能性指標

　社会の持続可能性に関連する社会の状態変数は，持続可能性指標として欧米諸国を中心に議論されてきている．持続可能性指標に関する整理については，1990年までは森田・川島（1992：30-33）の資料2「"持続可能な発展"の計測論の一覧」（この資料は森田・川島・イノハラの共著）でなされており，その後の整理は，京都大学（2012, 2013）でなされている．京都大学（2012）は，持続可能性指標を，(1) ダッシュボード型指標，(2) 複合指数型指標，(3) マクロ経済指標，(4) エコロジカル・フットプリント，(5) 幸福度指標の一部としての持続可能性指標に類型化して整理している．以下では，京都大学（2012）を参考にし，最新の原典資料にも基づき，(1)～(3) を中心にいま少し詳しく見ておこう．

（1）ダッシュボード型指標

　これは複数の指数の集合体で，欧州連合の持続可能な発展指標，イギリス政府の持続可能な発展指標，経済協力開発機構（OECD：Organisation for Economic Co-operation and Development）のグリーン成長指標（Green Growth Indicators）が事例として取り上げられている．特に，OECDのグリーン成長指標は，欧州連合やイギリス政府の持続可能な発展指標に比べると指標が絞り込まれ，次の5領域から構成されている（京都大学 2012: 63-67; OECD 2017b: 135-137）．

　①社会経済的文脈と成長の性質（GDP成長・純可処分所得・労働生産性・貿易［輸出＋輸入］のGDP比・インフレ率などの「経済成長，生産性と競争」，労働力率・失業率・人口増加率・期待平均寿命・ジニ係数・教育水準などの「労働市場，教育，所得」）②環境・資源生産性（生産ベースCO_2＜Carbon Dioxide：二酸化炭素＞生産性［GDP/エネルギー関連CO_2排出量］・エネルギー生産性［GDP/一次エネルギー総供給量］などの「炭素・エネルギー生産性」，需要ベー

ス物質生産性・廃棄物生産集約度・水生産性などの「資源生産性」，環境サービス
を反映した「多要素生産性」）

③自然資産ベース（森林面積・漁業資源などの「再生可能ストック」，金属鉱
物・化石燃料などの「非再生可能ストック」，土地資源・土壌資源・野生生物資源
などの「生物多様性と生態系サービス」）

④環境面での生活の質（環境悪化によって失われた健康寿命の年数などの「環
境面での健康及びリスク」，下水処理を利用できる人口・安全な飲料水に持続的に
アクセスできる人口などの「環境サービスとアメニティ」）

⑤経済的機会と政策対応（再生可能エネルギー・環境技術のR&D＜Research
and Development：研究開発＞支出割合などの「技術とイノベーション」，環境
財・サービス部門の粗付加価値のGDPに占める割合などの「環境財と環境サー
ビス」，ODA＜Official Development Assistance：政府開発援助＞などの「国際
金融フロー」，環境関連税制などの「価格と移転」など）

（2）複合指数型指標

これは，複数の指標を加重集計することで，対象となる社会的事象を統合
的に計測する指標で，国連開発計画（UNDP：United Nations Development Pro-
gramme）の人間開発指数（HDI：Human Development Index）などが取り上げら
れている．HDIは，長く健康な生活（a long and healthy life），知識（knowledge），
適正な生活水準（a decent standard of living）の三つの基本的な次元から，各
国の人間開発の平均的なレベルを評価するために，平均寿命，教育上の達成，
所得の3つの指数の相乗平均として複合指数が算出されている（京都大学　2012;
UNDP 2018a, 2018b）．詳しい複合指数の算出方法については，UNDP（2018b）
で解説がなされている．また，京都大学（2012）では言及されていないが，
UNDP（2018a, 2018b）では人間開発のダッシュボード型指標（Human Develop-
ment Dashboards 1-5）も記述されている．この人間開発のダッシュボード型指標
の中に，ダッシュボード4として環境持続可能性（Environmental Sustainability）
とダッシュボード5として社会経済持続可能性（Socioeconomic Sustainability）

に関する指標がある．UNDP（2018b: 12-13）が示している持続可能性指標は，次の通りである．

①環境持続可能性の指標

化石燃料エネルギー消費 / 総エネルギー消費（%），再生可能性エネルギー消費 / 総最終エネルギー消費（%），1人当たり CO_2 排出量（t），2011年購買力平価GDP当たり CO_2 排出量（kg/\$），森林面積比率（%），森林面積変化率（%），淡水回収率（%），大気汚染による死亡率（人口10万人当たり），安全でない水・衛生による死亡率（人口10万人当たり），IUCN（International Union for Conservation of Nature and Natural Resources，国際自然保護連合）のレッドリスト指数の10指標．

②社会経済持続可能性指標

調整済純貯蓄（対 GNI［Gross National Income：国民総所得］比率%），総負債サービス（財・サービス輸出・第一次所得収入に占める比率%），総資本形成（対GDP比%），熟練労働力（対総労働力比%），輸出集中度（Herfindahl-Hirschman Index），R&D支出（対GDP比%），軍事支出（対GDP比%），軍事支出に対する教育・健康医療支出の比率，不平等による HDI の全体の減少分（平均年次変化%），ジェンダー不平等指数（平均年次変化%），所得の五分位比［（所得の高い）第V分位の平均所得 /（所得の低い）第I分位の平均所得］（平均年次変化%）の11指標である．

（3）マクロ経済指標

これは，国内総生産や国民所得などの国民経済計算上の諸概念に環境面からの補正を行ったもので，日本の国民純福祉（NNW：Net National Welfare），eaNDP（environmentally-adjusted Net Domestic Product；「グリーン GDP，環境・経済統合勘定1993年版［SEEA（Satellite System for Integrated Environmental and Economic Accounting）1993］」），世界銀行のジェニュイン・セービングなどが取り上げられている．森田・川島（1992：30-33）の資料2に挙げられている持続可能性指標の多くは，このマクロ経済指標の類型に属するものであり，

大気汚染・水質汚濁などの環境問題がもたらす負の外部性をマクロ経済指標に反映させるような形で色々と試みられてきた.

1992年の「環境と開発のための国連会議（地球サミット）」で採択されたアジェンダ21によって環境・経済勘定体系の確立が求められ（UN 1992），SEEA1993が導入され，その後にSEEA-2003を経て，2012年に「経済・環境勘定システム2012：中核枠組み（System of Environmental-Economic Accounting 2012 – Central Framework, 以下SEEA-CFと略記）」が第43回国連統計委員会で採択された（UN, 2014a）. このSEEA-CFは，①経済内及び経済−環境間の物質・エネルギーの物量フロー，②環境資産のストックとその変化，③環境に関連する経済活動・取引の3領域の計測をカバーし，その内容は，貨幣・物量の供給・使用表（Supply and use tables），資産勘定（Asset accounts），経済勘定系列（Sequence of economic accounts）からなる（UN 2014a: 11, 15-24）. さらに，SEEA-CFとは別に，経済活動などによる生態系劣化を把握するために，実験的生態系勘定（Experimental Ecosystem Accounts）が設けられた（UN 2014b）. SEEA-CFの内容については，内閣府経済社会総合研究所（2016）が詳しく解説している. そして，実験的生態系勘定については，京都大学（2013：22-38）で概要が整理されている.

世界銀行のジェニュイン・セービングに加え，国連大学地球環境変化の人間・社会的側面に関する国際研究計画（United Nations University International Human Dimensions Programme：UNU-IHDP）と国連環境計画（United Nations Environment Programme：UNEP）が提示した「包括的富指標（Inclusive Wealth Index）」は，本章第1節で論じた人工資本・人的資本・自然資本などからなる経済資源全体のストックを意味する拡張された富に関する指標である（UNU-IHDP and UNEP 2012）. その概要は，京都大学（2013: 39-44）で整理されている. また，UNDP（2018b: 12-13）のダッシュボード型の社会経済持続可能性指標については上記の(2)複合指数型指標において述べたが，その最初に挙げられた「調整済純貯蓄」は，ジェニュイン・セービングの一種に他ならない.

（4）エコロジカル・フットプリントと（5）幸福度指標の一部としての
持続可能性指標

　エコロジカル・フットプリントは，経済システムが地球に与える負荷を可
視化する指標であり，幸福度指標の一部としての持続可能性指標は，人間の
幸福（happiness）や福祉（well-being）を測る指標としての幸福度指標の一部
に組み込まれたダッシュボード型の持続可能性指標で，OECD の "Better Life
Initiative" や内閣府の幸福度指標試案が整理されている[6]．こうした京都大学
（2012）の整理に基づき，京都大学（2013）は，幸福度指標の持続可能性面で
の指標の在り方を検討している．

　以上の持続可能性指標の整理から，一国全体や都市や地域という社会の持
続可能性の意味内容は，社会の持続可能性を論ずる論者が社会の状態変数と
して何をとるかで異なる．例えば，橋や道路などの社会インフラと呼ばれる
社会資本（これは人工資本の一部）のストックを社会の状態変数として考える
人は，社会資本の時間的変化量が通時的にマイナスにならないことをもって
して社会の持続可能性が達成されていると判断する．しかし，社会の状態変
数として総人口（これは人的資本の一部）を考える人もいれば，経済成長率を
考える人もいれば，二酸化炭素排出量を考える人もいれば，総人口・経済成
長率・二酸化炭素排出量の3変数すべてで考える人などもいる．ある社会に
ついて，社会の状態変数として考えられるものが n 種類あったとしよう．そ
れらの状態変数を $X_i(i = 1, 2, ..., n)$ で表した場合，持続可能性の条件を満た
したものを 1，満たさないものを 0 とすると，その社会の持続可能性の状況
は，2^n 通りになる．こうしたとき，その社会の持続可能性をどのように評価
して政策対応を行うことが望ましいのであろうか．

　さらに，この社会が複数の地域 $Z_j(j = 1, 2, ..., h)$ から構成されているとき，
ある任意の状態変数 X_i で社会の持続可能性の条件を満たしている地域を 1，
満たさない地域を 0 とすると，地域の持続可能性に基づくこの社会の持続可
能性の状況は，地域の持続可能性だけに基づけば 2^h 通りになる．こうした地

域の持続可能性に基づく社会の持続可能性の状況とは別に，この社会全体についても，状態変数 X_i に関して持続可能性の条件を満たしている場合と満たしていない場合がある．こうしたとき，2^h 通りの地域の持続可能性の状況とは関係なく，社会全体が持続可能性の条件を満たしているか否かだけで，この社会の持続可能性を判断し政策対応すればよいのか．あるいは，2^h 通りの地域の持続可能性の状況をどのように評価し，社会全体の持続可能性を考え，政策対応すればよいのか．

　社会の持続可能性を議論するには，経済と環境と福祉の相互関係を前提に，社会の状態変数をどのように選び，その社会を構成する各地域の持続可能性の状況をいかに評価し，社会全体の持続可能性の状況とともに，総合政策の視座から政策対応することが必要になる．

4．総合政策の視座

　総合政策という言葉も多義的で，今日まで総合政策についていろいろと論じられている（丸尾，1993; 加藤・中村，1994; 横山，1996; 大江・岡部・梅垣，2006; 横山，2009a; 矢尾板，2017）が，以下では横山（2009a）の総合政策の視点を取り上げる．

> 「総合政策とは，総合的に政策を研究する学問である．政策とは，より良い社会を目指し実現しようとする人間の営みである．したがって，総合政策は，現実の社会をより良い社会に変えようとする人間の営みを総合的に研究する学問である．こうした人間の営みを総合的に研究するとき，私たちが意識しなければならないことは，複数の時点における複数の社会の複数の政策について，複数の人びとや集団などの主体がどのように関与して，複数の判断基準からいかに評価するのかという視点である．」
> （横山，2009a: 1）

4-1.　社会が複数存在するという視点

　社会を日本という一国全体や都市や地域社会に限定しても，考察対象の社会が一国全体でも特定の都市や地域社会でも，その社会はその社会に内包される地域があり，社会は重層関係にある．そのとき，地域の持続可能性の状況とは関係なく，その地域を内包するより広い地域社会・都市・一国全体が持続可能性の条件を満たしているか否かだけで，社会の持続可能性を判断し政策対応すればよいのか，あるいは地域の持続可能性の状況をどのように評価して社会の持続可能性を考え政策対応すればよいのか，を明確にする必要がある．

　いま単純化して，Dasgupta（2001 邦訳：120-122）に基づいて，日本の一国全体は都市圏である地域Aと地方圏である地域Bの2地域からなると想定し，時点tの地域Aと地域Bの人口は所与で固定されて各々N_A，N_Bとし，一国全体の消費サービス総量$\bar{C}$も所与で，各地域の消費サービスC_A，C_Bは変動するものとして，社会の持続可能性を考えてみよう．

　地域AとBの1人当たりの消費はC_A/N_A，C_B/N_Bで示されるので，両地域の1人当たり福祉は各々$U(C_A/N_A)$，$U(C_B/N_B)$となる．ここでも，$U'(\cdot) > 0$，$U''(\cdot) < 0$を仮定する．このとき，一国全体の社会的福祉は次の2通り考えられている．

$$V_1 = N_A U(C_A/N_A) + N_B U(C_B/N_B) \tag{4}$$
$$V_2 = U(C_A/N_A) + U(C_B/N_B) \tag{5}$$

いずれの場合も，制約条件は次のように与えられる．

$$C_A + C_B = \bar{C} \tag{6}$$

（6）の制約の下で，C_AとC_Bについて（4）を最大化する必要条件は，

16

$$U_A = U_B \tag{7}$$

となる．ここで，$U_A \equiv dU(C_A/N_A)/d(C_A/N_A)$，$U_B \equiv dU(C_B/N_B)/d(C_B/N_B)$である．他方，(6) の制約の下で，$C_A$ と C_B について (5) を最大化する必要条件は，

$$U_A/N_A = U_B/N_B \tag{8}$$

で示される．

　(7)式と (8)式の違いを見てみよう．(7)式は，地域 A における 1 人当たりの消費に関する限界福祉と地域 B におけるそれとが等しいことを意味し，$C_A/N_A = C_B/N_B$ のとき満たされるので，地域に関係なくすべての個人で消費が平等に分配されると一国全体の福祉は最大になる．(8)式は，各地域における 1 人当たりの消費に関する限界福祉を各地域の人口数で除したものの均等を意味しているので，$N_A > N_B$ ならば $U_A > U_B$ である必要があり，$U''(\cdot) < 0$ の仮定の下では，$C_A/N_A < C_B/N_B$ となる．これは，人口の多い地域 A（都市圏）では，人口の少ない地域 B（地方圏）に比べ，各人の消費がより少なくなることが望ましくなる．(5)式では，地域の福祉を人口数に関係なく 1 人当たり福祉（消費）という状態変数で捉え，その地域単位の福祉を総計して一国全体の福祉として考えている．(4)式では，地域の福祉を 1 人当たり福祉ではなくその人数倍として捉え，地域の福祉の総和として一国全体の福祉として考えている．

　以上の Dasgupta (2001) のモデルに基づき，社会の持続可能性を検討してみよう．一国全体の 1 人当たりの消費を考えると $(C_A + C_B)/(N_A + N_B)$ で示されるので $N_A + N_B = \bar{N}$ とすれば，一国全体の 1 人当たり福祉は $U(\bar{C}/\bar{N})$ となる．両地域の 1 人当たり福祉は各々 $U(C_A/N_A)$，$U(C_B/N_B)$ である．1 人当たりの福祉で比較すると，$C_A/N_A = C_B/N_B$ のときには $C_A/N_A = C_B/N_B = \bar{C}/\bar{N}$ なので，一国全体と両地域とも同じ水準になる．そこで，$C_A/N_A = C_B/N_B$

$= \bar{C}/\bar{N}$ を満たす C_A と C_B を各々，$C_A{}^*$ と $C_B{}^*$ とする．もし $C_A > C_A{}^*$ ならば $C_B < C_B{}^*$ となり，この場合には，$C_A/N_A > \bar{C}/\bar{N} > C_B/N_B$ ゆえに，1人当たりの福祉で比較しても，$U(C_A/N_A) > U(\bar{C}/\bar{N}) > U(C_B/N_B)$ となる．

　時点 t における地域 A と地域 B と一国全体の1人当たりの福祉を $U_{At} = U(C_{At}/N_{At})$，$U_{st} = U(\bar{C}_t/\bar{N}_t)$，$U_{Bt} = U(C_{Bt}/N_{Bt})$ として，$U_{At} > U_{St} > U_{Bt}$ なる状況で，社会の持続可能性を検討してみよう．

① 　時点 t 以降，時間を通じて，地域 A も地域 B も一国全体も，1人当たりの福祉が減少しない状態．つまり，$\dot{U}_{At} \geq 0$ かつ $\dot{U}_{St} \geq 0$ かつ $\dot{U}_{Bt} \geq 0$ の状態．

② 　一国全体の1人当たりの福祉は減少せず，地域 A か地域 B のいずれかの1人当たりの福祉が減少している状態．つまり，$\dot{U}_{St} \geq 0$ かつ $\dot{U}_{At} < 0$，あるいは $\dot{U}_{St} \geq 0$ かつ $\dot{U}_{Bt} < 0$ の状態．

③ 　一国全体の1人当たりの福祉は減少しているが，地域 A か地域 B のいずれかの1人当たりの福祉が減少していない状態．つまり，$\dot{U}_{St} < 0$ かつ $\dot{U}_{At} \geq 0$，あるいは $\dot{U}_{St} < 0$ かつ $\dot{U}_{Bt} \geq 0$ の状態．

上記の①の状態が達成されていれば社会の持続可能性が保たれるということには，異論は少ないかもしれないが，果たしてそうか．②や③の状態をもって社会の持続可能性が保たれているといえるのか．これらについて，次に考察しよう．

4-2.　異なる時点と複数の価値判断基準から眺める視点

　上記のモデルでは，時点 t 以降の時間を通じて1人当たりの福祉が減少しないことをもって持続可能性の条件とした．しかし，その考え方は，時点 t を現時点として $U_{At} > U_{St} > U_{Bt}$ なる現状を前提として，将来の時間的変化量を見ているのである．過去の時点から現在の時点までの1人当たりの福祉の時間的変化量を全く問題にしていない考え方である．過去において，地域 B から地域 A に人口が流入した結果，地域 A の1人当たりの消費が増大して1人当たりの福祉が大きくなったとすれば，現時点を基準時点として持続可能

性を考えることは正しいのか，という指摘もある．この指摘は，地域 A の消費が地域 A の人口の増加関数 $C_A = C(N_A)$，$dC_A/dN_A > 0$ と考え，$dC_A/dN_A > C_A/N_A$ のときに地域 A の人口増加によって地域 A の 1 人当たりの消費が増大して 1 人当たりの福祉が大きくなることを想定している．しかし，この指摘に基づけば，上記の①時点 t 以降，時間を通じて，地域 A も地域 B も一国全体も，1 人当たりの福祉が減少しない状態が，望ましいかどうかは明らかではない．

加えて，上記の②一国全体の 1 人当たりの福祉は減少せず，地域 A か地域 B のいずれかの 1 人当たりの福祉が減少している状態は，$U_{At} > U_{St} > U_{Bt}$ なる状況から $U_{At} = U_{St} = U_{Bt}$ なる状況に変化すれば，(4)式のように一国全体の社会的福祉を考えるときには，V_1 を最大化することを是とすることで正当化される可能性もある．さらに，(4)式のように一国全体の社会的福祉を考える価値判断基準は功利主義的な価値判断であり，他の価値判断もある．それは，次のような Rawls（1972）流の社会的福祉の価値判断である．

$$V_3 = Min\{U(C_A/N_A), U(C_B/N_B)\} \tag{9}$$

この価値判断基準に従えば，時点 t では $V_3 = U_{Bt} = U(C_{Bt}/N_{Bt})$ となるので，上記の③に関して，一国全体の 1 人当たりの福祉は減少しているが地域 B の 1 人当たりの福祉が減少していない状態であれば，V_3 は時間を通じて減少していないので，一国全体は持続可能性であると判断される可能性がある．

4-3. 政策も単一ではなく複数存在するという視点

上述したように，「政策とは，より良い社会を目指し実現しようとする人間の営みである」とすれば，「より良い社会」をどう考えるかは社会を構成する一人ひとりの価値判断に関わる問題で，既にみた複数の価値判断基準にも密接に関係する．では，「より良い社会」を「持続可能な社会」と考えるのか．そうでなければ，「より良い社会」と認識できる社会状態は，現在世代だけの

「より良い社会」で，現在世代が良いと考える「経済的に豊かな状態，不平等でない状態，環境悪化が少ない状態など」になる．持続可能な社会を含め「より良い社会」と認識できる社会状態は，政策の目標になる．政策目標間には相互依存性があるので，ある政策目標を追求しようとすると別の政策目標にマイナスの影響を及ぼす可能性がある点にも考慮しなければならない．これが，政策の外部性の問題であり，現在世代内で生ずる政策の外部性だけではなく，将来世代に及ぼす異時点間の政策の外部性もある（横山 2009b; Yokoyama 2010）．将来世代に及ぼす異時点間の政策の外部性を現在世代で内部化しようとする理念こそ，「持続可能な開発」や「持続可能性」であるといえる．そこで，「より良い社会」を「持続可能な社会」と考えたとしても，前節でみたように「社会の持続可能性」の状態変数と考えられるものが複数あれば，政策目標も複数になり，政策の外部性を考慮する必要が生ずるのである．

さらには，政策目標を達成するための手段，すなわち政策手段も複数ある．政策手段は相互にどう関係しているのか，どの政策手段が最も有効なのか，その実行可能性はどうか，といった複眼的な検討も必要になる．

4-4. 複数の主体がどのように関与しているかという視点

上述のモデルで述べた一国全体と地域Aと地域Bは，それぞれが社会である．したがって，それぞれの社会で自分たちの「より良い社会」状態である「社会の持続可能性」を目指し実現しようとする営みに関与する主体は，それぞれの社会にいる．それぞれの社会における政策過程で，「だれが，いつ，いかなるルールのもとで，何のために，いかに，どのような［「社会の持続可能性」を目指す政策手段を］，立案し，提案し，審議し，決定し，実施し，評価するのか……」[7]という問いかけを考えることは，「社会の持続可能性」を実現するうえで重要になる．「だれが」という主体に着目すれば，政策過程では立案主体・提案主体・審議主体・決定主体・実施主体・評価主体が別々の主体である場合もあればそうでない場合もあり，各主体の中には企業・家計・利益団体・NPO・NGO・新聞メディアなどの民間主体もいれば，内閣や首長

や議員や官僚組織などの公共主体もいれば，大学・研究所などの専門家もいる．

　こうした種々の主体が一国全体と地域Ａと地域Ｂのそれぞれの社会で政策過程に関与して，ある特定の政策手段を社会的に決定し，それを当該社会で実施しようとすると，政策の外部性が生ずる．その外部性は，地域Ａと地域Ｂとの水平的外部性と，一国全体と地域Ａまたは地域Ｂとの垂直的外部性である．それらの外部性を調整するためには，相互の社会を繋ぐ「境界連結者（boundary spanner）」がそれぞれの社会で必要になる（Tushman and Scanlan 1981; Williams 2012）．それぞれの社会の境界連結者は，相互に科学的データに基づき意見交換をして交渉を積み上げ相互の政策を調整する点で，「社会の持続可能性」を目指す政策において重要な主体になる．

お わ り に

　本章では，「持続可能な発展」の概念を手掛かりに，社会の持続可能性の意味内容を検討し，社会の持続可能性を考察する視座としては総合政策が重要になる点を明らかにした．「持続可能性」とは何らかの事柄を示す状態変数の時間的変化量が時間を通して減少しないことであり，社会の持続可能性は社会を示す状態変数として何を考えるかで，その意味内容が異なる点を確認できた．国や都市や地域などの社会においては経済と環境と福祉が相互に関係していることから，社会の持続可能性は，当該社会の経済と環境と福祉の状態を示す任意の状態変数の時間的変化量が時間を通して減少しないことと理解できた．

　社会の状態変数として考えられるものが複数あり，社会も重層しながら複数存在していることを前提に考えると，それぞれの社会が自らの「社会の持続可能性」を目指し実現しようとする政策を実施することで，相互に政策の外部性を及ぼし合うことになる．こうした社会の持続可能性を巡る政策課題

を考察し検討する視座としては，総合的に政策を研究する学問である総合政策が重要になる点を明らかにした．

1)　"sustainable development" の定義に関しては，"Humanity has the ability to make development sustainable — to ensure that it meets the needs of the present without compromising the ability of future generations to meet their own needs." (WECD 1987: 8) の下線（筆者加筆）部分のように "meets" 以下の英文は同一箇所がある．この部分の邦訳では「持続的開発とは，将来の世代が自らの欲求を充足する能力を損なうことなく，今日の世代の欲求を満たすことである.」（同書邦訳　1987: 28）と訳出され，本文で引用した訳文（同書邦訳 1987: 66）とは異なる．さらに，ニーズを欲求と訳出することには批判（寺西 2008: 11）もある．また辞書的な意味をみると，「開発」は「（天然資源を）生活に役立つようにすること」に対して，「発展」は「さかえゆくこと.『経済の―』」（広辞苑）であるので，本章では「持続可能な発展」とした．したがって，その定義の翻訳としては，「持続可能な発展とは将来世代が自身のニーズを満たそうとする能力を損なうことなく，現存する人々のニーズを満たす発展」（環境経済・政策学会編　2006: 66）が適切であろう．

2)　以下の記述は，Dasgupta (2001, Ch. 6, Ch. 9) に基づいている．

3)　Dasgupta (2001) の他にも，Pezzy (1989)，Weitzman (1997)，Arrow, Dasgupta and Mäler (2003)，渡邉 (2009) も参照のこと．

4)　この概念については，違った定式化の中で Hamilton (1994)，Pearce, Hamilton and Atkinson (1996)，Dasgupta and Mäler (2000)，Dasgupta (2001)，Arrow, Dasgupta and Mäler (2003) などで，議論されている．日本語文献としては，佐々木 (2010)，馬奈木俊介・地球環境戦略研究機関編 (2013)，佐藤 (2014) が参考になる．

5)　また，前節でみた「福祉」の部分を社会的持続可能性（目的・目標）として，環境的持続可能性（前提・基礎）のうえで経済的持続可能性（手段・方法）を確保し，社会的持続可能性を目指す構造で，論じているものもある（矢口，2010）．

6)　OECD の "Better Life Initiative" に関する最新版については OECD (2017a)，また内閣府の幸福度指標試案については内閣府 (2011) を参照されたい．

7)　引用部分は，横山 (1996: 27) の「政策すなわち社会の意識的な方向付けを」の部分を ［　］ と置き換えた．政策については，「社会の持続可能性」を目指す政策として議論を展開しているため置き換えた．横山 (2009a) で政策を「より良い社会」を目指し実現しようとする人間の営み」と定義しているのは，(1)「より良い社会」をどう考えるか（価値判断と政策目標の設定）と (2)「より良い社会」をどう実現するか（政策手段の選択と執行）を意識している．横山 (1996) では政策を「社会の意識的方向付け」としていたが，社会の意識的方向付けだけ

では (2)「より良い社会」をどう実現するか（政策手段の選択と執行）が含意されていない.

参 考 文 献

大江守之・岡部光明・梅垣理郎編（2006）『総合政策学：問題発見・解決の方法と実践』東京：慶應義塾大学出版会.

加藤寛・中村まづる（1994）『総合政策学への招待』東京：有斐閣.

環境経済・政策学会編（2006）『環境経済・政策学の基礎知識』東京：有斐閣.

京都大学（2012）『持続可能性指標と幸福度指標の関係性に関する研究報告書（平成23年度内閣府経済社会総合研究所委託調査）』（平成24年3月）.
http://www.esri.go.jp/jp/prj/hou/hou062/hou62.pdf ［2018年9月15日閲覧］

京都大学（2013）『幸福度指標の持続可能性面での指標の在り方に関する調査研究報告書（平成24年度内閣府経済社会総合研究所委託調査）』（平成25年3月）.
http://www.esri.go.jp/jp/prj/hou/hou066/hou66_a.pdf ［2018年9月15日閲覧］

佐々木健吾（2010）「サステナビリティはどのように評価されうるのか：弱い持続可能性と強い持続可能性からの検討」『名古屋学院大学論集　社会科学篇』（名古屋学院大学）第46巻第3号, 135-157頁.

佐藤真行（2014）「『持続可能な発展』に関する経済学的指標の現状と課題」『環境経済・政策研究』第7巻第1号, 23-32頁.

人口問題審議会（1963）『「地域開発に関し, 人口問題の見地から特に留意すべき事項」について意見』（昭和38年8月17日）.
http://www.ipss.go.jp/history/shingikai/data/J000008916.pdf ［2018年9月15日閲覧］

寺西俊一（2008）「『持続可能な発展』とアジア環境協力の課題」『ECO-FORUM』（統計研究会）Vol. 26 No. 1/2, 11-16頁.

内閣府（2011）『幸福度に関する研究会報告：幸福度指標試案』（平成23年12月5日幸福度に関する研究会）.
http://www5.cao.go.jp/keizai2/koufukudo/koufukudo.html ［2018年9月15日閲覧］

内閣府経済社会総合研究所（2016）『環境経済勘定セントラルフレームワークに関する検討作業 SEEA-CF 概説書（平成25年度・平成26年度合体版）』（2016年3月31日）.
http://www.esri.cao.go.jp/jp/sna/sonota/satellite/kankyou/contents/1219519_6014.html ［2018年9月21日閲覧］

馬奈木俊介・地球環境戦略研究機関編（2013）『グリーン成長の経済学：持続可能社会の新しい経済指標』京都：昭和堂.

丸尾直美（1993）『総合政策論：日本の経済・福祉・環境』有斐閣.

森田恒幸・川島康子（1993）「『持続可能な発展論』の現状と課題」『三田学会雑誌』（慶應義塾大学）第85巻第4号, 4-33頁.

矢尾板俊平（2017）『地方創生の総合政策論："DWCM" 地域の人々の幸せを高めるための仕組み, ルール, マネジメント』勁草書房.

矢口克也（2010）「「持続可能な発展」理念の論点と持続可能性指標」『レファレンス』（国立国会図書館調査立法考査局）第60巻第4号（通巻No.711），3-27頁．

横山彰（1996）「総合政策と公共選択」『総合政策研究』（中央大学総合政策学部），創刊号，23-37頁．

横山彰（2009a）「総合政策の新たな地平」中央大学総合政策学部編『新たな「政策と文化の融合」：総合政策の挑戦』，1-14頁，東京：中央大学出版部．

横山彰（2009b）「環境政策の外部性」『季刊環境研究』（日立環境財団），第153号，22-27頁．

渡邉正英（2009）「レジリアンスと持続可能な発展：評価論からの結合」浅野耕太編著『自然資本の保全と評価』，234-260頁，京都：ミネルヴァ書房．

Arrow, K.J., P. Dasgupta and K.-G. Mäler (2003), "The Genuine Savings Criterion and the Value of Population," *Economic Theory*, Vol. 21, No. 2/3, pp. 217-225.

Common, M. and C. Perrings (1992), "Towards an Ecological Economies of Sustainability," *Ecological Economics*, Vol. 6, No. 1, pp. 7-34.

Coomer, J.C. (ed.) (1982), *Quest for a Sustainable Society* [Woodlands Conference on Growth Policy (3d: 1979)], Oxford: Pergamon Press.

Daly, H. (1990), "Toward Some Operational Principles of Sustainable Development," *Ecological Economics*, Vol. 2, No. 1, pp. 1-17.

Daly, H. (1996), *Beyond Growth: The Economics of Sustainable Development*, Boston: Beacon Press（新田功・藏本忍・大森正之共訳『持続可能な発展の経済学』みすず書房，2005年）．

Dasgupta, P. (2001), *Human Well-Being and the Natural Environment*, Oxford: Oxford University Press（植田和弘監訳『サステナビリテイの経済学：人間の福祉と自然環境』[筆者注：邦訳原書は2004年のペーパーバック版]岩波書店，2007年）．

Dasgupta, P. and K.-G. Mäler (2000), "Net National Product, Wealth, and Social Well-being," *Environment and Development Economics*, Vol. 5, No. 1, pp. 69-93.

Hamilton, K. (1994), "Green Adjustment to GDP," *Resources Policy*, Vol. 20, No. 3, pp. 155-168.

Hartwick, J.M. (1977), "Intergenerational Equity and the Investing of Rents from Exhaustible Resources," *American Economic Review*, Vol. 67, No. 5, pp. 972-974.

Hoornweg, D. (2016), *Cities and Sustainability: A New Approach*, New York: Routledge.

OECD (2017a), *How's Life? 2017: Measuring Well-being*, Paris: OECD Publishing. http://dx.doi.org/10. 1787/how_life-2017-en [accessed on September 8, 2018]

OECD (2017b), *Green Growth Indicators 2017*, Paris: OECD Publishing. http://dx.doi.org/10. 1787/9789264268586-en [accessed on September 8, 2018]

Pearce, D.W. and G.D. Atkinson (1993), "Capital Theory and the Measurement of Sustainable Development: An Indicator of 'Weak' Sustainability," *Ecological*

24

Economics, Vol. 8, No. 2, pp. 103-108.

Pearce, D. W., K. Hamilton and G. Atkinson (1996), "Measuring Sustainable Development: Progress on Indicators," *Environment and Development Economics*, Vol. 1, No. 1, pp. 85-101.

Pezzey, J. (1989), "Economic Analysis of Sustainable Growth and Sustainable Development," Washington DC: World Bank, Environment Department Working Paper No. 15. (Published as *Sustainable Development Concepts: An Economic Analysis*, World Bank Environment Paper No. 2, 1992).

Pezzey, J. (1992), "Sustainability: An Interdisciplinary Guide," *Environmental Values*, Vol. 1, No. 4, pp. 321-326.

Rawls, J. (1971), *A Theory of Justice*, Cambridge, Mass.: Harvard University Press. (矢島鈞次監訳『正義論』紀伊國屋書店，1979 年).

Tushman, M. L. and T. J. Scanlan (1981), "Boundary Spanning Individuals: Their Role in Information Transfer and Their Antecedents," *The Academy of Management Journal*, 24 (2), pp. 289-305.

United Nations (UN) (1992), *United Nations Conference on Environment & Development, Rio de Janerio, Brazil, 3 to 14 June 1992, AGENDA 21*. https://sustainabledevelopment.un.org/content/documents/Agenda21.pdf [accessed on September 8, 2018] (環境庁・外務省監訳『アジェンダ 21：持続可能な開発のための人類の行動計画：'92 地球サミット採択文書』東京：海外環境協力センター，1993 年.)

United Nations (UN) (2012), *The Future We Want*. http://www.un.org/disabilities/documents/rio20_outcome_document_complete.pdf [accessed on September 8, 2018]

United Nations (UN) (2014a), *System of Environmental-Economic Accounting 2012: Central Framework*. https://unstats.un.org/unsd/envaccounting/seeaRev/SEEA_CF_Final_en.pdf [accessed on September 22, 2018]

United Nations (UN) (2014b), *System of Environmental-Economic Accounting 2012: Experimental Ecosystem Accounting*. https://unstats.un.org/unsd/envaccounting/seeaRev/eea_final_en.pdf [accessed on September 22, 2018]

United Nations (UN) (2015), *Transforming Our World: The 2030 Agenda for Sustainable Development*. https://sustainabledevelopment.un.org/content/documents/21252030%20Agenda%20for%20Sustainable%20Development%20web.pdf [accessed on September 8, 2018]

United Nations Development Programme (UNDP) (2018a), *Human Development Indices and Indicators: 2018 Statistical Update*. http://www.hdr.undp.org/sites/default/files/reports/2947/2018_human_development_statistical_update.pdf [accessed on September 22, 2018]

United Nations Development Programme（UNDP）（2018b）, *Human Development Indices and Indicators: 2018 Statistical Update, Technical Notes.* http://hdr.undp.org/sites/default/files/hdr2018_technical_notes.pdf［accessed on September 22, 2018］

United Nations University International Human Dimensions Programme（UNU-IHDP）and United Nations Environment Programme（UNEP）（2012）, *Inclusive Wealth Report 2012: Measuring Progress toward Sustainability*, Cambridge: Cambridge University Press.（植田和弘，山口臨太郎訳『国連大学包括的「富」報告書：自然資本・人工資本・人的資本の国際比較』東京：明石書店，2014 年.）

Yokoyama, A.（2010）, "Externality of Policy," Faculty of Policy Studies, Chuo University（ed.）, *Introducing the Faculty of Policy Studies: Integrating Policy and Culture*, pp. 264-272, Tokyo: Faculty of Policy Studies, Chuo University.

Weitzman, M. L.（1997）, "Sustainability and Technical Progress," *Scandinavian Journal of Economics*, Vol. 99, No. 1, pp. 1-13.

Williams. P.（2012）, *Collaboration in Public Policy and Practice: Perspectives on Boundary Spanners*, Bristol: The Policy Press.

World Commission on Environmental and Development（WCED）（1987）, *Our Common Future*, Oxford: Oxford University Press.（大来佐武郎監修『環境と開発に関する世界委員会　地球の未来を守るために』福武書店，1987 年.）

第2章

超高齢社会における環境の持続可能性
——ごみ分別制度の未来——

篠 木 幹 子

は じ め に

　近年，日本の社会問題のなかでも，高齢化は早急な対策が必要な問題として必ずと言っていいほどあげられる．少子化に伴う人口減少と平均寿命の延伸による65歳以上人口の増加によって生じた人口構成比の変化は，社会のさまざまな側面に影響を与える．特に経済・環境・福祉の各側面から，ネガティブな影響が多く指摘されている．例えば，内閣府（2018）によると，社会保障給付費は2015年度に114兆8,596億円となり過去最高の水準となった．とりわけ，社会保障給付費のうち，高齢者関係給付費は前年度の76兆1,383億円から77兆6,386億円へと増加している．これは経済および福祉の側面における高齢化の問題であると言えよう．また，環境省（2015）では，ライフスタイルの変化や高齢化によって，主に家庭部門における一人当たりの環境負荷は増す可能性があることや，高齢世帯を始めとする世帯の少人数化と世帯数の増加に伴い家庭ごみ排出量の増加が懸念されていること，加えて，人口減少や耕作放棄地の増加に伴い，従来地域住民の利用により維持されてきた里地里山が荒廃したり，鳥獣被害が増加することが指摘されている．

　これらの問題への効果的な取り組みの1つとして，地域のコンパクトシティ

化があげられる．国土交通省（2014）は，高齢化などを背景として「コンパクト＋ネットワーク」の構想から多極ネットワーク型コンパクトシティ政策を推進している．OECD（2012）によれば，コンパクトシティとは一般的に，(1) 高密度で近接した開発形態，(2) 公共交通機関で繋がった市街地，(3) 地域のサービスや職場までの移動の容易さ，という特徴を有した都市構造のことを示す．都市のコンパクト化は環境および福祉の持続可能性を視野に入れた考え方であると同時に，財政面・環境面のどちらにも有利に働き（森本，2011），都市のマネジメント費用の削減（根市ほか，2007）にも効果があるため，経済的な側面においても効果的であると捉えられている．しかし，ミクロな観点からみれば，一般的には，実際にどこに居住するかといった個人の選好をコントロールすることは難しく，コンパクトシティとして自治体が想定しているエリアに個人（とりわけ高齢者）の居住地を変更するのは，コストの面から容易ではない場合も多い．加えて，居住地の変更は地域のネットワークなどの既存の社会資本を破壊する場合もある．したがってコンパクト化によって生じるこれらの問題がいかに克服可能なのかを直接的に考えることが，高齢化によって生じる社会の持続可能性に関する問題へのアプローチの1つであると言えるだろう．

　他方で，別のアプローチもあり得る．2016年10月1日現在の日本社会の65歳以上人口は3,515万人であり，総人口に占める割合（高齢化率）は27.7％となっている（内閣府，2018）．日本の社会はすでに「超高齢社会」に突入しており，従来と同様の行動や協力を人びとに求めることが難しい状況が現実の問題として生じている．高齢化によって現時点で生じている具体的な問題を経済・環境・福祉の各側面において整理しつつ，実際に高齢者がどのように行動しているのかという現状を明らかにしながらその対応を考えることは，コンパクトシティのような社会の在り方を考える政策を補完することに繋がる．

　本研究では，経済・環境・福祉の側面のなかでも特に環境の持続可能性の側面に焦点をあて，後者のアプローチに基づき高齢化によって生じる社会の

問題を検討する．なぜなら，(1)すでに生じている問題への対応という緊急性と，(2)従来と同様の行動を人びとに求めることが難しい状況が生じている，という2つの理由を重視するためである．そして，ごみ分別のような人びとの協力を前提として設計された環境の持続可能性のための制度が，高齢化によってどのような影響を受けるのかという問を設定する．日本の廃棄物制度は分別という住民の協力を前提とし，廃棄物削減と資源循環による持続可能性を目指しているが，現実には加齢のため詳細なごみの分別が困難になっている高齢者が多数おり，彼らにごみ出し支援を行っている自治体が全国に2割程度存在する（小島ほか，2015），という状況が生じているためである．具体的には，高齢化によって生じる環境問題を整理したのち，ごみ分別に焦点を絞り，高齢者のごみ分別行動やそれに対する考え方に関して2005年および2015年に仙台市において実施した調査データをもとに探索的に分析を行う．そして，高齢化によって環境配慮行動を支える制度がどのように影響を受けるのかを検討する．そのために，1節で，高齢化と環境問題の関係に関する先行研究を整理し，2節では，本研究で使用するデータの概要を紹介する．続く3節において，ごみ分別行動やごみ分別に対する考え方と年齢の関係を分析し，最後の4節で，分析結果をまとめる．

1．先 行 研 究

1-1．高齢化と環境問題

はじめに高齢化と環境問題の関係について整理していこう．Pillemer et al. (2011) は，高齢化と環境問題の間の関連が十分に検討されていないことを指摘し，次の3点が重要な検討課題となることを示した．第1に，温暖化等の環境変化は高齢者の健康に影響を与える．第2に，高齢者特有の行動によって生じる環境汚染があり，第3に，高齢者が環境問題解決の貢献者となる，といった点である．

　環境変化の高齢者に対する影響としては，高齢者は，異常気象や気温の変化，大気汚染などの環境脅威，または食料や水の供給に関するストレス等の影響を受けやすい(Geller and Zenick, 2005; Hyer et al., 2006)，といった例があげられる．高齢者の行動による環境への負荷としては，若年層よりもエネルギーの使用量が多かったり，多くの薬物を使用する高齢者は水生生物や人の健康に悪影響を与える医薬品を水道に流し水環境に悪影響を与える事例があげられる (European Commission Directorate-General Environment, 2008; Washington Citizens for Resource Conservation, 2006)．問題解決の貢献者としては，高齢者の環境ボランティアの活動は有意義な社会参加であると同時に，身体活動を伴い健康を促進する傾向がある (Pillemer et al., 2010; Pillemer and Wagenet, 2008) ことが分かっている．

　以上のことから，高齢化と環境問題の関係は単純なものではなく，さまざまな側面をもつことが分かる．すなわち，全人口の中で比率的には増大した高齢者を環境リスクの「被害者」として捉えるのか，それとも肉体的な衰えから協力行動ができずに環境負荷をもたらす「加害者」として捉えるのか，あるいは時間等の余裕や戦後の貧しい時代を知り「もったいない」意識をもったり，時間的余裕があり社会参加によって環境問題を解決するための「貢献者」として捉えるのかによって問題の切り口が異なり，その後の検討課題も異なってくるのである[1]．

1-2. 年齢効果の影響

　高齢化による環境問題を検討する際には，高齢人口比率の急激な増加によって，高齢者の環境配慮行動の実行程度がどのように変わる可能性があるのか，環境問題についてどのような意識や考え方をもつ人が増えるのかという予測が必要となる．その際に，どの程度の人びとが特定の行動を行っているのか，あるいは，どのような考え方をもっているのかという現状の把握が必要になる．通常，このような現状把握の際に実施される調査票調査の分析では，どの研究においても年齢の効果を検討する基礎的な分析が行われている．例え

ば，年齢と性別は，研究によって効果がある場合とない場合がみられる（Oskamp et al., 1991; Schultz et al. 1995）．また，高年齢層の人びとはリサイクルにはあまり協力しないが，公共交通を利用するというように，環境配慮行動のタイプによって属性の効果の向きが逆転する場合もある（Diekmann and Preisendöfer, 1998）．Wiernik and Deniz（2013）は，年齢がどのように環境の持続可能性に関係しているのかを検討するためにメタ分析を行い，高齢者は，自然と関わり，環境への負荷を回避し，原材料や天然資源を節約する可能性があるものの，他の環境配慮行動に関しては取るに足りない差であるか，あるいは年齢による違いはみられない，という結論を導出した．

　このような分析結果を解釈する場合には，次の 2 点に注意しなければならない．第 1 に，年齢の効果がみられない，という結果の場合，分析が年齢による線形の効果を仮定した分析を行っているかどうかを確かめる必要がある，という点である．環境配慮行動の実行についてみてみると，高齢層と若年層の両者があまり行動を実施しておらず，中年層が行動に協力するといった山なりの傾向がみられる場合がある（篠木，2017）．このような場合，単純に線形を仮定した分析では，うまく年齢の傾向を把握できない場合がある．

　第 2 の問題はもう少し複雑である．「高齢になる」と特定の行動を「行う／行わない」といったような傾向が統計的に有意だったとして，それが本当に高齢になることによって生じる「年齢効果」なのか，それとも世代によってある特定の影響がみられる「コーホート効果」なのか，それとも時代の影響をうけた「時代効果」の影響なのかを判別する必要がある，という点である．

　たとえば，Gifford and Nilsson（2014）はメタ分析の中で，高齢者ほど環境問題を心配しなくなるという年齢効果と，世界的に環境問題に対する対策が進み，以前よりも環境問題を心配しなくなってきたという時代効果の可能性を指摘している．1 時点における調査票調査の分析によって得られる結果は「高齢者ほど環境問題に対する心配度が低い」というものであるが，どちらの効果がみられるのかについては，可能性を言及することしかできない．その背後にある効果の影響を明確にするには，同じ質問文および同じ選択肢によっ

て測定された複数時点の調査データが必要となる[2].しかし,これらの効果が同定可能な継続調査は日本においてほとんど実施されておらず,実際には検証が困難であるという現状がある.

1-3. 高齢化とごみ問題

それでは現在の日本社会において,廃棄物制度はどのような状況に直面しているのだろうか.ごみの分別に関しては,各自治体の責任において収集方法が決められている.そして,どの自治体においても,住民がごみの分別に協力することが前提となっている.しかし,自らごみ出しができない高齢人口の増加によって状況が変化しつつある.小島ほか(2018)は,高齢化が進んだ社会におけるごみ出しの問題を次のように整理した.要介護・要支援認定者は,訪問介護サービスを利用することができる.しかし,ごみ出しの曜日や時間に合わせてホームヘルパーに来てもらうことが難しかったり,逆にごみ出しのためだけにサービスを利用することができない.さらに,要介護認定は受けていないものの,集積所が遠かったり,エレベーターのない集合住宅に住んでいたりという理由から支援を必要としている高齢者も存在しており,高齢者のごみ出しの課題は現行の介護保険制度では解決できずに,廃棄物部局として取り組む自治体が増えている.

さらに,小島ほか(2018)は継続的なごみ出し支援に向けて重要な2点を示した.第1に,高齢者福祉分野との連携がごみ出し支援のあらゆる局面で必須であることである.ごみ出し支援制度の設計においては,既存の福祉施策との重複を避けると同時に,ごみ出し支援に関して対象とする高齢者の要件の設定には,福祉部局との協議が必要である.第2に,高齢者福祉分野と廃棄物管理分野での利用者負担の在り方の不整合を解消していくことである.介護保険サービスでは1割または2割の利用者負担があるが,廃棄物部局が行うごみ出し支援のほとんどは利用者負担なしで実施されている.制度の持続性や,自助努力や家族の協力などで支援を受けずにごみ出ししている高齢者との公平性を担保する必要もある.ただし,これらのごみ出し支援制度を

高齢になった誰もが利用するわけではない．身体的にごみの持ち運びが可能であれば利用しないであろうし，自分のごみを人から見られることに躊躇する人も利用しない可能性が高い．小島ほか（2015）によると，身体的・精神的な負担感から成る「ごみ出しの負担感」は「ごみ出し支援の制度利用意向」に正の影響を与えるが，それと同時に，「プライバシー・遠慮」は負の影響を，「社会との繋がり・安心」は正の影響を与えるのである．

　以上のように，高齢化の問題と廃棄物制度の問題は，福祉分野と連携しつつ，既存の形を変えていく必要性が生じている．本研究では，高齢化の問題と具体的な環境問題として廃棄物制度の問題に焦点をあて，実際に高齢者がどのような行動をしているのかを，過去に実施した調査データをもとに探索的に検討する．

2．調査の概要

2-1. 仙台市におけるごみの分別制度

　本研究の調査対象である宮城県仙台市では，1 人 1 日あたりのごみの排出量が 1980 年代半ばから次第に増加し，2001 年から減少しはじめた．これは全国における傾向と同じである．2008 年 10 月に「指定ごみ袋」を利用した有料化を実施し，ごみの量はさらに順調に減少したが，2011 年の東日本大震災後に排出量は増加した．現在，排出量は再び年々減少している．また，資源化量は 30％弱でおおむね横ばいである（仙台市環境局，2006，2017）．

　仙台市では住民のごみを「家庭ごみ」「資源物」「粗大ごみ」の 3 つに分けて収集している（調査実施の 2015 年度時点）．資源物は，自宅近くの集積所で回収される．その種類は，(1) 紙類（月 1 回：種類ごとにひもでしばる），(2) 缶・びん・ペットボトル・廃乾電池類（週 1 回，集積所に設置される回収ボックスに入れる），(3) プラスチック製容器包装（週 1 回：指定袋に入れる）の 3 種類である（仙台市環境局　2016）．布類は集積所における回収は実施されていない．し

かし，布類と紙類については，地域の子供会や町内会などによる集団資源回収，市民センターなどの資源回収庫の利用が可能であり，牛乳パック等は，民間の紙類回収ステーションも利用でき，資源にもよるが住民にとっては多様な回収ルートがある．高齢者に対するごみ分別支援制度は調査実施時点では設けられていないが，2018年10月より町内会や老人クラブなどの団体に奨励金を交付し，住宅の玄関から集積所までごみを運んだ場合に奨励金を出し，1世帯のごみ出し支援1回に140円を交付する予定である（河北新報　2018年7月19日）．

2-2. 調査の概要

　本研究では，仙台市において実施した調査データを使用し，高齢者のごみ分別行動を探索的に検討する．調査の概要は表2-1のとおりである．年齢効果・コーホート効果・世代効果の分析は困難であるものの，全体的な傾向の把握と，10年の変化から各効果の可能性を検討するために，2005年および2015年に仙台市において実施した調査データを利用する．どちらの調査においても住民基本台帳から確率比例抽出法を利用して無作為に対象者を抽出し，対象者が属している世帯の主な家事担当者に回答を依頼した．調査票は郵便

表2-1　調査実施の概要

	2005年	2015年
調査名	家庭廃棄物（ごみ）に対する住民の意識と行動に関する調査	暮らしと生活環境に関する調査
標本抽出	住民基本台帳から確率比例抽出法で抽出	住民基本台帳から確率比例抽出法で抽出
抽出数	1000	1200
調査対象者	仙台市内に居住している世帯の家事担当者	仙台市内に居住している世帯の家事担当者
調査実施日	2005年10月13日㈭〜12月22日㈭	2015年11月6日㈮〜11月29日㈰
調査法	調査票の配布に郵送を利用した留置調査	調査票の配布に郵送を利用した留置調査
回収率	63.5%（635名）	64.3%（771名）

出所：筆者作成．

で送付し,「社団法人中央調査社」の調査員が調査対象世帯を訪問して調査票を回収した. 回答者は家事担当者であるため女性の比率が高く, 2005 年は 83％, 2015 年は 84％となっている. また, 年齢はいずれも 60 歳代以上がもっとも多い.

3．分　析

3-1．ごみ分別行動の傾向

　はじめに, 全体のごみ分別行動の傾向をみていこう. 2005 年および 2015 年の両調査において比較可能なペットボトル, アルミ缶, 牛乳パック, 新聞の各資源に関して, それぞれの年に生まれた人びとがどの程度, 資源化に協力したのかをみたのが図 2-1a から図 2-1d である[3]. 表 2-2 に示したように, 1924 年以前に生まれた人は, 2005 年の調査では 80 歳代, 2015 年の調査では 90 歳代となる. しかし, 実際には 2015 年の調査では 90 歳代の回答者はいなかったため, 資源化に関する比率は示されていない. 同様に 1985 年以降に生まれた人は 2015 年の調査で 20 歳代であるが, 2005 年の調査時点では回答者として含まれていなかったため, 資源化に関する比率は示されていない.

　それぞれの特徴についてみてみよう. すべての資源において, 2005 年よりも 2015 年のほうが分別に協力している人が増加している. とりわけペットボトルの資源化に協力する人が増加しており, 10 年の間にごみの分別の制度が根付いたことが分かる.

　年齢による違いをみてみると, 2005 年のペットボトルおよびアルミ缶に関しては, 1965－1974 年生まれ (調査時点で 30 歳代) の人びとの資源化協力率がもっとも高く, 年齢が上がるにつれて協力率が下がる傾向がみられた[4]. ただし, 1924 年以前生まれの人びと (80 歳代) の資源化協力率は 1925－1934 年生まれ (70 歳代) や 1935－1944 年生まれ (60 歳代) の人よりも高い傾向がられた. このことから, 持続可能な循環型社会の構築の根幹をなすペットボト

ルとアルミニウムの回収は，2005年の時点では，20歳代の協力率がやや低く80歳代の協力がやや高いという状況はあるものの，全体的にみると，高齢になるにしたがって協力率が下がるという傾向がみられた．牛乳パックや新聞などの紙の資源化に関しても，1935－1944年生まれ（60歳代）で最も協力率が高くなり，その後緩やかに協力率が下がる傾向がみられる．ただし，紙類の場合は，もっとも協力率の高い年齢層がペットボトルやアルミ缶とは異なり，高齢層の協力率が高いという特徴がある．つまり，同じ資源化であっても，ペットボトルやアルミ缶と紙類では，年齢と資源化の関連のパターンがやや異なり，高齢になるほど協力率が大きく下がるという単純な関係以外のメカニズムが存在する可能性も考えられる．

　2015年の傾向はどのようになっているだろうか．ペットボトルとアルミ缶に関しては，年齢が上がるにしたがって資源化の協力率が高くなり，1955－1964年生まれ（調査時点で50歳代）の協力をピークに，年齢が上がるにつれて協力率が下がる山なりの傾向がみられる．ただし，1925－1934年生まれ（調査時点で80歳代）と1935－1944年生まれ（70歳代）の協力率には違いはみられない．これに対して牛乳パックと新聞紙の分別は，1985年以降生まれの人びと（20歳代）の資源化の協力率のほうが1975－1984年生まれ（30歳代）の人よりも高く，新聞紙に関しては他の年代と比べても相対的に高い協力率であった．牛乳パックに関しては，高齢になるほど協力率が高くなり，1935－1945年生まれ（70歳代）の協力率が最も高い．ただし，80歳代になると協力率がやや下がる傾向がみられた．新聞紙に関しては，高齢になるほど，協力率が下がるという傾向がみられ，ペットボトルとアルミ缶と類似の関連がみられた．

　10年間の変化をみてみると，2005年時点でペットボトルやアルミ缶の協力率が最も高かった1965－1974年生まれの人は，協力率そのものは維持していたり上がったりしているものの，10年前に彼らよりも協力率が低かった1955－1964年生まれの人の協力率のほうが高くなり，全体の中でも最も協力的な行動をするようになっている．この年代に生まれた人びとは新聞紙に関して

も最も協力的な年代となっている．これに対して，牛乳パックに関しては 2005 年においても 2015 年においても 1935 – 1944 年生まれの人の協力率が最も高く，彼らが全体の中でやや特殊な年代である可能性がある．

　以上のことからわかるのは，次の 2 点である．第 1 に，全体的な傾向としては，若年層よりは 40 〜 50 歳代の人びとのほうが資源化に協力的だが，その後は高齢になるほど協力率は下がるという山なりの傾向がみられるため，年齢の効果は線形ではない．そして，高齢になるほど協力率が下がるという年齢効果が存在すると予測できる．第 2 に，分別の協力率に関してはすべての資源において同じパターンがみられるわけではない．とりわけ，社会運動をベースに始まった牛乳パックのリサイクルは，背後に年齢効果の影響が存在すると仮定はできるが，1935 – 1944 年生まれの人の協力率が 2005 年においても 2015 年においても最も高い点から，他の効果が影響を与えている，とも考えられる．

　牛乳パックが他の資源と比較して，年齢と分別行動の関連のしかたが異なる理由として，本研究では牛乳パックの分別回収がはじまった経緯に理由があると考える．平井（1988）によれば，牛乳パック再生利用運動は山梨県大月市において 1984 年 9 月に自主グループ「たんぽぽ」を中心にはじまった．その後，その運動は瞬く間に全国に広がり，翌 1985 年に「全国牛乳パックの再利用を考える連絡会」が結成されたことでさらに活動の幅を広げていった．この運動が始まった当時，1935 – 1944 年生まれの人たちは 40 〜 50 歳代であり，ちょうど運動の担い手であった．ペットボトルやアルミ缶の分別収集のように，完全に行政主導ではじまった分別とは異なり，市民運動を背景に成立し，その後，行政の分別に組み込まれたという特徴を持つ牛乳パックの資源化協力率は，このような社会的な時代効果の影響を受けている可能性がある．

　また，新聞に関しても民間の収集が先行していたため，2005 年ではその影響が残り，新聞紙の分別はどちらかというと牛乳パックの資源化協力パターンに似ていたという可能性が考えられる．しかし，その後の 10 年間で市の収

38

集が定着し，2015年ではペットボトルやアルミ缶に類似した協力パターンに変化したと解釈できる．ただし，新聞の発行部数および1世帯当たりの部数は年々減少しているため（日本新聞協会，2017），今後，どのような傾向がみられるのか，明確な予想が難しい．新聞紙は重量があるため，ステーションにもっていく必要性などを考えると高齢化するほど資源化に協力することが難しいという問題がある一方で，電子媒体を利用する世代が若年層に増えることが予想できるため，分別に協力するのは高齢世帯のみとなる可能性もある．

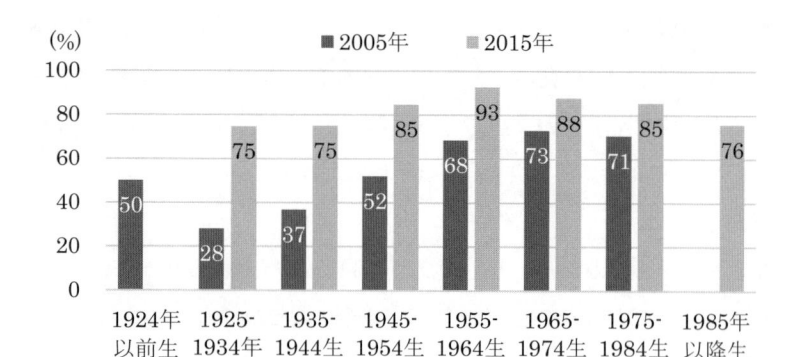

出所：図2-1a～図2-1d，筆者作成．

図2-1a　ペットボトルの分別の協力率

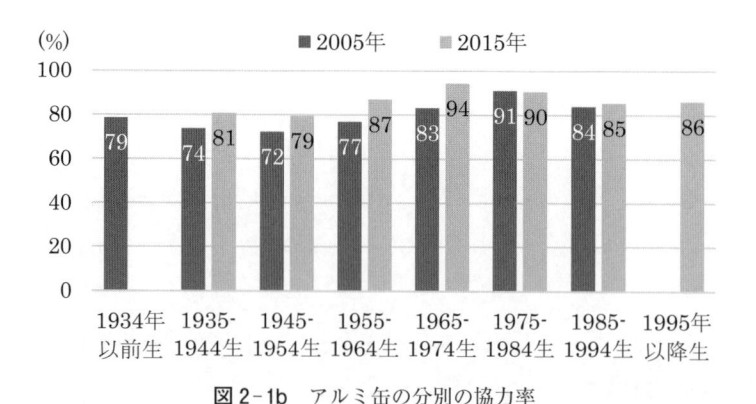

図2-1b　アルミ缶の分別の協力率

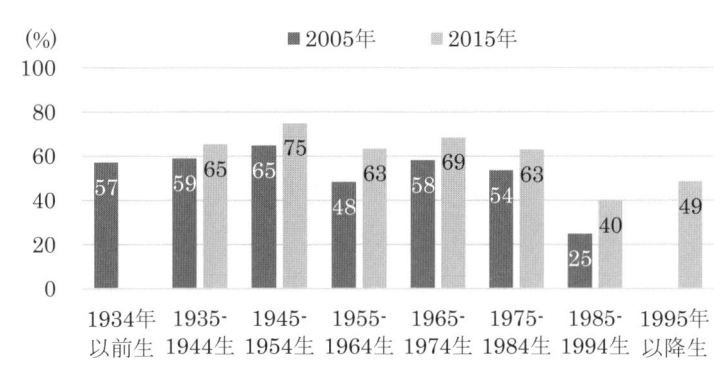

図2-1c　牛乳パックの分別の協力率

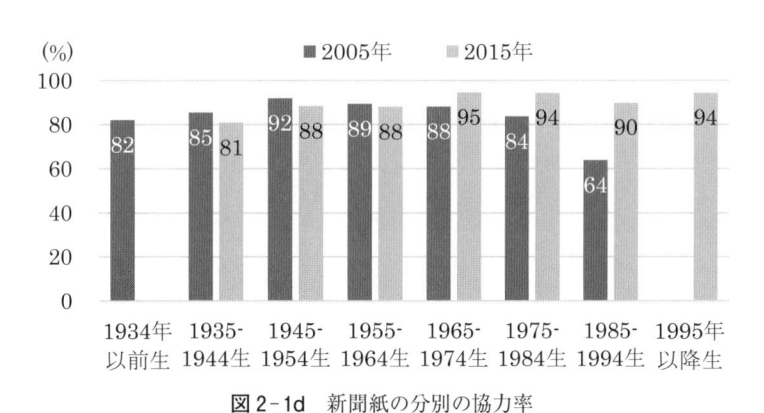

図2-1d　新聞紙の分別の協力率

表2-2　調査時点における生まれと年齢の関係

	2005 年調査	2015 年調査
1924 年以前生まれ	80 歳代	90 歳代
1925－1934 年生まれ	70 歳代	80 歳代
1935－1944 年生まれ	60 歳代	70 歳代
1945－1954 年生まれ	50 歳代	60 歳代
1955－1964 年生まれ	40 歳代	50 歳代
1965－1974 年生まれ	30 歳代	40 歳代
1975－1984 年生まれ	20 歳代	30 歳代
1985 年以降生まれ	10 歳代	20 歳代

出所：筆者作成.

3-2. ごみ分別に対する考え方

先の分析では資源によって違いはあるものの，全体を通してみてみると，高齢になればなるほど資源の分別に協力するのが難しくなる年齢効果の可能性を把握した．それでは，そのような分別に対して，回答者はどのような考えをもっているのだろうか．「分別には手間がかかる」「分別の方法が分かりにくい」「回収場所までもっていくのがたいへんだ」「仙台市のごみ分別制度は住民に多くの労力を求める制度だ」と思うかどうかに関する回答を年齢別にみたのが図 2-2a から図 2-2d である[5]．

2005 年も 2015 年も，20 歳代（2005 年は 1975‒1984 生まれ，2015 年は 1985 年以降生まれ）で「分別には手間がかかる」と「思う」人が多く，30 歳代になるとその割合が減少するものの，高齢になるにつれて再びそう「思う」と回答する人が増加する傾向がみられる．「分別の方法がわかりにくい」「回収場所までもっていくのがたいへんだ」という質問に関しても，ほぼ同様の傾向がみられた[6]．20 歳代から 30 歳代の変化については，親世帯を離れて暮らし始めるなどの状況の変化によって，これまで家族に任せていた分別に自分で取り組まなくてはならなくなった 20 歳代の回答者が「手間がかかる」「方法がわかりにくい」「回収場所までもっていくのがたいへんだ」と回答したが，10 年経つとその状況に慣れることを示していると考えられる．しかし，30 歳代以降は，高齢化するほど手間感や分かりにくさ，たいへんさが増すという年齢効果の可能性が考えられる．

これに対して，どちらの調査においても，「仙台市のごみ分別制度は住民に多くの労力を求める制度だ」と思うかどうかという評価に関しては，年齢とそう思うかどうかの間には関連がみられず，どの年代においても約 7 割の人びとが「そう思わない」と回答していた[7]．つまり，分別の取り組み時の手間などの個々の感じ方は，年齢が高くなるにしたがって「そう思う」傾向がみられるが，逆に仙台市の制度の評価そのものは年代による違いはみられないことが分かった．

このように，分別時の感じ方と年齢および資源化率の関係は単純ではない

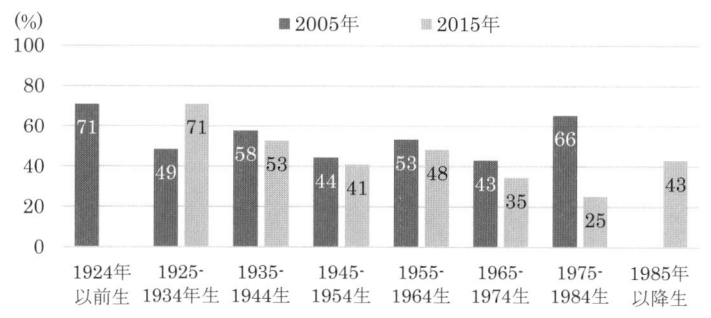

出所：図 2-2a ～図 2-2d，筆者作成.

図 2-2a　「分別には手間がかかる」と思う人の比率

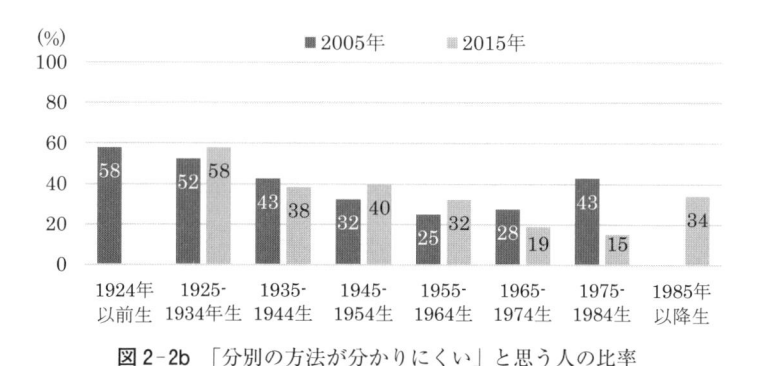

図 2-2b　「分別の方法が分かりにくい」と思う人の比率

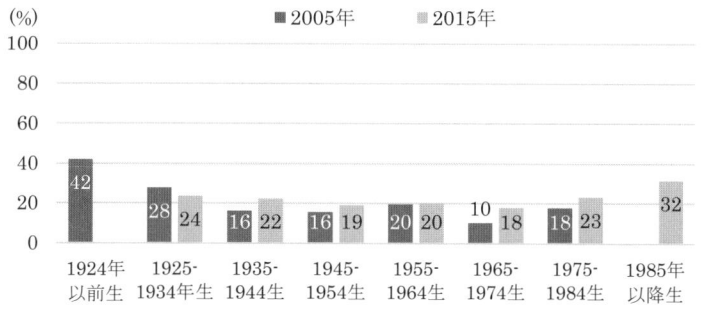

図 2-2c　「回収場所までもっていくのがたいへんだ」と思う人の比率

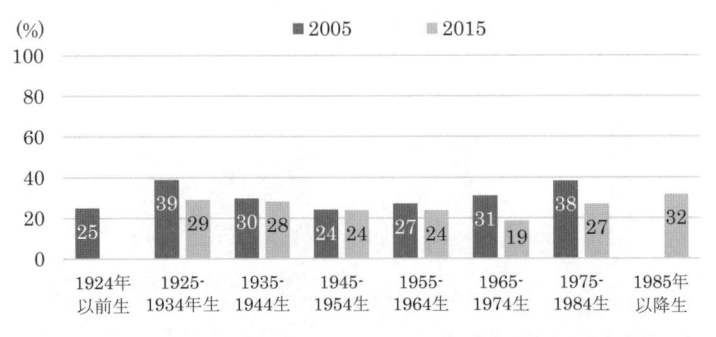

(%) ■2005 ■2015

図2-2d 「市の制度は住民に多くの労力を求める」と思う人の比率

のである．表2-3は「手間がかかる」と思うかどうか別にみた年齢とアルミ缶の資源化率の関係である．この表をみると，分別に「手間がかかる」と「思わない」人の場合は，2005年および2015年のどちらにおいても年齢による資源化率の違いがみられ，年齢が高くなると資源化の協力率が少しずつ下がるという図2-1bに類似した傾向がみられるが，「手間がかかる」と「思う」人の場合は，2005年2015年どちらにおいても年齢による資源化の違いはみられない．つまり，「手間がかかる」と思うかどうかによって年齢と資源化の関係に違いがある交互作用がみられるのである．表は省くが「分別の方法がわかりにくい」「回収場所までもっていくのがたいへんだ」ということに関しても同様の傾向がみられた．つまり，実施に伴う手間や分かりにくさを感じない場合は年齢効果が現れるが，手間や分かりにくさを感じる場合は，そのような手間感を感じることこそが年齢に関係なく協力率を低下させる影響を与える可能性がある[8]．

表2-3 手間がかかると思うかどうか別にみた年齢とアルミ缶の資源化の協力率の関係

		1934年以前生	1935-1944生	1945-1954生	1955-1964生	1965-1974生	1975-1984生	1985-1994生	1995年以降生	χ^2値
手間がかかると思わない	2005年	70	66	73	80	82	96	95		15.89*
	2015年		81	82	85	98	92	83	100	17.69**
手間がかかると思う	2005年	83	88	71	73	84	86	79		7.71
	2015年		81	71	90	90	88	88	80	7.05

出所：筆者作成．

お わ り に

　これまでの分析から，全体的にみるとごみの分別行動に関しては高齢化が資源化の協力率を下げる年齢効果が存在する可能性が明らかになった．ただし，牛乳パックのみ，高齢になっても資源化に協力する傾向がみられた．とはいえ，80歳代になると協力率がやや下がる点を考えると，牛乳パックの行動メカニズムが他の分別行動とは異なるというよりはむしろ，基本的なメカニズムは高齢になるほど資源化に協力できなくなるというものであるが，牛乳パックの再生利用運動の高まりのような時代の影響が現在「高齢者」に区分される人びとの間に強く現れており，年齢効果と時代効果が重なって現れている可能性が高く，時代の影響を受けた人びとが少なくなると，いずれは他の資源と同様の行動パターンになると予測できる．また，分別実行時の手間など感じるかどうかによって，年齢と資源化の協力率の関係には違いがみられることも明らかになった．

　高齢になるほどごみの分別に協力するのは難しいという仙台市の分析でみられた年齢効果の傾向が全国でも同様にみられるのであれば，高齢化がさらに進み，高齢者の割合が多くなるにつれて，住民の協力を前提として資源の持続可能性を目指す現在のごみ分別制度はうまく機能しなくなる可能性がある．すでに記したように，高齢者のごみ出しサポートを行っている自治体は全国の20%であるが，今後はより多くの自治体がサポート制度を整える必要が生じるだろう．あるいは，住民の詳細な分別などを前提としない，資源の収集の方法や再生利用が可能な方法を検討する必要が生じるかもしれない．

　本研究では仙台市において実施した調査によって「ごみ分別のような人びとの協力を前提として設計された環境の持続可能性のための制度が，高齢化によってどのような影響を受けるのか」という問を検討した．しかし，一都市における調査であるため，他の地域においても，あるいは全国においても同様の傾向がみられるのかという検討が必要である．また，今回は環境負荷

をもたらす「加害者」としての高齢者に焦点をあてたが，環境問題を解決するための「貢献者」としての高齢者や環境リスクの「被害者」としての高齢者も検討する必要があるだろう．とりわけ，仕事を引退したものの気力も体力もある人びとが，環境問題解決の後継者として地域で活躍する可能性は十分にあり，ごみ分別に関しても地域の高齢者ごみサポートの協力者となる場合も考えられる．これらの課題を検討することで，高齢化によって生じる環境問題の解決に貢献しうるだろう．

1) このほかにも，気候変動の観点から公共交通利用が重視されるものの郊外居住のために自動車運転を続ける高齢者の問題やそれに伴う運転リスクの上昇の問題を検討した研究（Nakanishi and Black, 2015），高齢者の環境リスクの研究（Tuttle et al., 2012）といったタイプの研究もある．

2) Gifford and Nilsson（2014）のほかにも，年齢・コーホート・世代効果について言及している先行研究はある．European Commission Directorate-General Environment（2008: 18）では，自家用車の使用という行動について，年齢効果として視野狭窄等による運転技術の低下，病院通院回数の増加をあげ，コーホート効果として自動車免許や自動車の保有率の増加，世代効果として収入の増加や教育機会の変化などをあげている．ただし，本章で想定している年齢・コーホート・世代効果とは，高齢者ほどある特定の行動を実行するという傾向がみられた場合に，そのメカニズムがどの効果によって生じているのかを同定する必要がある，ということであるため，同じ用語を用いているが，European Commission Directorate-General Environment（2008）で言及されているような点については，検討の対象とはしない．

3) 2005 年の調査では，それぞれの項目に対して「1　家庭ごみとして，仙台市の収集に出している」「2　プラスチック製容器包装として，仙台市の収集に出している」「3　プラスチック製容器包装以外の資源として，仙台市の収集に出している」「4　地域の集団資源回収に出している」「5　紙類回収庫に出している」「6　紙類回収キャラバン隊に出している」「7　スーパーなどの店頭回収に出している」「8　その他」という選択肢で行動を把握し，各項目に対して資源化につながる行動をしている人の比率を算出した．2015 年の調査では，「1　家庭ごみとして，仙台市の収集に出している」「2　資源ごみとして，仙台市の収集に出している」「3　地域の集団資源回収に出している」「4　スーパーや専門店などの店頭回収に出している」「5　リサイクルショップ，NPO などに持っていく」「6　市の資源回収庫に出している」「7　その他」「8　購入していない」としているという選択肢で行動を把握し，資源化につながる行動をしている人の比率を算出した．2005 年の

調査では，「その他」で購入していないと回答した人を，また，2015 年の調査では「購入していない」という選択肢を選んだ人を分析から除外している．

4) 2005 年および 2015 年のどちらの調査においても，資源 4 項目すべてに関する年齢と資源化率の関係は 5% 水準で有意な関連がみられた（ペットボトル：2005 年 $\chi^2 = 58.97 (p = .00)$，2015 年 $\chi^2 = 21.87 (p = .00)$／アルミ缶：2005 年 $\chi^2 = 14.90 (p = .02)$，2015 年 $\chi^2 = 15.76 (p = .02)$／牛乳パック：2005 年 $\chi^2 = 29.83$ $(p = .00)$，2015 年 $\chi^2 = 33.54 (p = .00)$，新聞：2005 年 $\chi^2 = 28.70 (p = .00)$，2015 年 $\chi^2 = 14.28 (p = .03)$）．

5) 質問文は，2005 年，2015 年どちらも「ごみの分別や排出には，手間がかかる」「分別の方法が分かりにくい」「回収場所までもっていくのがたいへんだ」と思うかどうかを尋ね，「1　そう思う」「2　どちらかといえばそう思う」「3　どちらかといえばそう思わない」「4　そうは思わない」という選択肢によって回答を測定した．このうち，「そう思う」「どちらかといえばそう思う」と答えた人を「そう思う」人としてカテゴリを合併し，その比率を示した．

6) 2005 年および 2015 年の調査においても，それぞれの質問項目と年齢の関係は，2015 年の「回収場所まで持っていくのがたいへんだ」という回答を除いて，5% 水準で有意な関連がみられた（手間がかかる：2005 年 $\chi^2 = 19.54 (p = .00)$，2015 年 $\chi^2 = 35.02 (p = .00)$／分かりにくい：2005 年 $\chi^2 = 32.37 (p = .00)$，2015 年 $\chi^2 = 43.33 (p = .00)$／回収場所にもっていくのがたいへん：2005 年 $\chi^2 = 30.07$ $(p = .00)$，2015 年 $\chi^2 = 7.32 (p = .29)$）．

7) 質問文は，2005 年，2015 年どちらも，「仙台市のごみ分別制度は，住民に多くの労力を求める制度である」と思うかどうかを尋ね，「1　そう思う」「2　どちらかといえばそう思う」「3　どちらかといえばそう思わない」「4　そうは思わない」という選択肢によって回答を測定した．このうち，「そう思う」「どちらかといえばそう思う」と答えた人を「そう思う」人としてカテゴリを合併し，その比率を示した．各年のカイ二乗値は次の通りである（2005 年：$\chi^2 = 7.59 (p = .27)$，2015：$\chi^2 = 6.18 (p = .40)$）．

8) 「仙台市のごみ分別制度は，住民に多くの労力を求める制度である」と思うかどうかと年齢，アルミ缶の資源化の関係については，労力を求める制度だと「思う」場合も「思わない」場合も，年齢と資源化の間には関連がみられなかった．この場合は，(1) 労力を求める制度だと思うかどうかは年齢による違いはみられず，(2) 労力を求める制度だと思うかどうかにかかわらず，年齢と資源化にも関連はみられない．しかし (1) 労力を求める制度だと「思わない」ほど資源化に協力する傾向がある（2005 年：$\chi^2 = 4.56 (p = .03)$，2015 年：$\chi^2 = 8.15 (p = .00)$）という関係になっている．

参 考 文 献

海野道郎編（2007）『廃棄物をめぐる人間行動と制度：環境問題解決の数理・計量社会学』平成 15 年度〜平成 18 年度科学研究費補助金研究成果報告書.

環境省（2015）『図で見る環境・循環型社会・生物多様性白書』.

小島英子，多島良，秋山貴，横尾英史（2015）『高齢者を対象としたごみ出し支援の取組みに関するアンケート調査結果報告』国立研究開発法人 国立環境研究所 資源循環・廃棄物研究センター.

国土交通省（2014）「新たな『国土のグランドデザイン』の骨子の方向性」
（http://www.mlit.go.jp/common/001029988.pdf）

小島英子，多島良，朱文率，佐藤昌宏，松神秀徳，神保有亮（2015）「共助と公助による高齢者のごみ出し支援制度：利用意向に影響する心理的要因」（『廃棄物資源循環学会論文誌』26 巻）117-127 頁.

小島英子，多島良，田崎智宏（2018）「超高齢社会におけるごみ出し支援の現状と今後」（『環境経済・政策研究』第 11 巻第 1 号）59-62 頁.

篠木幹子（2017）「ごみの分別行動と減量行動に影響を与える要因の検討：仙台市民の10 年間の変化」（『廃棄物資源循環学会論文誌』28 巻）58-67 頁.

仙台市環境局総務課（2006）『平成 18 年度仙台市環境局事業概要』.

仙台市環境局総務課（2017）『平成 27 年度仙台市環境局事業概要』.

仙台市環境局（2016）『資源とごみの分け方・出し方：仙台市生活ごみ分別辞典』.

内閣府，2018，『高齢社会白書』.

日本新聞協会（2017）「新聞の発行部数と世帯数の推移」
（https://www.pressnet.or.jp/data/circulation/circulation01.php　2018 年 7 月 22 日アクセス）

根市政明，土屋貴佳，室町泰徳（2007）「都市のコンパクト化による都市施設マネジメント費用の変化に関する研究」（『土木計画学研究・論文集』第 24 巻第 1 号）217-222 頁.

平井初美（1988）「自然と人間の共生：牛乳パックの向こうに見えるもの」（環境庁企画調整局編『エコロジカルライフスタイル：環境保全ビジョン・シンポジウムから』）121-125 頁.

森本章倫（2011）「都市のコンパクト化が財政及び環境に与える影響に関する研究」（『都市計画論文』第 46 巻第 3 号）739-744 頁.

Diekmann, Andreas and Peter Preisendöfer (1998), "Environmental Behavior: Discrepancies Between Aspirations and Reality", *Rationality and Society*, Vol. 10, No. 1, pp. 79-102.

European Commission Directorate-General Environment (2008), "Environment and Ageing: Final Report", (http://ec.europa.eu/environment/enveco/others/pdf/ageing.pdf).

Geller, Andrew M. and Harold Zenick, H. (2005), "Aging and the Environment: A

Research Framework", *Environmental Health Perspectives*, Vol. 113, pp. 1257-1262.

Gifford, Robert and Andreas Nilsson (2014) "Personal and Social Factors that Influence Pro-environmental Concern and Behaviour: A Review," *International Journal of Psychology*, Vol. 49, No. 3, pp. 141-157.

Hyer, K., Brown, L. M., Berman, A., & Polivka-West, L. (2006), "Establishing and Refining Hurricane Response Systems for Long-term Care Facilities", *Health Affairs*, Vol. 25, pp. w407-w411.

Nakanishi, Hitomi and John Black (2015), "Social Sustainability Issues and Older Adults' Dependence on Automobiles in Low-Density Environments", *Sustainability*, Vol. 7, No. 6, pp. 7289-7309.

OECD (2012), "Compact City Policies: A Comparative Assessment," *OECD Green Growth Studies*, OECD Publishing.

Oskamp, Stuart, Maura J. Harrington, Todd C. Edwards, Deborah L. Sherwood, Shawn M. Okuda and Deborah C. Swanson (1991), "Factors Influencing Household Recycling Behavior", *Environment and Behavior*, Vol. 23, No. 4, pp. 494-519.

Pillemer, Karl and Linda P. Wagenet (2008), "Taking Action: Environmental Volunteerism and Civic Engagement by Older People", *Public Policy and Aging Report*, Vol. 18, Issue 2, pp. 23-27.

Pillemer, Karl., Linda P. Wagenet, Goldman, Debra Goldman, Lori Bushway, and Rhoda H. Meador (2010) "Environmental Volunteering in Later Life: Benefits and Barriers", *Generations*, Vol. 33, No. 4, 58-62.

Pillemer, Karl, Nancy M. Wells, Linda P. Wagenet, Rhoda H. Meador and Jennifer T. Parise (2011), "Environmental Sustainability in an Aging Society: A Research Agenda", *Journal of Aging and Health*, Vol. 23, No. 3, pp. 433-453.

Schultz, P. Wesley, Stuart Oskamp and Tina Mainieri (1995), "Who Recycles and When: A Review of Personal and Situational Factors", *Journal of Environmental Psychology*, Vol. 15, No. 2, pp105-121.

Tuttle, Lauren, Qingyu Meng, Jacqueline Moya and Douglas O. Johns (2012), "Consideration of Age-Related Changes in Behavior Trends in Older Adults in Assessing Risks of Environmental Exposures", *Journal of Aging and Health*, Vol. 25, No. 2, pp. 243-273.

Washington Citizens for Resource Conservation (2006), "SoundStats Report", (Retrieved from http://wastenotwashington.org/Pharmsurvey.pdf).

Wiernik, Brenton M. and Deniz S. Ones (2013), "Age and Environmental Sustainability: a Meta-analysis", *Journal of Managerial Psychology*, Vol. 28, No. 7/8, pp. 826-856.

第3章

持続可能なブロードバンド・エコシステムについて
——新たな規制枠組み——

実 積 寿 也

は じ め に

インターネットは，社会経済活動にとって不可欠な生産要素であり，わが国経済への貢献は大きい．野村総合研究所（2015）では，インターネット産業のわが国 GDP への貢献は 2011 年度時点で 22.9 兆円（GDP の 4.3％に相当），インターネットにより喚起されている消費支出は 27.4 兆円に達する．さらに，生産活動への貢献については，クラウドサービス利用率が 100％になった場合には最大で約 19 兆円の販売管理費圧縮効果が生まれると推計している．

これらのメリットを享受するためには，前提としてブロードバンドネットワークの確実な整備・維持を行うとともに，それを活用したコンテンツ・アプリケーション市場が花開くことが必要である．しかしながら，ネットワークへの投資は民間事業者が主体となるため，適正水準の投資インセンティブを確保する必要がある．そもそも，ブロードバンドインフラの構築には，巨額の設備投資が必要であり，サービス開始当初は費用を収入で賄うことは見込めない．そのため，公的介入が求められるとすれば，ブロードバンド化による経済メリットに対する理解醸成と，超長期のリスクを許容できる資本市

50

場の育成の局面に本来は限られる．幼稚産業保護を名分とした時限的補助政策の発動や，既存ビジネスとの内部相互補助が要請される．補助政策が効果を発揮し，関連プレイヤーそれぞれが外部補助や内部補助なしに経済的に自立できるようになった状況は「持続可能なブロードバンド・エコシステム」が達成された状況ということが可能で，この下で初めて我々はブロードバンド化の真の恩恵を経済全体として享受することができる．

ブロードバンドの普及・利活用が進み，インターネットがインフラ化していくにつれ，民間事業者による投資行動が一定の社会的期待に沿うことが期待され，そのための公的制約が議論されている．それらのうちのひとつがネットワーク中立性であり，フェアなネット活動を確保するという観点から厳しいルール化を進めるべきというグループと，投資インセンティブ確保の観点から緩やかなガイドラインにとどめるべきであるというグループとの間で過去10年にわたり激しい議論が欧米先進国を中心に繰り広げられてきた．さらに，近年，これまでブロードバンドのユーザーとみなされてきたOver-the-Top事業者（OTT事業者）が，情報通信技術とネットワーク効果を活かして規模拡大に成功し，バリューチェーンの中核であったネットワーク事業者の地位を脅かすにつれ，ネットワーク中立性議論の焦点が，OTT事業者に対するネットワーク事業者の公平取扱いの保証から，ブロードバンド・エコシステムの支配権をめぐる鍔迫り合いへと変質しつつある．さらに，市場支配力を増したOTT事業者，特にプラットフォーム機能を提供する事業者は，消費者のネット利用経験の中核をなすコンテンツ・アプリケーション産業への影響力を強めつつあり，資源配分効率性への悪影響が懸念されてもいる．

こうした状況を背景に，本章では，持続可能なブロードバンド・エコシステムを構築・維持していくための政策介入のあり方について提言を試みる．本章の構成は以下の通りである．まず，第2節は，わが国のブロードバンドインフラの逼迫状況について概説し，第3節では，ネットワーク中立性，第4節では，OTT事業者が隣接市場セグメントとの間で満たすべき各種中立性について論じる．OTT市場内において予想される問題への解決策は第5節に

示す. 第6節は, 全体のまとめである.

1. ブロードバンド社会のインフラ事情

　2017年のわが国のインターネット利用は人口全体の80.9％に達し, 特に, 13歳から59歳の年齢層での普及率は90％を超え, 日常生活の中でもインターネットはテレビに次いで利用される情報メディアとなっている (総務省, 2018). その結果, ほぼすべての社会経済活動が, インターネットという通信インフラの存在を前提として構築されてきている. 産業界では, 様々な経済活動等を逐一データ化し, インターネット等を通じて集約してビッグデータ化し, 人工知能 (AI) を用いて分析・活用することで新たな経済価値が生まれており, 第四次産業革命と呼ばれる事象が観察される. 政府レベルでも, 2014年6月よりeガバメント閣僚会議を開催し, 行政のICT化・行政手続きのオンライン化, 政府・地方・民間全てを通じたデータの連係やサービスの融合を実現し,「デジタル・ガバメント」の実現を積極的に推進中である.

　こうした利用拡大は, ネットワーク上を流れる通信量の爆発的増大をもたらしている. 総務省[1]によれば, ダウンロードトラヒックの総量は2016年11月から2017年11月の1年間で31.6％増大している. 利用者数の伸びが頭打ちとなる中での通信量が増加しているのは, 個々の利用者のネット利用の増大, とりわけネットビデオ視聴の増加に由来する. 実際, 一契約あたりのトラヒック量は過去1年間で29.6％増大し, 増加傾向は今後も継続することが予想されている. 米シスコ社によれば, 2016年から2021年にかけて日本のインターネット通信量は年間29％増大し, 2005年の95倍に相当する水準に達し, 一人あたりでも2016年の3.6倍超に達する見込みである[2].

　急増するネット利用を支えるためには, ネットワークの増強 (通信容量拡大) も同様のスピードで進められる必要がある. しかしながら, ムーアの法則に象徴される急速な技術進歩や, 電気通信事業者各社の旺盛な投資意欲をもっ

ても，それに十分応じることは困難であり，通信品質の低下が懸念される．筆者がこれまで行った調査でも固定ブロードバンド実効速度の契約速度に対する比率はしばしば低下しており，2018年には実効速度水準自体が計測開始以来はじめて低下した（図3-1）[3].

ブロードバンドはベストエフォートと呼ばれる品質水準で提供されているため，通信品質低下が直接的なコストを発生させるわけではない．ただし，これがネット上で提供されているサービスの品質低下を惹起した場合には経済的な問題となる．近年はさらに，ビデオストリーミングの普及により，ピーク時（21時から23時）への需要集中が強まっている（図3-2）．ネットワークの通信容量は短期的には固定であるため，このことは，①オフピーク時における余剰容量の増加や，②ピーク時のサービス品質低下（たとえば，画像劣化やサービス途絶）をもたらす．①は設備投資収益率を低下させ，②は利用経験の棄損もしくはレピュテーションリスクの顕在化を通じて事業収入に悪影響を及ぼし，ネットワーク事業者にとって経済的コストとなる．

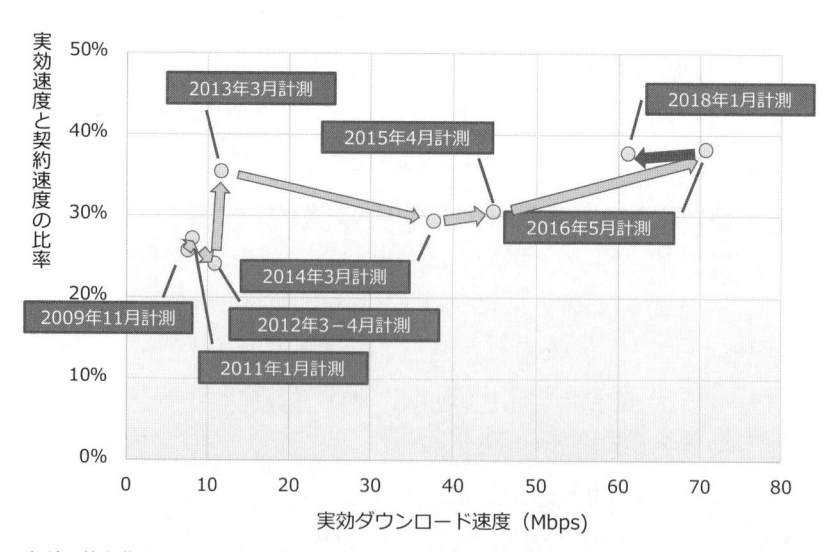

出所：筆者作成．

図3-1　日本の固定ブロードバンド品質

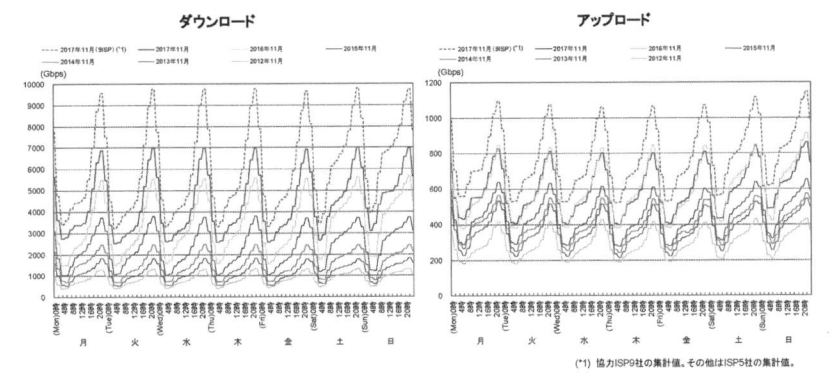

出所：総務省「我が国のインターネットにおけるトラヒックの集計・試算」2018年2月27日.

図3-2　ブロードバンドトラヒックの時間帯別変化

　こうした状況への対処は，短期的なものと長期的なものとに大別できる.
ネットワーク設備の容量を所与とする短期的方策は，ピーク時に寄せられる
通信需要に優先順位を付与することで，一部の者の通信利用を制約しつつ，
利用者集合全体の便益最大化を図ることを目指す. それに対して長期的には，
余剰容量の保有コストと，通信混雑による売り上げ減少のバランスを考慮し
た容量を有するネットワーク設備の構築，具体的には，急増が予想されるイ
ンターネット通信量を踏まえたネットワーク投資であり，事業者としては投
資資金の需要を支えるに足るビジネスモデルを見出すことが経営目標となる.
米国のブロードバンド事業者が近年進めているコンテンツ事業者との垂直統
合[4]はこの長期の文脈で解釈することが可能である.

2.　ネットワーク中立性[5]

　ネットワーク設備が提供する容量が需要に比して過少に推移するなかで，
欧米先進国を中心に議論されてきたのがネットワーク中立性（network neutrality）
というコンセプトである.

インターネットという通信メディア上で提供されるサービスやアプリケーションを構成する通信パケットの公平な取扱いをインターネット・サービス・プロバイダ（ISP）に要請するネットワーク中立性は，2000年代半ば頃より欧米を中心に電気通信政策・インターネット政策の一大論点となってきた．本概念は，当初，「ネットワーク側から特定のアプリケーションに対して特別の取扱いを行わないことで，アプリケーション間の公平な競争が確保されている状況」（Wu, 2003）として定義された．その後，ブロードバンドアクセス市場において寡占化が進む米国の現状を前提に，ネットワーク中立性を達成するためにネットワーク事業者に非差別原則を求める規制の導入が望ましいという主張がなされてきた．これに対し，ネットワーク事業者側は，概念の重要性に異議はないものの，投資インセンティブやイノベーションへの悪影響を理由に，法規制ではなく，市場競争を通じて望ましい状況を達成すべきであると反論してきた．本問題については米連邦通信委員会（FCC）が数次の命令発出を行い，そのたびに大きな議論が巻き起こり，今日に至るまで安定的な規制フレームワークは存在していない．

　一方，わが国では，接続応諾義務（電気通信事業法第32条）や，大きな市場支配力を持つ事業者（Significant Market Power [SMP]，具体的にはNTT東西）に対する非対称規制（電気通信事業法第33条，日本電信電話株式会社等に関する法律）により，ネットワークアクセスへの中立性が保証されていたため，数多くのISPが固定ブロードバンド市場において活発な競争を繰り広げることができた．その結果，インターネット利用者は多種多様な提供条件の中から自身にとって最適な環境を選択することが許され，米国の場合とは異なり新たな規制枠組みの導入なしに，ネットワーク中立性を享受できた．不当な差別的取扱いを禁じる電気通信事業法第6条が最終的なセーフティネットを提供したこと，および，固定ブロードバンドがネット利用の主要形態であった時期においては，コンテンツを提供するOTT事業者の市場支配力が比較的弱かったことも，そういった政策選択の一因であると考えられる．

　しかしながら，この状況はモバイルブロードバンドの下では一変している．

固定電気通信事業と比較して緩やかな規制が適用されているモバイル事業では，ISP 機能やプラットフォーム機能を取り込み垂直統合の度合いを強めたモバイルブロードバンド事業者の独占力強化により市場競争が不完全となり，資源配分効率性が低下している可能性があり，積極的な政策介入が要請される余地があるからである[6]．実際，両市場の競争環境は大きく異なる．2018 年 3 月末における加入者回線の設置数に占める NTT 東西のシェアは 75.8% に達しているが[7]，同設備は競争事業者に広く開放されているため，固定ブロードバンド市場および ISP 市場における同社のシェアはそれぞれ 31.6%，25.1%，ハーフィンダール・ハーシュマン指数（HHI）はそれぞれ 2,416，1,826 に留まる（総務省，2017）．一方，モバイル市場では，主要 3 社のシェアは合計で 90% を超え，HHI は 2,966 に達し，固定市場に比して競争性が低い（総務省，2017）．そのため，インターネット利用形態がモバイル中心に移行しつつある今日，米国流の特別のネットワーク中立性規制の導入を検討する余地が我が国においても見込まれる．具体的には，主要 3 社に対して固定事業者と同等の制約，すなわち彼らの保有するモバイルネットワークに対するより高度な接続関連規制を導入するとともに，ISP 機能に対するアームズ・レングス原則を課す必要がある．こういった規制が整えば，固定市場の場合と同じく，モバイル市場においても独立系 ISP の活動余地が生まれ，同様に，市場競争を通じて最適なネットワーク中立性の実現が期待できる．ただし，このことは，民間投資によって構築・維持されているモバイルネットワークに対して公的インフラとしての性格を与えるものであるため，特殊会社としての前史を有する NTT 東西のネットワークの場合とは異なり，慎重な手続きが必要である．具体的には，民間事業者としてビジネスを行うための健全なインセンティブとの両立を常に考慮しなければならず，経営の自由に対する過度の制約になってしまうと，サービスの提供自体が失われる．あるいは，中立的なネットワークは構築できたものの，設備投資が不十分なため，低水準のブロードバンドインフラとなってしまい，ブロードバンド社会のポテンシャルを十分に享受することができない．

3．OTT 事業者に対する「中立性」の要求

　GAFA と総称されるグーグル（Google），アップル（Apple），フェイスブック（Facebook），アマゾン（Amazon）をはじめとする巨大 OTT 事業者がエコシステムの支配を強め，ネットワーク事業者と市場支配をめぐって争うであろう近未来には，現在の電気通信規制では十分な規律力を持ちえない．OTT 事業は，これまでネットワークサービスの利用者として保護されるカテゴリーに属し，サービス提供者として規律される対象では原則としてなかったためである．政策担当者は，事後規制を担当する競争当局と綿密に協調するとともに，OTT 事業者に対する規制を新たに検討する必要に迫られる．

　そもそも，インターネット政策の最終目標は「利用者がブロードバンドコンテンツ・アプリを自由かつ公平に利用できる状況」である．本目標を達成するためには，ネットワーク利用条件の公平性のみをターゲットにしている初期のネットワーク中立性議論の枠組みだけでは不十分である．近年，高度なサービスを無償で提供する代償として大量の個人情報を集積し高度活用することでプラットフォームレイヤを支配し，エコシステム全体に強い影響力を及ぼす巨大事業者が出現している．この状況下では，巨大事業者の独占力発揮により OTT レイヤの資源配分が非効率になることに加え，レイヤ間インターフェースの分野にも影響力が及ぶ結果，コンテンツやアプリケーション，あるいはネットワークインフラといった隣接レイヤの資源配分の効率性までもが損なわれる可能性がある．そのため，OTT レイヤとネットワークレイヤの関係を規律するネットワーク中立性に加え，Easley et al. (2018) が提示するような「検索中立性（search neutrality）」や「OS 中立性（operating system neutrality）」，「アップストア中立性（app store neutrality）」，「アドブロック中立性（ad block neutrality）」といったプラットフォームに対する複数の公平アクセス条件が満たされる必要がある．すべてが同時に満足されなければ，利用者にとって，そして，エコシステム全体の最適資源配分の観点からみても，

望ましいネットワーク環境を実現することは難しい．ネットワーク中立性のみに着目し，ネットワークインフラに対する自由なアクセスを保証することは，規模の経済やネットワーク効果のメリットを十分に享受できるポジションにある OTT 事業者の市場支配力の確立を促進し，全体最適を一層損なう結果をもたらしかねない．

　加えて，ブロードバンド分野は技術進歩や市場環境の変化が急速であるため，政策担当者が対処すべき事象はダイナミックに変化し，OTT 事業者と隣接市場の関係をめぐる規制の在り方も動的に変わる．さらに，エコシステムの変化に即した新しい規制の導入がエコシステムのさらなる変容をもたらすというダイナミック・フィードバックにも配慮する必要がある．図 3-3 はわが国のブロードバンド・エコシステムの変遷を，近未来への予測も含めて示したものであるが，①物理的なネットワークをコントロールする事業者が上位レイヤに垂直統合を進めること，さらに，② OTT 事業者がプラットフォーム事業者を中心に再編成されることで，政策担当者が対応すべき「不完全なレイヤ間市場」の位置がダイナミックに変化していることがわかる．①については，通信技術の発達により，固定網とモバイル網の統合活用が可能になったこと，②については，IP 技術の進歩やビジネスモデルの標準化を受けて，規模の経済やネットワーク効果をベースにしてプラットフォーム事業者が一

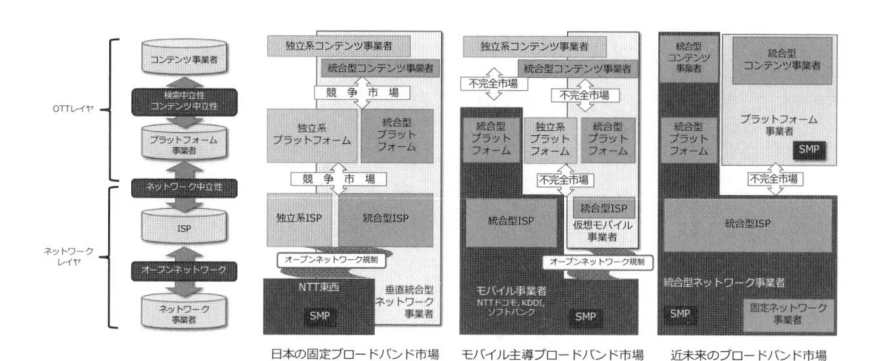

出所：筆者作成．

図 3-3　ブロードバンド・エコシステムの課題と産業構造の変容

次市場（プライマリーマーケット）において有する市場支配力が強化され，隣接レイヤへのレバレッジの可能性やその社会厚生への影響が大きくなったことに起因している[8]．政策担当者としては，レイヤ間市場の競争状況が不十分である場合には，インターフェース条件の公平性を求める仕組み（オープンネットワーク規制や各種中立性規制）を適切なタイミングで導入する必要がある．

4．OTT 事業への最適規制[9]

　ネットワークインフラの存在を前提としてビジネスモデルを構築しているOTT 事業者は，プラットフォーム機能を提供する OTT プラットフォーマーと，コンテンツやアプリケーションを提供する OTT サービス事業者に大別できる．OTT サービス事業者は，ナローバンド時代に創業したケースもあり，OTT にとっては伝統的な業態である．それに対し，OTT プラットフォーマーは，OTT サービス事業者の役務提供に不可欠な認証・承認・決済といったサービスを担うもので，従来は携帯電話会社などが提供してきたサービスの代替として，近年急速に存在感を増している業態であり，Google や Facebook，Amazon などが代表的な事業者である．OTT サービス事業者についてはさらに，伝統的な電気通信の代替サービスを提供する OTT 通信事業者（OTT telco）と，それ以外のサービスを提供する OTT コンテンツ・アプリケーション事業者（OTT CAP）に分けることができる．

　OTT 事業への参入障壁は，ネットワーク事業者に比較すれば極めて低いため，事業者数の参入（および退出）は容易で，経済規模も順調に拡大している．特に，ネットワークインフラ市場のグローバルな年平均成長率と比較して，OTT CAP の成長率はけた違いに大きい（図3-4）．こうした新しい事業者の登場は，これまでネットワーク事業者が中核であったインターネット・エコシステムの変革をもたらし，その過程において最新技術の活用による生産性向上や市場競争の強化を通じた社会厚生の改善を実現している．

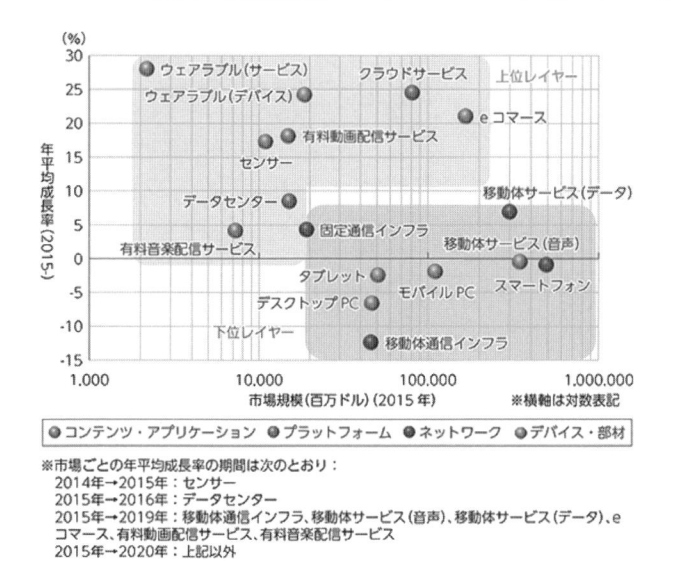

※市場ごとの年平均成長率の期間は次のとおり：
2014年→2015年：センサー
2015年→2016年：データセンター
2015年→2019年：移動体通信インフラ，移動体サービス（音声），移動体サービス（データ），e
コマース，有料動画配信サービス，有料音楽配信サービス
2015年→2020年：上記以外

出所：総務省『情報通信白書平成28年版』2016年.

図3-4　主要グローバルICT市場の規模と成長性

　OTT事業者（とりわけOTT通信事業者）との競争に直面する既存ネットワーク事業者の側からは，同等の規制環境（level playing field）の実現を求める要望が出されることがあるが，OTT事業者側には規制根拠となる自然独占性や周波数資源の占有などがないため，表面的に規制水準を揃えたとしても経済的な効率解とはなりえない．現状の通信法制を前提とした場合は，契約者保護のための透明性ルールや個人情報保護規定，さらには通信の秘密に関する一連の規定のみ適用の余地がある．

　OTTプラットフォーマーやOTT CAPはサービスの無償提供を通じて自らの媒体としての価値を最大化することで広告収入を上げ，さらなる規模拡大を実現していくというビジネスモデルをもとに，市場の支配を強めつつある．そのため，個人情報保護規定の対象となることはもちろんであるが，競争政策の観点からも新たな規制対象となりうる．事実，EUの競争政策担当コミッショナーやわが国の経済産業省や公正取引委員会はその動向に着目していることが報じられ[10]，一部の有力プラットフォーマーについては市場支配力を過

度に行使していると評される事態も現実に発生している[11]. ただし, OTT プラットフォーマーは, ユーザーグループ間に働く間接ネットワーク効果を考慮して料金設定をおこない, ビジネス全体として利潤最大化を目指すという二面市場の特徴を活かした事業を展開している. そのため, 伝統的競争フレームワークにおける主要な介入手段である「個別の財・サービスの市場を確定して具体的な規制介入をおこなう」というやり方を通用させることは困難である.

結局, OTT 分野に対する規制介入は, ①巨大なネットワーク資産を物理的には保有していないこと, ②財務的に脆弱なプレイヤーが大半を占めること (そのため, 一定以上の規制には対応できないケースが多い), ③技術進歩により提供サービスの内容やビジネスモデルが短期間の間に変動すること, ④潜在的には既存のエコシステムを転換させる力をもつこと, といった同分野の特異性を反映する必要がある. とりわけ, 性質①および②は, 特定地域において, 他地域よりも厳しい規制が施行された場合, OTT 事業者が立地を変更することが容易であり, そうする理由があることを意味する. 仮に, 国際的にみて OTT への規制が最も緩やかな地域 (「regulatory heaven」) に OTT 事業者が移転し, インターネットを通じてオフショア形式でサービス提供を行うことになれば, 各国規制庁にとって消費者保護のためにとることのできる手段は極めて限定される. 場合によっては, 規制導入前よりも悪い状況が国内的には発生しかねない. そのため, OTT 分野への規制は, regulatory heaven を生まないよう, 国際的に整合性をもった形で進めることが必須となる. 一方, 性質③と④は, 問題解決に関して, 関連する理論的知見の集積を待つことが本件の場合は適当ではないうえに, 情報の非対称性に苛まれる規制庁側には有効な政策を立案する能力も時間も利用可能ではないことを意味する.

つまるところ, ブロードバンド・エコシステムの健全な発展を阻害しないよう, 「政府の失敗」を最小限にとどめつつ, 消費者保護のためのセーフガードのみを設置したうえで, 基本的には市場メカニズムの自律的問題解決を信頼しつつ, 結果として発生してしまう市場支配力の過度な行使に対しては,

SMP 規制による事前措置と公正競争法制による事後的救済を組み合わせて対応するという保守的な方策をとることが最善と思われる（図 3-5）.

　伝統的な通信ネットワーク事業者に対する規制政策は，独占事業体の存在を所与としたうえで B2C 市場に着目して価格規制・参入規制を及ぼした段階から，一定の競争事業者の存在を念頭においたうえで B2B 市場の競争条件をコントロールすることで B2C 市場の適正化を目指した段階へと進化してきた．いずれの段階においても規制の焦点は生産局面であり，それが適当と考えられた背景には，技術開発や市場変化のスピードが規制庁で対処できる程度には緩やかであり，情報の非対称もそれほど深刻ではないと判断されたからである．それに対し，図 3-5 で提案するフレームワークは，規制担当者にとっては急速にブラックボックスと化しつつある生産局面ではなく，以前よりは変化のスピードが上がってはいるものの，比較的観察が容易な消費局面に着目しようというものであり，新たな規制段階への進化を提案するものである．もちろん，このフレームワークが十全に機能するためには，B2C 市場で提供される各種サービスについてエンドユーザーに十分な情報が与えられ，かつ，ユーザー側にそれらを理解するリテラシーが具備されていることが前提となる．そのため，OTT 事業者に対する情報開示ルールの設定や，利用者教育の支援が消費者保護措置の具体例として想定できる．情報の非対称性に

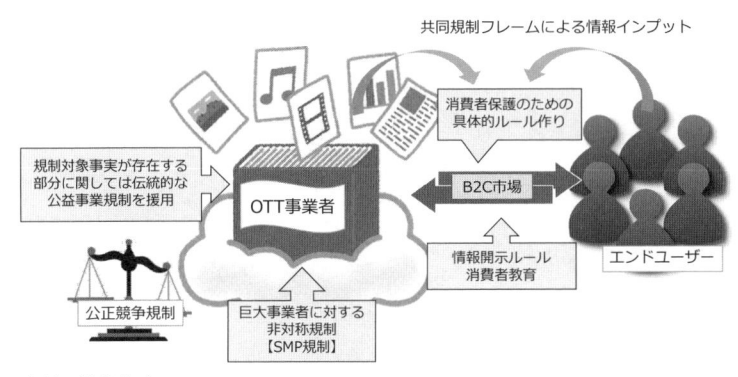

出所：筆者作成.

図 3-5　OTT 分野に対する規制介入のあり方

よる効率性ロスを最小化するためには，具体的な開示項目や教育カリキュラムの設定に関して，関連するステークホルダーの知見を活かすことが望ましい．特に前者については，具体的な開示項目については民間のアイデアをもとに定めたうえで，義務違反者に対しては公権力による罰則を科す共同規制的アプローチを検討する必要もあろう．本アプローチを具体化する手順については，同じく急速な技術進歩によりブラックボックス化が進展している AI がテーマとなっている「AI ネットワーク社会推進会議」で提案されている「AI 開発ガイドライン」や「AI 利活用原則」をめぐる議論の進め方が，OECD の枠組みを活用した国際標準化へのプロセスを含め，大いに参考になる．

おわりに

　ブロードバンド社会には，大量の情報を高速かつ安定的に取り扱うことが可能なネットワークインフラが前提条件として存在していなくてはならず，さらに，エンドユーザーがその恩恵を実感するためには，ビジネスや日常生活におけるニーズに的確に対応したコンテンツやアプリケーションが潤沢に市場に供給されていることが期待される．加えて，エコシステム全体として経済的に自立し，持続可能なものとなっていなければ，ブロードバンド化の真の恩恵を経済全体として享受することはできない．しかしながら，民間プレイヤーの自発的行動のみに均衡を委ねるだけでは社会からの期待に十分に応えることができない可能性がある．とくに，インターネット利用のモバイル化が進むわが国においては，垂直統合を進める巨大モバイル事業者による市場支配が進む一方，プラットフォームレイヤを支配するグローバル OTT 事業者の影響力も浸透しており，市場メカニズムのみに資源配分を委ねて最適解が得られるか否かは疑問なしとはしない．

　ネットワーク産業と OTT 産業の間のインターフェース条件をめぐる議論であるネットワーク中立性に関しては，市場競争をベースとしたアプローチを

採用すべきである．ただし，そのアプローチが円滑に機能するためには健全
な競争環境が成立していることが前提であり，垂直統合事業者による寡占化
が進むわが国モバイルブロードバンド市場の現状に鑑みると，モバイル事業
者については接続ルールや SMP 規制の充実・強化が必要である．一方，ブ
ロードバンド・エコシステムの競争環境に大きな影響を及ぼしつつある OTT
事業者に対しては，支配的プラットフォーマー向けに「中立性」規制を課し
て隣接市場へのインターフェース条件の適切性を確保したうえで，プライマ
リマーケットにおいては共同規制的アプローチを用いて情報の非対称性に対
処しつつ，消費者保護ルールの強化を検討すべきである．

　ただし，どのような形にせよ市場メカニズムに対する政策介入には一定の
行政コストが発生し，さらには情報の非対称性やレントシーキング活動によ
る新たな非効率性の原因（「政府の失敗」）ともなりかねない．そのため，市場
の失敗の可能性が理論的に予測されるだけで規制導入に突き進むのは望まし
くなく，まずは実証分析により非効率性の程度を推計することが重要である
ことは言うまでもない．

1)　「我が国のインターネットにおけるトラヒックの集計・試算　2017 年 11 月の集
　　計結果の公表」（総務省，2018 年 2 月 27 日）
　　http://www.soumu.go.jp/menu_news/s-news/02kiban04_04000225.html
2)　VNI Forecast Highlights Tool, https://www.cisco.com/c/m/en_us/solutions/
　　service-provider/vni-forecast-highlights.html?dtid=osscdc000283#
3)　ウェブアンケートで集めた約 1,000 世帯のサンプルに ookla 社の提供する無料
　　計測サイト（speedtest.net）の機能を用いて，自宅で利用しているブロードバン
　　ド回線の品質計測を依頼し，その結果を集計．ネットワーク実効速度の平均は集
　　計結果の単純平均値であり，各世帯において利用可能なインターネット経験の水
　　準を反映する．他方，図 3-1 のグラフの縦軸である「実効速度と契約速度の比率」
　　は，ネットワーク事業者が提示している最高速度と，各世帯が実際に利用してい
　　る通信速度の比率で，各事業者のマーケティングメッセージの真実度合いや，ブ
　　ロードバンドシステムを構築している各主体の設備投資の充実度を反映する．
4)　2015 年 5 月，米通信大手の Verizon Communications 社は AOL 社の買収を行
　　い，動画コンテンツへの需要が高まるブロードバンド市場でのハード・ソフト一
　　致型ビジネスを構築した．2015 年 7 月には AT&T 社も衛星テレビ放送大手 Direc

TV 社を買収し，現在，CNN を傘下におさめる Time Warner 社の買収手続きを進めている．一方，米ケーブルテレビ業界大手の Comcast 社は，2009 年にメディア・コングロマリット NBC Universal 社の経営権を掌握し，2013 年 3 月 19 日には全株式を取得し完全子会社とするなど，コンテンツの充実を急いでいる．

5) 本節の議論については，Jitsuzumi（2011）や実積（2018）を参照されたい．

6) 電気通信市場において SMP に対する非対称規制は固定事業者に対する第一種指定電気通信設備制度（電気通信事業法第 33 条）およびモバイル事業者に対する第二種指定電気通信設備制度（同 34 条）と呼ばれ，後者は前者と比較して緩やかな規制ぶりとなっている．さらに，第一種指定電気通信設備を保有する NTT 東西については，日本電信電話株式会社等に関する法律により，事業範囲等に一定の制約が課され，例えば，ISP 事業を営むことは現状では認められていないが，第二種指定電気通信設備を有する携帯電話事業者 3 社については同様の制約は存在せず，各社とも自社内に ISP 機能を有するばかりか，プラットフォームなどの上位レイヤサービスまで業務範囲としている．

7) 「平成 29 年度末における固定端末系伝送路設備の設置状況」（総務省，2018 年8 月 24 日）http://www.soumu.go.jp/menu_news/s-news/01kiban03_02000498.html

8) 「補完財効率性の内部化」（ICE）およびその例外事例に関する議論（Farrell and Wiser［2003］および van Schewick［2007］など）では，すべてのレバレッジが社会厚生にマイナスの影響をもたらすとは限らないこととが指摘されているものの，SMP による隣接市場への過度のレバレッジによる資源配分効率性を抑止するためには，一定のセーフガードを保有することが望ましい．

9) 本節は，Jitsuzumi（2018）をベースに加筆修正したものである．

10) https://ec.europa.eu/commission/commissioners/2014-2019/vestager/announcements/big-data-and-competition_en，経済産業省（2016），公正取引委員会（2017）

11) 「アマゾン，取引先に『協力金』要求　販売額の 1 〜 5%【イブニングスクープ】」（日本経済新聞，2018 年 2 月 27 日）https://www.nikkei.com/article/DGXMZO27454910X20C18A2MM8000/，「アマゾン，最安値設定のため納入業者に無断で値引き→補填要求か　公取委調査」（産経ニュース，2018 年 5 月 6 日）https://www.sankei.com/affairs/news/180506/afr1805060001-n1.html

参 考 文 献

経済産業省（2016），「第四次産業革命に向けた横断的制度研究会報告書」http://www.meti.go.jp/press/2016/09/20160915001/20160915001-3.pdf

公正取引委員会（2017），「データと競争政策に関する検討会報告書　平成 29 年 6 月 6 日」http://www.jftc.go.jp/cprc/conference/index.files/170606data01.pdf

実積寿也（2018），「ネット中立性規制 ver.4 へ—ネットワーク中立性 3.0 の世界」『情報法制研究』第 3 号，pp.29-43.

総務省（2016），『情報通信白書平成 28 年版』

　　http://www.soumu.go.jp/johotsusintokei/whitepaper/h28.html

総務省（2017），『電気通信事業分野における市場検証（平成 28 年度）年次レポート』

　　http://www.soumu.go.jp/main_content/000504889.pdf

総務省（2018），『情報通信白書平成 30 年版』

　　http://www.soumu.go.jp/johotsusintokei/whitepaper/ja/h30/index.html

野村総合研究所（2015），「インターネットの日本経済への貢献に関する調査研究」（イ
ンターネット経済調査報告書 2014 版）

　　http://innovation-nippon.jp/reports/NRI_Internet%20and%20Japan%20Economy_hi.pdf

Easley, R., Guo, H., and Kraemer, J. (2018), "Research Commentary-From Net Neutrality
to Data Neutrality: A Techno-Economic Framework and Research Agenda,"
Information Systems Research, Advance online publication, https://doi.org/10. 1287/
isre. 2017. 0740.

Farrell, J. and Weiser, P.J. (2003), "Modularity, Vertical Integration, and Open Access
Policies: Towards a Convergence of Antitrust and Regulation in the Internet Age,"
Harvard Journal of Law & Technology, Vol. 17, No. 1, pp. 85-134.

Jitsuzumi, T. (2011), "Japan's Co-Regulatory Approach to Net Neutrality and Its Flaw:
Insufficient literacy on Best-Effort QoS," *Communications & Strategies*, Vol. 84,
93-110.

Jitsuzumi, T. (2018), "New Courses for New Horses: Alternative Approach for an
OTT-based Broadband Ecosystem," Paper presented at the PTC'2018, Honolulu, HI,
https://online.ptc.org/ptc18/program-and-attendees/proceeding.html?pid=353

van Schewick, I.B. (2007), "Towards an Economic Framework for Network Neutrality
Regulation," *Journal of Telecommunications and High Technology Law*, Vol. 5,
pp. 329-391.

Wu, T. (2003) "Network Neutrality, Broadband Discrimination," *Journal on
Telecommunications and High Technology Law*, Vol. 2, pp. 141-175.

第 4 章

人口増減からみた都市の持続可能性

横 山 彰

は じ め に

　少子高齢化と人口減少が進む日本社会において，地域社会の持続可能性を高める都市のあり方が議論されている．「人口が減少し続ける社会や地域は持続可能でないという視点から，人口の再生産力に着目した増田（2014：29）は，人口移動が収束しない場合において 2010 年から 2040 年までの間に 20 ～ 39 歳の女性人口が 5 割以下に減少する地方自治体（総数：896 自治体）を消滅可能性都市として論じた．地方創生施策でも，KPI（Key Performance Indicators：重要業績評価指標）の一指標として人口数がとられ，人口が地域・地方自治体の持続可能性の尺度と想定されている．」（横山，2018a: 444）

　本章では，人口増減の観点から都市の持続可能性について考察する．本章で考察する都市は，総務省「国勢調査」でいう 21 大都市すなわち東京都特別区部（23 特別区）及び政令指定都市（人口 50 万以上の市のうちから政令で指定される市），中核市（人口 20 万以上の市の申出に基づき政令で指定される市），連携中枢都市（原則として三大都市圏以外に所在する政令指定都市または中核市で昼夜間人口比率がおおむね 1 以上の都市で，連携中枢都市圏の形成の一連の手続きを行った圏域の中心市）である．連携中枢都市圏制度の概要については，筆者がすでに論

じている（横山　2018a，2018b）が，本章でも後ほど簡単に述べる．

　本章の構成は，以下の通りである．まず第1節で，人口増減の観点から都市の持続可能性を考察するうえでの基本的な分析枠組みを提示する．そして第2節において，その分析枠組みに基づき21大都市と中核市（48都市）の持続可能性を分析する．次いで，第3節では，2018年4月1日現在の連携中枢都市圏（28都市圏）における連携中枢都市（30都市）と連携都市（連携市町村のうち人口集中地区のある89市町［重複を含めない市町数］）の持続可能性を分析する．さらに第4節で，連携中枢都市圏の中で圏域人口が最大の広島広域都市圏とそれに次ぐ北九州都市圏について，連携中枢都市と連携市町の定住率と転入・転出と同一圏域内での市町間の移動人口も考慮して，都市圏の持続可能性を分析する．最後に本章で明らかにしたことを結論として，おわりに述べる．

1．人口増減による持続可能性の視座

　総務省（2016/2017）の「平成27年国勢調査：人口等基本集計（公開日2016.12.16）」のデータから，各都市の2010年（平成22年）から2015年（平成27年）の人口増減率とDID（Densely Inhabited District：人口集中地区）人口増減率を入手できるので，本節では，この2つの増減率を基準に都市の類型化を考える．「DID（人口集中地区）は，総務省（2015b: 56）で定義されているように，市区町村の境域内で人口密度の高い基本単位（原則として人口密度が4000人/km^{2}以上）が隣接して，その人口が5000人以上となる地域であるので，中心市街地の代理変数とも考えられる．」（横山　2018b: 86）

　すでに横山（2018b）で示したように，ある都市において人口増減率よりもDID人口増減率の方が大きければ，DID人口比率（DID人口/人口）の増減がプラスになり，その都市はコンパクト化していると解釈することができる．つまり，2010年の人口とDID人口をP_{10}とD_{10}，2015年の人口とDID人口

を P_{15} と D_{15} で表すと，人口増減 $\Delta P = P_{15} - P_{10}$，DID 人口増減 $\Delta D = D_{15} - D_{10}$ であり，2015 年の DID 人口比率 $= D_{15} / P_{15}$，2010 年の DID 人口比率 $= D_{10} / P_{10}$ となる．DID 人口比率の増減 $= D_{15} / P_{15} - D_{10} / P_{10}$ がプラスの条件は，$D_{10} / P_{10} < D_{15} / P_{15}$ すなわち $D_{10} / P_{10} < (D_{10} + \Delta D) / (P_{10} + \Delta P)$ なので，これを整理すれば，$\Delta P / P_{10} < \Delta D / D_{10}$ の条件になる．この，$\Delta P / P_{10} < \Delta D / D_{10}$ の条件は，人口増減率 $<$ DID 人口増減率の条件である[1]．

　ある都市で，人口増減率も DID 人口増減率もマイナスだとしても，人口増減率 $<$ DID 人口増減率の条件を満たせば，中心市街地に相対的に人口が集中したと解せる．上で確認したように，この人口増減率 $<$ DID 人口増減率の条件は，DID 人口比率の増減がプラスである条件に他ならない．したがって，DID 人口比率 $-$ 人口増減率がプラス（$+$）の場合とマイナス（$-$）の場合とゼロ（0）の場合に区分すると，それが（$+$）ならばコンパクト化が進んでいる都市，（$-$）ならばコンパクト化が進んでいない都市，都市の全地域が人口集中地区であれば（0）となるので，（0）ならばコンパクト化が完了している都市と理解することができる．

　そこで，人口増減率がプラス（$+$）の場合とマイナス（$-$）の場合，DID 人口増減率がプラス（$+$）の場合とマイナス（$-$）の場合，DID 人口比率 $-$ 人口増減率がプラス（$+$）の場合とマイナス（$-$）の場合とゼロ（0）の場合の組み合わせを考えると，表 4-1 のような 8 通りになる．

表 4-1　人口増減による都市類型

都市類型	人口増減率	DID 人口増減率	DID 人口増減率 － 人口増減率
1	（$+$）	（$+$）	（$+$）
2	（$+$）	（$+$）	（$-$）
3	（$+$）	（$-$）	（$-$）
4	（$-$）	（$+$）	（$+$）
5	（$-$）	（$-$）	（$+$）
6	（$-$）	（$-$）	（$-$）
7	（$+$）	（$+$）	（0）
8	（$-$）	（$-$）	（0）

出所：筆者作成.

　各都市類型を簡単に説明しておこう．類型1の都市は，都市全体の人口も DID 人口も増大しかつコンパクト化が進んでいる都市で，「持続可能性が高い都市」であると解せる．類型2の都市は，都市全体の人口も DID 人口も増大しているが，人口集中地区よりも周辺地区の方で人口増加率が高いことから持続可能性の高い都市であるがコンパクト化が求められる「持続可能性は高いが注意が必要な都市」であると理解できよう．類型3の都市は，都市全体の人口は増大しているものの人口集中地区である中心市街地で人口減少が生じてスプロール化していることから，「持続可能性はあるが努力が必要な都市」であるといえる．類型4の都市は，都市全体の人口は減少しているが中心市街地の人口が増えコンパクトが進んでいる都市で，「持続可能性がある都市」と解せる．類型5の都市は，人口が都市全体でも中心市街地でも減少している都市であるがコンパクト化が進んでいることから，「持続可能性はあるが努力が必要な都市」と解することができる．類型6の都市は，人口が都市全体でも中心市街地でも減少している都市でコンパクト化も進んでいないことから，「持続可能性が低い都市」といえよう．類型7の都市は都市全体が人口集中地区であり人口が増大していることから，「持続可能性が高い都市」と理解できる．類型8の都市は都市全体が人口集中地区であるが人口減少していることから，「持続可能性は高いが注意が必要な都市」といえよう．

　以上のようなことから，持続可能性レベルを高いランクからA・B・C・D・Eでランク付けすると，次のようにランク付けできよう．

　　類型1と類型7：「持続可能性が高い都市」A

　　類型2と類型8：「持続可能性は高いが注意が必要な都市」B

　　類型4：「持続可能性がある都市」C

　　類型3と類型5：「持続可能性はあるが努力が必要な都市」D

　　類型6：「持続可能性が低い都市」E

　次節以降で，21大都市や中核市や連携中枢都市が，どのような都市類型に属するか分析していこう．

2．21 大都市と中核市の持続可能性

　すでに述べたように，21 大都市は，政令指定都市の 20 都市と東京都特別区部の 1 都市である．

　政令指定都市とは，地方自治法第 252 条の 19 第 1 項の規定により，政令で指定される人口 50 万人以上の市をいうが，現行制度において，その組織，権能等について一般の市とは異なる取り扱いをされている[2]．2012 年 4 月 1 日以降，表 4-2 で示されているように，政令指定都市は 20 市からなる．この表 4-2 における都市名の表記は，政令指定都市への移行順ではなく，「国勢調査」の地域コード番号順である．表 4-2 には，「平成 27 年国勢調査」に基づき，各都市の 2015 年人口，2010 年人口，人口増減数，人口増減率，面積，人口密度，2015 年 DID 人口，2010 年 DID 人口，DID 人口増減数，DID 人口増減率，DID 面積，DID 人口密度，DID 人口密度比率，DID 人口増減率 − 人口増減率の各数値が示されている．ここで，人口増減数 = 2015 年人口 − 2010 年人口，人口増減率 = 人口増減数 /2010 年人口（%），人口密度 = 2015 年人口 /面積，DID 人口増減数 = 2015 年 DID 人口 − 2010 年 DID 人口，DID 人口増減率 = DID 人口増減数 /2010 年 DID 人口（%），DID 人口密度比率 = DID 人口密度 / 人口密度である．

　DID 人口比率 − 人口増減率がゼロ（0）の場合には，都市の全地域が人口集中地区であり，当然のことながら DID 人口密度比率 = DID 人口密度 / 人口密度は 1 になる．したがって，DID 人口密度比率は，2015 年時点における人口集中度から見た都市指標といえる．表 4-2 でも示されているように，大阪市と東京都特別区部は DID 人口密度比率が 1.0 であり，人口集中度が最高値の都市になる．但し，表 4-2 の備考で示したように，厳密な意味では，大阪市は完全な 1 ではない．この DID 人口密度比率が 1 に近いほど，人口集中度の高い都市ということを示している．この DID 人口密度比率が 10 を超えている静岡市と浜松市は，政令指定都市の中で人口集中度の低い都市であると

表4-2　21大都市の人口と

	人口 2015年	人口 2010年 （組替）	人口 増減数	人口 増減率 （％）	面積 （km²）	人口密度 （/1km²）
札幌市	1952356	1913545	38811	2.03	1121.26	1741.2
仙台市	1082159	1045986	36173	3.46	786.30	1376.3
さいたま市	1263979	1222434	41545	3.40	217.43	5813.3
千葉市	971882	961749	10133	1.05	271.76	3576.3
横浜市	3724844	3688773	36071	0.98	437.49	8514.1
川崎市	1475213	1425512	49701	3.49	143.00	10316.2
相模原市	720780	717515	3265	0.46	328.66	2193.1
新潟市	810157	811901	-1744	-0.21	726.45	1115.2
静岡市	704989	716197	-11208	-1.56	1411.90	499.3
浜松市	797980	800866	-2886	-0.36	1558.06	512.2
名古屋市	2295638	2263894	31744	1.40	326.45	7032.1
京都市	1475183	1474015	1168	0.08	827.83	1782.0
大阪市	2691185	2665314	25871	0.97	225.21	11949.7
堺市	839310	841966	-2656	-0.32	149.82	5602.1
神戸市	1537272	1544200	-6928	-0.45	557.02	2759.8
岡山市	719474	709584	9890	1.39	789.96	910.8
広島市	1194034	1173843	20191	1.72	906.53	1317.1
北九州市	961286	976846	-15560	-1.59	491.95	1954.0
福岡市	1538681	1463743	74938	5.12	343.39	4480.9
熊本市	740822	734474	6348	0.86	390.32	1898.0
政令指定都市全体	27497224	27152357	344867	1.27	12010.79	2289.4
東京都特別区部	9272740	8945695	327045	3.66	626.70	14796.1
全国	127094745	128057352	-962607	-0.75	377970.75	340.8

備考：表中の網掛け部分は，各項目の最大値と最小値である，但し，DID人口密度比率とDID人
　　　は異なる．DID人口密度比率は，大阪市が1.004243であるのに対し，東京都特別区部は
　　　区部は完全に0である．

出所：総務省「平成27年国勢調査」（総務省，2016/2017）に基づき，筆者作成．

DID 人口の関連データ

DID 人口 2015 年	DID 人口 2010 年 （組替）	DID 人口 増減数	DID 人口 増減率 （%）	DID 面積 (km²)	DID 人口密度 (/1km²)	DID人口 密度 比率	DID人口 増減率 − 人口増減率	都市類型
1899081	1846399	52682	2.85	235.50	8064.0	4.6	0.83	1
1001882	931677	70205	7.54	149.10	6719.5	4.9	4.08	1
1165497	1126138	39359	3.50	117.22	9942.8	1.7	0.10	1
884360	869241	15119	1.74	121.83	7259.0	2.0	0.69	1
3630111	3589469	40642	1.13	349.30	10392.5	1.2	0.15	1
1462423	1417671	44752	3.16	133.22	10977.5	1.1	-0.33	2
665686	658866	6820	1.04	71.73	9280.4	4.2	0.58	1
590688	583329	7359	1.26	104.16	5671.0	5.1	1.48	4
621501	625147	-3646	-0.58	103.90	5981.7	12.0	0.98	5
475253	477648	-2395	-0.50	85.37	5567.0	10.9	-0.14	6
2250106	2216845	33261	1.50	279.18	8059.7	1.1	0.10	1
1407087	1403631	3456	0.25	143.62	9797.3	5.5	0.17	1
2690732	2664819	25913	0.97	224.22	12000.4	1.0	0.00	1
798538	803490	-4952	-0.62	108.09	7387.7	1.3	-0.30	6
1443793	1440411	3382	0.23	157.94	9141.4	3.3	0.68	4
492936	478993	13943	2.91	81.79	6026.8	6.6	1.52	1
1027439	1012198	15241	1.51	133.96	7669.7	5.8	-0.21	2
864534	877833	-13299	-1.51	156.81	5513.3	2.8	0.08	5
1486479	1405700	80779	5.75	154.35	9630.6	2.1	0.63	1
587816	579318	8498	1.47	88.77	6621.8	3.5	0.60	1
25445942	25008823	437119	1.75	3000.06	8481.8	3.7	0.48	1
9272740	8945695	327045	3.66	626.70	14796.1	1.0	0.00	7
86868176	86121462	746714	0.87	12786.32	6793.8	19.9	1.62	4

口増減率 − 人口増減率の数値は，大阪市と東京都特別区部で同じであるが，四捨五入しない数値
完全に 1 である．また，DID 人口増減率 − 人口増減率も，大阪市が 0.001756 に対し東京都特別

いうことが分かる.

表4-2には，前節で論述した都市類型の番号も示してある．これによれば，以下のように整理できる．

> 類型1[A]：札幌市，仙台市，さいたま市，千葉市，横浜市，相模原市，名古屋市，京都市，大阪市，岡山市，福岡市，熊本市の12都市 [57.1%]
>
> 類型2[B]：川崎市，広島市の2都市 [9.5%]
>
> 類型3[D]：なし
>
> 類型4[C]：新潟市，神戸市の2都市 [9.5%]
>
> 類型5[D]：静岡市，北九州市の2都市 [9.5%]
>
> 類型6[E]：浜松市，堺市の2都市 [9.5%]
>
> 類型7[A]：東京都特別区部の1都市 [4.8%]
>
> 類型8[B]：なし

上記の分析結果から，21大都市のうちAランクの持続可能性を有するのは13大都市，B・C・D・Eランクの各々に2大都市が属することが分かる．上記の［　］の数値は，21大都市に占める構成割合である（以下の記述においても同様である）．21大都市に占めるAランクの都市の割合は 61.9［$= 57.1 + 4.8$］%と高い．類型1[A]の中で，DID人口増減率−人口増減率が最大の 4.08 である仙台市はコンパクト化が他の都市に比べ大きく進展していると読み取ることができる．川崎市，広島市の2都市はBランクで，都市全体の人口もDID人口も増大しているが，人口集中地区よりも周辺地区の方で人口増加率が高いことから持続可能性の高い都市であるがコンパクト化が求められる「持続可能性は高いが注意が必要な都市」となる．21大都市は類型6[E]の2都市を除き持続可能な都市となり，日本全体の持続可能性を支える都市であると読み取れる．しかし留意すべきは，浜松市と堺市が「持続可能性が低い都市」のEランクであった点であり，浜松市と堺市の今後の政策取組に

注視する必要がある点が明らかになった.

　次いで, 48の中核市の持続可能性については, 表4-3で分析できる. この表における都市の記載も, 地域コード番号順になっている. まず, DID人口密度比率で都市の人口集中度を見ておくと, 豊中市・尼崎市が1で市内全地域が人口集中地区である（那覇市は表中で1.0であるが全人口とDID人口とは一致していない）一方, 16を超えている盛岡市・青森市は人口集中度の低い都市であることが分かる.

　そして, この表に基づき都市類型を整理すれば, 以下のように示すことができる.

　　　類型1 [A]：いわき市, 川越市, 船橋市, 金沢市, 岡崎市, 豊田市, 大
　　　　　　　　 津市, 倉敷市, 福山市, 久留米市, 大分市, 宮崎市の12都
　　　　　　　　 市 [25.0%]

　　　類型2 [B]：宇都宮市, 柏市, 西宮市, 高松市, 那覇市の5都市 [10.4
　　　　　　　　 %]

　　　類型3 [D]：なし

　　　類型4 [C]：盛岡市, 郡山市, 高崎市, 八王子市, 富山市, 長野市, 姫
　　　　　　　　 路市, 松山市の8都市 [16.7%]

　　　類型5 [D]：函館市, 旭川市, 青森市, 秋田市, 熊谷市, 豊橋市, 高槻
　　　　　　　　 市, 牧方市, 東大阪市, 奈良市, 呉市, 下関市, 高知市, 佐
　　　　　　　　 世保市の14都市 [29.2%]

　　　類型6 [E]：八戸市, 前橋市, 横須賀市, 岐阜市, 和歌山市, 長崎市, 鹿
　　　　　　　　 児島市の7都市 [14.6%]

　　　類型7 [A]：豊中市の1都市 [2.1%]

　　　類型8 [B]：尼崎市の1都市 [2.1%]

　上記の分析結果から, 各類型の構成割合を見ると, 48都市のうちAランクの持続可能性を有するのは13都市の27.1 [＝25.0＋2.1] ％で, 政令指定

表 4-3　中核市の人口と

	人口 2015年	人口 2010年 （組替）	人口 増減数	人口 増減率 （%）	面積 （km²）	人口密度 （/1km²）
函館市	265979	279127	-13148	-4.71	677.86	392.4
旭川市	339605	347095	-7490	-2.16	747.66	454.2
青森市	287648	299520	-11872	-3.96	824.61	348.8
八戸市	231257	237615	-6358	-2.68	305.54	756.9
盛岡市	297631	298348	-717	-0.24	886.47	335.7
秋田市	315814	323600	-7786	-2.41	906.09	348.5
郡山市	335444	338712	-3268	-0.96	757.20	443.0
いわき市	350237	342249	7988	2.33	1232.02	284.3
宇都宮市	518594	511739	6855	1.34	416.85	1244.1
前橋市	336154	340291	-4137	-1.22	311.59	1078.8
高崎市	370884	371302	-418	-0.11	459.16	807.7
川越市	350745	342670	8075	2.36	109.13	3214.0
熊谷市	198742	203180	-4438	-2.18	159.82	1243.5
船橋市	622890	609040	13850	2.27	85.62	7275.1
柏市	413954	404012	9942	2.46	114.74	3607.8
八王子市	577513	580053	-2540	-0.44	186.38	3098.6
横須賀市	406586	418325	-11739	-2.81	100.83	4032.4
富山市	418686	421953	-3267	-0.77	1241.77	337.2
金沢市	465699	462361	3338	0.72	468.64	993.7
長野市	377598	381511	-3913	-1.03	834.81	452.3
岐阜市	406735	413136	-6401	-1.55	203.60	1997.7
豊橋市	374765	376665	-1900	-0.50	261.86	1431.2
岡崎市	381051	372357	8694	2.33	387.20	984.1
豊田市	422542	421487	1055	0.25	918.32	460.1
大津市	340973	337634	3339	0.99	464.51	734.0
豊中市	395479	389341	6138	1.58	36.39	10867.8
高槻市	351829	357359	-5530	-1.55	105.29	3341.5
枚方市	404152	407978	-3826	-0.94	65.12	6206.3
東大阪市	502784	509533	-6749	-1.32	61.78	8138.3
姫路市	535664	536270	-606	-0.11	534.47	1002.2
尼崎市	452563	453748	-1185	-0.26	50.72	8922.8
西宮市	487850	482640	5210	1.08	99.96	4880.5
奈良市	360310	366591	-6281	-1.71	276.94	1301.0
和歌山市	364154	370364	-6210	-1.68	208.84	1743.7
倉敷市	477118	475513	1605	0.34	355.63	1341.6
呉市	228552	239973	-11421	-4.76	352.80	647.8
福山市	464811	461357	3454	0.75	518.14	897.1
下関市	268517	280947	-12430	-4.42	715.89	375.1
高松市	420748	419429	1319	0.31	375.41	1120.8
松山市	514865	517231	-2366	-0.46	429.37	1199.1
高知市	337190	343393	-6203	-1.81	308.99	1091.3
久留米市	304552	302402	2150	0.71	229.96	1324.4
長崎市	429508	443766	-14258	-3.21	405.86	1058.3
佐世保市	255439	261101	-5662	-2.17	426.06	599.5
大分市	478146	474094	4052	0.85	502.39	951.7
宮崎市	401138	400583	555	0.14	643.67	623.2
鹿児島市	599814	605846	-6032	-1.00	547.55	1095.5
那覇市	319435	315954	3481	1.10	39.57	8072.7
中核市全体	18762344	18849395	-87051	-0.46	20353.08	921.8

備考：表中の網掛け部分は，各項目の最大値と最小値である．
出所：表4-2と同じ．

DID 人口の関連データ

DID 人口 2015 年	DID 人口 2010 年（組替）	DID 人口 増減数	DID 人口 増減率 （％）	DID 面積 （km²）	DID 人口密度 （/1km²）	DID人口 密度 比率	DID人口 増減率－ 人口増減率	都市類型
229488	240101	-10613	-4. 42	42. 38	5415. 0	13. 8	0. 29	5
313661	319717	-6056	-1. 89	78. 96	3972. 4	8. 7	0. 26	5
224677	229742	-5065	-2. 20	40. 28	5577. 9	16. 0	1. 76	5
156053	160720	-4667	-2. 90	47. 65	3275. 0	4. 3	-0. 23	6
237280	230447	6833	2. 97	41. 94	5657. 6	16. 9	3. 21	4
250569	254970	-4401	-1. 73	54. 76	4575. 8	13. 1	0. 68	5
240314	239496	818	0. 34	47. 77	5030. 6	11. 4	1. 31	4
173057	164757	8300	5. 04	46. 46	3724. 9	13. 1	2. 70	1
385594	384583	1011	0. 26	71. 46	5395. 9	4. 3	-1. 08	2
196540	200675	-4135	-2. 06	45. 98	4274. 5	4. 0	-0. 84	6
197792	197744	48	0. 02	45. 38	4358. 6	5. 4	0. 14	4
280650	273750	6900	2. 52	34. 53	8127. 7	2. 5	0. 16	1
110295	111650	-1355	-1. 21	22. 07	4997. 5	4. 0	0. 97	5
597300	583009	14291	2. 45	58. 62	10189. 4	1. 4	0. 18	1
365667	360149	5518	1. 53	39. 99	9144. 0	2. 5	-0. 93	2
517284	512295	4989	0. 97	62. 72	8247. 5	2. 7	1. 41	4
386841	398366	-11525	-2. 89	57. 53	6724. 2	1. 7	-0. 09	6
235868	223250	12618	5. 65	57. 89	4074. 4	12. 1	6. 43	4
387341	377419	9922	2. 63	63. 18	6130. 8	6. 2	1. 91	1
255665	253351	2314	0. 91	48. 87	5231. 5	11. 6	1. 94	4
286484	291254	-4770	-1. 64	54. 98	5210. 7	2. 6	-0. 09	6
265822	266770	-948	-0. 36	44. 54	5968. 2	4. 2	0. 15	5
289249	278982	10267	3. 68	50. 21	5760. 8	5. 9	1. 35	1
244914	241352	3562	1. 48	41. 04	5967. 7	13. 0	1. 23	1
268627	262946	5681	2. 16	38. 88	6909. 1	9. 4	1. 17	1
395479	389341	6138	1. 58	36. 39	10867. 8	1. 0	0. 00	7
339094	344050	-4956	-1. 44	33. 00	10275. 6	3. 1	0. 11	5
391023	393370	-2347	-0. 60	40. 81	9581. 5	1. 5	0. 34	5
501649	507906	-6257	-1. 23	49. 50	10134. 3	1. 2	0. 09	5
390211	384137	6074	1. 58	93. 42	4177. 0	4. 2	1. 69	4
452563	453748	-1185	-0. 26	50. 72	8922. 8	1. 0	0. 00	8
451372	450831	541	0. 12	39. 75	11355. 3	2. 3	-0. 96	2
308006	308995	-989	-0. 32	45. 68	6742. 7	5. 2	1. 39	5
275582	284227	-8645	-3. 04	63. 05	4370. 8	2. 5	-1. 36	6
288666	286147	2519	0. 88	89. 02	3242. 7	2. 4	0. 54	1
156083	163680	-7597	-4. 64	29. 72	5251. 8	8. 1	0. 12	5
265448	254721	10727	4. 21	59. 89	4432. 3	4. 9	3. 46	1
176520	184034	-7514	-4. 08	40. 50	4358. 5	11. 6	0. 34	5
212897	212803	94	0. 04	41. 04	5187. 5	4. 6	-0. 27	2
429624	428201	1423	0. 33	68. 71	6252. 7	5. 2	0. 79	4
271698	276087	-4389	-1. 59	44. 38	6122. 1	5. 6	0. 22	5
188031	183547	4484	2. 44	32. 44	5796. 3	4. 4	1. 73	1
314082	327791	-13709	-4. 18	44. 69	7028. 0	6. 6	-0. 97	6
152157	152951	-794	-0. 52	31. 35	4853. 5	8. 1	1. 65	5
342769	326541	16228	4. 97	70. 46	4864. 7	5. 1	4. 11	1
278193	276902	1291	0. 47	50. 59	5499. 0	8. 8	0. 33	1
482548	489699	-7151	-1. 46	74. 59	6469. 3	5. 9	-0. 46	6
318151	314951	3200	1. 02	38. 40	8285. 2	1. 0	-0. 09	2
14478878	14452155	26723	0. 18	2406. 17	6017. 4	6. 5	0. 65	4

都市における A ランクの割合（61.9%）の4割程度しか存在しないことが分かる．宇都宮市，柏市，西宮市，高松市，那覇市の5市は，ランク B で「持続可能性は高いが注意が必要な都市」の類型に属する．ランク C の8都市は，「持続可能性がある都市」になる．そして，中核市全体の 29.2% と最も構成比率が高い類型は，「持続可能性はあるが努力が必要な都市」となる D ランクの類型5で，これらの14都市では人口が都市全体でも中心市街地でも減少しているがコンパクト化を進めていることがうかがえる．

DID 人口増減率−人口増減率がプラスであれば，コンパクト化が進展していると理解できるが，類型5は DID 人口増減率がマイナスである．他方，類型1と類型4は DID 人口増減率がプラスである点でコンパクト化の内容が異なる．類型1は，都市全体と人口集中地区とも人口が増大して，しかもコンパクト化している都市である．この類型1で，大分市は DID 人口増減率−人口増減率が最大の4.11であった．また類型4は，都市全体では人口が減少している一方で人口集中地区で人口が増大してコンパクト化している都市である．この類型4では富山市が最大の6.43とコンパクト化が最も進展している点が示されている．

そして，E ランクの類型6の「持続可能性が低い」都市が7都市あり，中核市全体の 14.6% に達している．これらの都市は，人口20万人以上の都市規模であっても，持続可能性が危ぶまれる状況にあると読み取れる．また，尼崎市は都市全体が人口集中地区であるが僅かながら人口が減少していた．

3．連携中枢都市と連携都市の持続可能性

横山（2018a, 2018b）で論述したように，連携中枢都市圏は，連携中枢都市となる圏域の中心市と近隣の市町村が連携協約（地方自治法第252条の2第1項）を締結することにより形成される都市圏で，コンパクト化とネットワーク化により「経済成長のけん引」，「高次都市機能の集積・強化」及び「生活関連

機能サービスの向上」を行うことにより，人口減少・少子高齢社会においても一定の圏域人口を有し活力ある社会経済を維持するための拠点を形成することを目的としている．連携中枢都市は，原則として，①政令指定都市または中核市であること，②昼夜間人口比率がおおむね1以上であること，③当該市が所在する地域が，原則として，3大都市圏（埼玉県，千葉県，東京都，神奈川県，岐阜県，愛知県，三重県，京都府，大阪府，兵庫県及び奈良県の区域の全部をいう）の区域外に所在することである（総務省，2018b: 1-3）．

　連携中枢都市圏形成に係る連携協約は，連携中枢都市としての宣言を行った1つの連携中枢都市（宣言連携中枢都市）と，その近隣の1つの市町村が，圏域全体の経済をけん引し圏域の住民全体の暮らしを支えるため，連携中枢都市圏構想推進要綱に規定された事項について，それぞれの市町村における議会の議決に基づき締結・変更される．宣言連携中枢都市は，原則として，少なくとも経済的結びつきが強い通勤通学割合が0.1以上である全ての市町村と連携協約締結の協議を行うことが望ましいとされている．そして，連携中枢都市圏形成に係る連携協約を締結する近隣の市町村が連携市町村で，連携市町村は，宣言連携中枢都市と近接し，経済，社会，文化又は住民生活等において密接な関係を有する市町村であることが望ましいとされる．また，連携中枢都市圏の形成の手順は，①連携中枢都市宣言書の作成・公表（地方圏において相当の規模と中核性を備える圏域の中心都市が宣言），②連携中枢都市圏形成に係る連携協約（宣言連携中枢都市と連携市町村と1対1協約）の締結，③連携中枢都市圏ビジョン（宣言連携中枢都市が各連携市町村と当該市町村に関連する部分について協議を行ったビジョン）の作成となっている．（横山　2018a, 2018b; 総務省　2018b）

　横山（2018b: 79-81）の「表1　連携中枢都市圏の形成の動き」は，2018年1月10日現在の24の連携中枢都市圏の一覧であるが，その後に連携中枢都市ビジョンの策定までの一連の手順を済ませ2018年4月1日現在で追加された4つを加えた28の連携中枢都市圏は，総務省（2018a）に基づき作成した表4-4の通りである．表4-4の連携中枢都市圏は，総務省（2018a）の連携中枢

表4-4　連携中枢都市圏・連携中枢都市・

本表は，総務省（2018）の連携中枢都市圏一覧と総務省（2016/2017）の「平成27年国勢調査」
いないが，連携中枢都市圏の各項目の数値はそうした市町村のデータを含め反映した数値になっ
ある．表中の数値で同数が複数ある場合は，四捨五入したケタ数で最大値と最小値を判断した．
あることを意味する．DID人口密度比率は，DID人口密度／人口密度である．都市類型の番号

	人口 2015年	人口 2010年 （組替）	人口 増減数	人口 増減率 （％）	面積 （km²）	人口密度 （/1km²）
1. 播磨圏域連携中枢都市圏	1307003	1327193	-20190	-1.52	2800.03	466.8
姫路市	535664	536270	-606	-0.11	534.47	1002.2
相生市	30129	31158	-1029	-3.30	90.4	333.3
加古川市	267435	266937	498	0.19	138.48	1931.2
赤穂市	48567	50523	-1956	-3.87	126.86	382.8
加西市	44313	47993	-3680	-7.67	150.98	293.5
たつの市	77419	80518	-3099	-3.85	210.87	367.1
稲美町	31020	31026	-6	-0.02	34.92	888.3
播磨町	33739	33183	556	1.68	9.13	3695.4
太子町	33690	33438	252	0.75	22.61	1490.0
兵庫県	5534800	5588133	-53333	-0.95	8400.96	658.8
2. 備後圏域	857212	875682	-18470	-2.11	2510.58	341.4
三原市	96194	100509	-4315	-4.29	471.55	204.0
尾道市	138626	145202	-6576	-4.53	285.09	486.3
福山市	464811	461357	3454	0.75	518.14	897.1
府中市	40069	42563	-2494	-5.86	195.75	204.7
笠岡市（岡山県）	50568	54225	-3657	-6.74	136.39	370.8
井原市（岡山県）	41390	43927	-2537	-5.78	243.54	170.0
広島県	2843990	2860750	-16760	-0.59	8479.45	335.4
3. 高梁川流域連携中枢都市圏	770183	783035	-12852	-1.64	2464.67	312.5
倉敷市	477118	475513	1605	0.34	355.63	1341.6
笠岡市	50568	54225	-3657	-6.74	136.39	370.8
井原市	41390	43927	-2537	-5.78	243.54	170.0
総社市	66855	66201	654	0.99	211.90	315.5
高梁市	32075	34963	-2888	-8.26	546.99	58.6
新見市	30658	33870	-3212	-9.48	793.29	38.6
岡山県	1921525	1945276	-23751	-1.22	7114.5	270.1
4. みやざき共創都市圏	428089	428716	-627	-0.15	869.49	492.3
宮崎市	401138	400583	555	0.14	643.67	623.2
宮崎県	1104069	1135233	-31164	-2.75	7735.31	142.7
5. 久留米広域連携中枢都市圏	456196	459623	-3427	-0.75	467.83	975.1
久留米市	304552	302402	2150	0.71	229.96	1324.4
大川市	34838	37448	-2610	-6.97	33.62	1036.2
小郡市	57983	58499	-516	-0.88	45.51	1274.1
福岡県	5101556	5071968	29588	0.58	4986.4	1023.1

連携都市の人口と DID 人口の関連データ（1）

に基づき，筆者が作成した．表中には DID（人口集中地区）を有しない連携市町村を掲載して
いる．網掛け部分は，各連携中枢都市圏内の全市町村を対象とした各項目の最大値と最小値で
各項目で網掛け数値が 2 つない場合には，最大値または最小値が DID を有さない連携市町村に
については，本文を参照されたい．

DID 人口 2015 年	DID 人口 2010 年 （組替）	DID 人口 増減数	DID 人口 増減率 （％）	DID 面積 （km²）	DID 人口密度 （/1km²）	DID人口 密度 比率	DID人口 増減率− 人口増減率	都市類型
728189	715517	12672	1.77	162.33	4485.9	9.6	3.29	4
390211	384137	6074	1.58	93.42	4177.0	4.2	1.69	4
16640	16989	-349	-2.05	3.68	4521.7	13.6	1.25	5
212490	209348	3142	1.50	41.26	5150.0	2.7	1.31	1
30912	31638	-726	-2.29	6.45	4792.6	12.5	1.58	5
8584	8929	-345	-3.86	1.94	4424.7	15.1	3.80	5
12422	11680	742	6.35	3.19	3894.0	10.6	10.20	4
7354	5069	2285	45.08	1.19	6179.8	7.0	45.10	4
33169	32229	940	2.92	7.93	4182.7	1.1	1.24	5
16407	15498	909	5.87	3.27	5017.4	3.4	5.12	1
4298789	4281135	17654	0.41	583.61	7365.9	11.2	1.37	4
411271	410249	1022	0.25	96.59	4257.9	12.47	2.36	4
46736	48122	-1386	-2.88	10.47	4463.8	21.88	1.41	5
58931	63975	-5044	-7.88	14.4	4092.4	8.42	-3.36	6
265448	254721	10727	4.21	59.89	4432.3	4.94	3.46	1
19569	20859	-1290	-6.18	6.06	3229.2	15.78	-0.32	6
14405	16006	-1601	-10.00	3.95	3646.8	9.83	-3.26	6
6182	6566	-384	-5.85	1.82	3396.7	19.98	-0.07	6
1833539	1819823	13716	0.75	302.52	6060.9	18.07	1.34	4
342876	340725	2151	0.63	102.38	3349.1	10.72	2.27	4
288666	286147	2519	0.88	89.02	3242.7	2.42	0.54	1
14405	16006	-1601	-10.00	3.95	3646.8	9.83	-3.26	6
6182	6566	-384	-5.85	1.82	3396.7	19.98	-0.07	6
22245	19893	2352	11.82	4.45	4998.9	15.84	10.84	1
6060	6427	-367	-5.71	1.47	4122.4	70.35	2.55	5
5318	5686	-368	-6.47	1.67	3184.4	82.50	3.01	5
897148	886759	10389	1.17	202.23	4436.3	16.42	2.39	4
278193	276902	1291	0.47	50.59	5499	11.17	0.62	4
278193	276902	1291	0.47	50.59	5499	8.82	0.33	1
509087	521321	-12234	-2.35	110.84	4593	32.19	0.40	5
236165	232081	4084	1.76	41.74	5658	5.8	2.51	4
188031	183547	4484	2.44	32.44	5796.3	4.38	1.73	1
7650	9333	-1683	-18.03	2.79	2741.9	2.65	-11.06	6
40484	39201	1283	3.27	6.51	6218.7	4.88	4.15	4
3693129	3598402	94727	2.63	566.59	6518.2	6.37	2.05	1

表4-4　連携中枢都市圏・連携中枢都市・

	人口 2015年	人口 2010年 (組替)	人口 増減数	人口 増減率 (%)	面積 (km²)	人口密度 (/1km²)
6.みちのく盛岡広域連携中枢都市圏	476758	481699	-4941	-1.03	3641.77	130.91
盛岡市	297631	298348	-717	-0.24	886.47	335.7
滝沢市	55463	53857	1606	2.98	182.46	304.0
矢巾町	27678	27205	473	1.74	67.32	411.1
*は，矢巾町を除いた数値である．						
岩手県	1279594	1330147	-50553	-3.8	15275.01	83.8
7. 石川中央都市圏	728259	723223	5036	0.70	1432.49	508.4
金沢市	465699	462361	3338	0.72	468.64	993.7
白山市	109287	110459	-1172	-1.06	754.93	144.8
野々市市	55099	51885	3214	6.19	13.56	4063.3
津幡町	36968	36940	28	0.08	110.59	334.3
内灘町	26987	26927	60	0.22	20.33	1327.4
石川県	1154008	1169788	-15780	-1.35	4186.09	275.7
8. 長野地域連携中枢都市圏	543424	554256	-10832	-1.95	1558	348.8
長野市	377598	381511	-3913	-1.03	834.81	452.3
須坂市	50725	52168	-1443	-2.77	149.67	338.9
千曲市	60298	62068	-1770	-2.85	119.79	503.4
長野県	2098804	2152449	-53645	-2.49	13561.56	154.8
9. 下関市連携中枢都市圏	268517	280947	-12430	-4.42	715.89	375.1
下関市	268517	280947	-12430	-4.42	715.89	375.1
山口県	1404729	1451338	-46609	-3.21	6112.3	229.8
10. 大分都市広域圏	730244	737415	-7171	-0.97	1755.5	416
大分市	478146	474094	4052	0.85	502.39	951.7
別府市	122138	125385	-3247	-2.59	125.34	974.5
臼杵市	38748	41469	-2721	-6.56	291.20	133.1
津久見市	17969	19917	-1948	-9.78	79.48	226.1
大分県	1166338	1196529	-30191	-2.52	6340.71	183.9
11.瀬戸・高松広域連携中枢都市圏	585348	593743	-8395	-1.41	1056.58	554.0
高松市	420748	419429	1319	0.31	375.41	1120.8
さぬき市	50272	53000	-2728	-5.15	158.63	316.9
香川県	976263	995842	-19579	-1.97	1876.72	520.2

連携都市の人口と DID 人口の関連データ（2）

DID 人口 2015 年	DID 人口 2010 年 （組替）	DID 人口 増減数	DID 人口 増減率 （％）	DID 面積 （km²）	DID 人口密度 （/1km²）	DID人口 密度 比率	DID人口 増減率－ 人口増減率	都市類型
262356*	249229*	13127*	5. 27	46. 16	5683. 6	43. 4	6. 29	4
237280	230447	6833	2. 97	41. 94	5657. 6	16. 9	3. 21	4
25076	18782	6294	33. 51	4. 22	5942. 2	19. 5	30. 53	1
9471	－	9471	－	1. 76	5381. 3	13. 1		
407920	393716	14204	3. 61	87. 03	4687. 1	55. 9	7. 41	4
512469	494601	17868	3. 61	86. 85	5900. 6	11. 61	2. 92	1
387341	377419	9922	2. 63	63. 18	6130. 8	6. 17	1. 91	1
41908	39421	2487	6. 31	9. 13	4590. 1	31. 70	7. 37	4
43211	39757	3454	8. 69	6. 89	6271. 6	1. 54	2. 49	1
17979	15072	2907	19. 29	3. 92	4586. 5	13. 72	19. 21	1
22030	22932	-902	-3. 93	3. 73	5906. 2	4. 45	-4. 16	3
593751	585606	8145	1. 39	109. 15	5439. 8	19. 73	2. 74	4
298077	297005	1072	0. 36	60. 54	4923. 6	14. 12	2. 32	4
255665	253351	2314	0. 91	48. 87	5231. 5	11. 57	1. 94	4
23019	23125	-106	-0. 46	5. 69	4045. 5	11. 94	2. 31	5
19393	20529	-1136	-5. 53	5. 98	3243. 0	6. 44	-2. 68	6
718514	748572	-30058	-4. 02	168. 76	4257. 6	27. 5	-1. 52	6
176520	184034	-7514	-4. 08	40. 5	4358. 5	11. 62	0. 34	5
176520	184034	-7514	-4. 08	40. 5	4358. 5	11. 62	0. 34	5
691421	699104	-7683	-1. 1	210. 27	3288. 3	14. 31	2. 11	5
471773	460573	11200	2. 43	95. 52	4939	11. 87	3. 40	4
342769	326541	16228	4. 97	70. 46	4864. 7	5. 11	4. 11	1
107735	111401	-3666	-3. 29	18. 36	5867. 9	6. 02	-0. 70	6
13384	13796	-412	-2. 99	3. 77	3550. 1	26. 67	3. 58	5
7885	8835	-950	-10. 75	2. 93	2691. 1	11. 9	-0. 97	6
550838	541279	9559	1. 77	117. 73	4678. 8	25. 44	4. 29	4
218941	219424	-483	-0. 22	43. 15	5074	9. 16	1. 19	5
212897	212803	94	0. 04	41. 04	5187. 5	4. 63	-0. 27	2
6044	6621	-577	-8. 71	2. 11	2864. 5	9. 04	-3. 57	6
317869	326331	-8462	-2. 59	76. 84	4136. 8	7. 95	-0. 63	6

表4-4　連携中枢都市圏・連携中枢都市・

	人口 2015年	人口 2010年 （組替）	人口 増減数	人口 増減率 （%）	面積 （km²）	人口密度 （/1km²）
12. 熊本連携中枢都市圏	1111921	1104345	7576	0.69	2423.85	458.7
熊本市	740822	734474	6348	0.86	390.32	1898.0
宇土市	37026	37727	-701	-1.86	74.30	498.3
宇城市	59756	61878	-2122	-3.43	188.61	316.8
合志市	58370	55002	3368	6.12	53.19	1097.4
大津町	33452	31234	2218	7.10	99.10	337.6
菊陽町	40984	37734	3250	8.61	37.46	1094.1
益城町	33611	32676	935	2.86	65.68	511.7
熊本県	1786170	1817426	-31256	-1.72	7409.35	241.1
13. 広島広域都市圏	2324756	2341287	-16531	-0.71	6355.98	365.76
広島市	1194034	1173843	20191	1.72	906.53	1317.1
呉市	228552	239973	-11421	-4.76	352.80	647.8
竹原市	26426	28644	-2218	-7.74	118.23	223.5
三原市	96194	100509	-4315	-4.29	471.55	204.0
大竹市	27865	28836	-971	-3.37	78.66	354.2
東広島市	192907	190135	2772	1.46	635.16	303.7
廿日市市	114906	114038	868	0.76	489.48	234.8
府中町	51053	50442	611	1.21	10.41	4904.2
海田町	28667	28475	192	0.67	13.79	2078.8
坂町	12747	13262	-515	-3.88	15.69	812.4
岩国市（山口県）	136757	143857	-7100	-4.94	873.72	156.5
柳井市（山口県）	32945	34730	-1785	-5.14	140.05	235.2
広島県	2843990	2860750	-16760	-0.59	8479.45	335.4
山口県	1404729	1451338	-46609	-3.21	6112.3	229.8

連携都市の人口と DID 人口の関連データ（3）

DID 人口 2015 年	DID 人口 2010 年 （組替）	DID 人口 増減数	DID 人口 増減率 （%）	DID 面積 （km²）	DID 人口密度 （/1km²）	DID人口 密度 比率	DID人口 増減率 − 人口増減率	都市類型
700959	683213	17746	2.6	109.22	6417.9	13.99	1.91	1
587816	579318	8498	1.47	88.77	6621.8	3.49	0.60	1
9942	9858	84	0.85	2.70	3682.2	7.39	2.71	4
7343	7123	220	3.09	1.67	4397.0	13.88	6.52	4
36906	34017	2889	8.49	5.83	6330.4	5.77	2.37	1
7069	6484	585	9.02	1.65	4284.2	12.69	1.92	1
29249	24162	5087	21.05	4.70	6223.2	5.69	12.44	1
22634	22251	383	1.72	3.90	5803.6	11.34	-1.14	2
853906	847636	6270	0.74	156.1	5470.2	22.69	2.46	4
1554585	1547389	7196	0.47	249.97	6219.1	17.00	1.17	4
1027439	1012198	15241	1.51	133.96	7669.7	5.82	-0.21	2
156083	163680	-7597	-4.64	29.72	5251.8	8.11	0.12	5
6555	7093	-538	-7.58	2.22	2952.7	13.21	0.16	5
46736	48122	-1386	-2.88	10.47	4463.8	21.88	1.41	5
23905	25546	-1641	-6.42	8.23	2904.6	8.20	-3.06	6
51311	46698	4613	9.88	7.6	6751.4	22.23	8.42	1
81161	80233	928	1.16	15.17	5350.1	22.79	0.4	1
50776	50235	541	1.08	5.58	9099.6	1.86	-0.13	2
26912	26940	-28	-0.10	4.74	5677.6	2.73	-0.78	3
7248	7593	-345	-4.54	1.46	4964.4	6.11	-0.66	6
66466	69391	-2925	-4.22	26.47	2511.0	16.04	0.72	5
9993	9660	333	3.45	4.35	2297.2	9.77	8.59	4
1833539	1819823	13716	0.75	302.52	6060.9	18.07	1.34	4
691421	699104	-7683	-1.10	210.27	3288.3	14.31	2.11	5

表4-4　連携中枢都市圏・連携中枢都市・

	人口 2015年	人口 2010年 （組替）	人口 増減数	人口 増減率 （%）	面積 （km²）	人口密度 （/1km²）
14. 北九州都市圏域	1394457	1425339	−30882	−2.17	1460.76	954.6
北九州市	961286	976846	−15560	−1.59	491.95	1954.0
直方市	57146	57686	−540	−0.94	61.76	925.3
行橋市	70586	70468	118	0.17	70.05	1007.7
中間市	41796	44210	−2414	−5.46	15.96	2618.8
芦屋町	14208	15369	−1161	−7.55	11.60	1224.8
水巻町	28997	30021	−1024	−3.41	11.01	2633.7
岡垣町	31580	32119	−539	−1.68	48.64	649.3
鞍手町	16007	17088	−1081	−6.33	35.60	449.6
苅田町	34963	36005	−1042	−2.89	48.88	715.3
福岡県	5101556	5071968	29588	0.58	4986.4	1023.1
15. しずおか中部連携中枢都市圏	1168000	1188781	−20781	−1.75	2621.27	445.6
静岡市	704989	716197	−11208	−1.56	1411.90	499.3
島田市	98112	100276	−2164	−2.16	315.70	310.8
焼津市	139462	143249	−3787	−2.64	70.31	1983.5
藤枝市	143605	142151	1454	1.02	194.06	740.0
牧之原市	45547	49019	−3472	−7.08	111.69	407.8
吉田町	29093	29815	−722	−2.42	20.73	1403.4
静岡県	3700305	3765007	−64702	−1.72	7777.42	475.8
16. 松山圏域	646055	652485	−6430	−0.99	1540.8	419.3
松山市	514865	517231	−2366	−0.46	429.37	1199.1
伊予市	36827	38017	−1190	−3.13	194.44	189.4
東温市	34613	35253	−640	−1.82	211.3	163.8
松前町	30064	30359	−295	−0.97	20.41	1473.0
砥部町	21239	21981	−742	−3.38	101.59	209.1
愛媛県	1385262	1431493	−46231	−3.23	5676.11	244.1
17. とやま呉西圏域	443151	457576	−14425	−3.26	1479.3	299.6
高岡市	172125	176061	−3936	−2.24	209.57	821.3
氷見市	47992	51726	−3734	−7.22	230.56	208.2
小矢部市	30399	32067	−1668	−5.20	134.07	226.7
射水市	92308	93588	−1280	−1.37	109.43	843.5
富山県	1066328	1093247	−26919	−2.46	4247.61	251.0
18. 八戸圏域連携中枢都市圏	323447	335415	−11968	−3.57	1346.84	240.2
八戸市	231257	237615	−6358	−2.68	305.54	756.9
青森県	1308265	1373339	−65074	−4.74	9645.59	135.6

連携都市の人口と DID 人口の関連データ（4）

DID 人口 2015 年	DID 人口 2010 年（組替）	DID 人口 増減数	DID 人口 増減率（％）	DID 面積（km²）	DID 人口密度（/1km²）	DID人口 密度 比率	DID人口 増減率－ 人口増減率	都市類型
1025479	1048163	-22684	-2.16	203.91	5029.1	5.27	0.00	5
864534	877833	-13299	-1.51	156.81	5513.3	2.82	0.08	5
26858	27788	-930	-3.35	7.78	3452.2	3.73	-2.41	6
28057	28175	-118	-0.42	6.49	4323.1	4.29	-0.59	3
35908	38592	-2684	-6.95	6.87	5226.8	2.00	-1.49	6
8260	9459	-1199	-12.68	5.72	1444.1	1.18	-5.12	6
21659	22599	-940	-4.16	3.98	5442.0	2.07	-0.75	6
11509	12574	-1065	-8.47	2.29	5025.8	7.74	-6.79	6
5019	6655	-1636	-24.58	1.45	3461.4	7.70	-18.26	6
23675	24488	-813	-3.32	12.52	1891.0	2.64	-0.43	6
3693129	3598402	94727	2.63	566.59	6518.2	6.37	2.05	1
853410	863545	-10135	-1.17	152.35	5601.6	12.57	0.57	5
621501	625147	-3646	-0.58	103.90	5981.7	11.98	0.98	6
51478	52838	-1360	-2.57	12.03	4279.1	13.77	-0.42	6
78698	79946	-1248	-1.56	16.69	4715.3	2.38	1.08	5
85167	82374	2793	3.39	15.61	5455.9	7.37	2.37	1
8912	15055	-6143	-40.80	2.37	3760.3	9.22	-33.72	6
7654	8185	-531	-6.49	1.75	4373.7	3.12	-4.07	6
2216241	2242960	-26719	-1.19	424.5	5220.8	10.97	0.53	5
472235	470770	1465	0.31	77.64	6082.4	14.51	1.30	4
429624	428201	1423	0.33	68.71	6252.7	5.21	0.79	4
14096	13517	579	4.28	3.17	4446.7	23.48	7.41	4
9657	10036	-379	-3.78	1.89	5109.5	31.19	-1.96	6
12884	13061	-177	-1.36	2.92	4412.3	3.00	-0.38	6
5974	5955	19	0.32	0.95	6288.4	30.07	3.69	4
733434	750262	-16828	-2.24	152.71	4802.8	19.68	0.99	5
146289	148959	-2670	-1.79	39.77	3678.4	12.28	1.46	5
86544	87615	-1071	-1.22	23.55	3674.9	4.47	1.01	5
10561	11708	-1147	-9.80	3.08	3428.9	16.47	-2.58	6
6386	7109	-723	-10.17	1.79	3567.6	15.74	-4.97	6
42798	42527	271	0.64	11.35	3770.7	4.47	2.00	4
402927	405210	-2283	-0.56	103.98	3875.0	15.44	1.90	5
156053	160720	-4667	-2.9	47.65	3275	13.64	0.66	5
156053	160720	-4667	-2.9	47.65	3275	4.33	-0.23	6
610034	632157	-22123	-3.5	159.91	3814.9	28.13	1.24	5

表4-4 連携中枢都市圏・連携中枢都市・

	人口 2015年	人口 2010年 (組替)	人口 増減数	人口 増減率 (%)	面積 (km²)	人口密度 (/1km²)
19. 新潟広域都市圏	1258878	1277205	-18327	-1.43	3659.37	344
新潟市	810157	811901	-1744	-0.21	726.45	1115.2
三条市	99192	102292	-3100	-3.03	431.97	229.6
新発田市	98611	101202	-2591	-2.56	533.10	185.0
燕市	79784	81876	-2092	-2.56	110.96	719.0
五泉市	51404	54550	-3146	-5.77	351.91	146.1
阿賀野市	43415	45560	-2145	-4.71	192.74	225.3
新潟県	2304264	2374450	-70186	-2.96	12584.1	183.1
20. 岡山連携中枢都市圏	1170158	1176821	-6663	-0.57	3764.71	310.8
岡山市	719474	709584	9890	1.39	789.96	910.8
津山市	103746	106788	-3042	-2.85	506.33	204.9
玉野市	60736	64588	-3852	-5.96	103.58	586.4
総社市	66855	66201	654	0.99	211.90	315.5
赤磐市	43214	43458	-244	-0.56	209.36	206.4
岡山県	1921525	1945276	-23751	-1.22	7114.5	270.1
21. 山口県央連携中枢都市圏	621183	633938	-12755	-2.01	2803.29	221.6
宇部市	169429	173772	-4343	-2.50	286.65	591.1
山口市	197422	196628	794	0.40	1023.23	192.9
萩市	49560	53747	-4187	-7.79	698.31	71.0
防府市	115942	116611	-669	-0.57	189.37	612.3
山陽小野田市	62671	64550	-1879	-2.91	133.09	470.9
山口県	1404729	1451338	-46609	-3.21	6112.3	229.8
22. 長崎広域連携中枢都市圏	501860	516411	-14551	-2.82	455.53	1101.7
長崎市	429508	443766	-14258	-3.21	405.86	1058.3
長与町	42548	42535	13	0.03	28.73	1481.0
時津町	29804	30110	-306	-1.02	20.94	1423.3
長崎県	1377187	1426779	-49592	-3.48	4132.09	333.3
23. かごしま連携中枢都市圏	753518	762621	-9103	-1.19	1144.11	658.6
鹿児島市	599814	605846	-6032	-1.00	547.55	1095.5
いちき串木野市	29282	31144	-1862	-5.98	112.30	260.7
姶良市	75173	74809	364	0.49	231.25	325.1
鹿児島県	1648177	1706242	-58065	-3.4	9186.94	179.4

連携都市の人口と DID 人口の関連データ（5）

DID 人口 2015 年	DID 人口 2010 年（組替）	DID 人口 増減数	DID 人口 増減率（%）	DID 面積（km²）	DID 人口密度（/1km²）	DID人口 密度 比率	DID人口 増減率 － 人口増減率	都市類型
754654	751542	3112	0. 41	141. 96	5316. 0	15. 45	1. 85	4
590688	583329	7359	1. 26	104. 16	5671. 0	5. 09	1. 48	4
50608	52083	-1475	-2. 83	11. 23	4506. 5	19. 63	0. 20	5
48368	48241	127	0. 26	9. 71	4981. 3	26. 93	2. 82	4
31202	32475	-1273	-3. 92	8. 35	3736. 8	5. 20	-1. 36	6
21748	23020	-1272	-5. 53	5. 53	3932. 7	26. 92	0. 24	5
12040	12394	-354	-2. 86	2. 98	4040. 3	17. 93	1. 85	5
1121348	1141379	-20031	-1. 75	232. 39	4825. 3	26. 35	1. 2	5
576517	565927	10590	1. 87	104. 28	5528. 5	17. 79	2. 44	4
492936	478993	13943	2. 91	81. 79	6026. 8	6. 62	1. 52	1
27192	28480	-1288	-4. 52	8. 66	3140. 0	15. 32	-1. 67	6
17808	23287	-5479	-23. 53	6. 33	2813. 3	4. 80	-17. 56	6
22245	19893	2352	11. 82	4. 45	4998. 9	15. 84	10. 84	1
16336	15274	1062	6. 95	3. 05	5356. 1	25. 95	7. 51	4
897148	886759	10389	1. 17	202. 23	4436. 3	16. 42	2. 39	4
297382	292127	5255	0. 02	89. 08	3338. 4	15. 07	2. 03	4
89846	90799	-953	-1. 05	29. 11	3086. 4	5. 22	1. 45	5
99468	91931	7537	8. 20	22. 89	4345. 5	22. 53	7. 79	1
18764	19350	-586	-3. 03	6. 18	3036. 2	42. 76	4. 76	5
71556	71166	390	0. 55	24. 13	2965. 4	4. 84	1. 12	4
17748	18881	-1133	-6. 00	6. 77	2621. 6	5. 57	-3. 09	6
691421	699104	-7683	-1. 10	210. 27	3288. 3	14. 31	2. 11	5
352264	361548	-9284	-2. 57	50. 18	7020. 0	6. 37	0. 25	5
314082	327791	-13709	-4. 18	44. 69	7028. 0	6. 64	-0. 97	6
24349	19851	4498	22. 66	3. 63	6707. 7	4. 53	22. 63	1
13833	13906	-73	-0. 52	1. 86	7437. 1	5. 23	0. 49	5
661451	671601	-10150	-1. 51	121. 05	5464. 3	16. 39	1. 96	5
530908	538490	-7582	-1. 41	87. 34	6078. 6	9. 23	-0. 21	6
482548	489699	-7151	-1. 46	74. 59	6469. 3	5. 91	-0. 46	6
11604	12753	-1149	-9. 01	3. 23	3592. 6	13. 78	-3. 03	6
36756	36038	718	1. 99	9. 52	3860. 9	11. 88	1. 51	1
662683	681351	-18668	-2. 74	123. 61	5361. 1	29. 88	0. 66	5

表4-4　連携中枢都市圏・連携中枢都市・

	人口 2015年	人口 2010年 （組替）	人口 増減数	人口 増減率 （%）	面積 （km²）	人口密度 （/1km²）
24. 富山広域連携中枢都市圏	501670	508027	-6357	-1.25	1843.87	272.1
富山市	418686	421953	-3267	-0.77	1241.77	337.2
滑川市	32755	33676	-921	-2.73	54.63	599.6
富山県	1066328	1093247	-26919	-2.46	4247.61	251
25. 広島中央地域連携中枢都市圏	660291	674539	-14248	-2.11	1802.72	366.3
呉市	228552	239973	-11421	-4.76	352.80	647.8
竹原市	26426	28644	-2218	-7.74	118.23	223.5
東広島市	192907	190135	2772	1.46	635.16	303.7
廿日市市	114906	114038	868	0.76	489.48	234.8
海田町	28667	28475	192	0.67	13.79	2078.8
坂町	12747	13262	-515	-3.88	15.69	812.4
広島県	2843990	2860750	-16760	-0.59	8479.45	335.4
26. れんけいこうち広域都市圏	596998	621346	-24348	-3.92	4109.59	145.3
高知市	337190	343393	-6203	-1.81	308.99	1091.3
安芸市	17577	19547	-1970	-10.08	317.21	55.4
南国市	47982	49472	-1490	-3.01	125.30	382.9
土佐市	27038	28686	-1648	-5.74	91.49	295.5
香美市	27513	28766	-1253	-4.36	537.86	51.2
高知県	728276	764456	-36180	-4.73	7103.93	102.5
27. 岐阜連携都市圏	587739	594770	-7031	-1.18	851.81	690.0
岐阜市	406735	413136	-6401	-1.55	203.60	1997.7
瑞穂市	54354	51950	2404	4.63	28.19	1928.1
岐南町	24622	23804	818	3.44	7.91	3112.8
笠松町	22750	22809	-59	-0.26	10.30	2208.7
北方町	18169	18395	-226	-1.23	5.18	3507.5
岐阜県	2031903	2080773	-48870	-2.35	10621.29	191.3
28. 因幡・但馬麒麟のまち連携中枢都市圏	247429	255833	-8404	-3.28	1759.23	140.6
鳥取市	193717	197449	-3732	-1.89	765.31	253.1
鳥取県	573441	588667	-15226	-2.59	3507.05	163.5

連携都市の人口と DID 人口の関連データ（6）

DID 人口 2015 年	DID 人口 2010 年（組替）	DID 人口 増減数	DID 人口 増減率 （%）	DID 面積 （km²）	DID 人口密度 （/1km²）	DID人口 密度 比率	DID人口 増減率－ 人口増減率	都市類型
242789	230715	12074	5. 23	60. 00	4046. 5	14. 87	6. 48	4
235868	223250	12618	5. 65	57. 89	4074. 4	12. 08	6. 43	4
6921	7465	-544	-7. 29	2. 11	3280. 1	5. 47	-4. 55	6
402927	405210	-2283	-0. 56	103. 98	3875	15. 44	1. 90	5
329270	332237	-2967	-0. 89	60. 91	5405. 8	14. 76	1. 22	5
156083	163680	-7597	-4. 64	29. 72	5251. 8	8. 11	0. 12	5
6555	7093	-538	-7. 58	2. 22	2952. 7	13. 21	0. 16	5
51311	46698	4613	9. 88	7. 60	6751. 4	22. 23	8. 42	1
81161	80233	928	1. 16	15. 17	5350. 1	22. 79	0. 40	1
26912	26940	-28	-0. 10	4. 74	5677. 6	2. 73	-0. 78	3
7248	7593	-345	-4. 54	1. 46	4964. 4	6. 11	-0. 66	6
1833539	1819823	13716	0. 75	302. 52	6060. 9	18. 07	1. 34	4
305879	310467	-4588	-1. 48	51. 68	5918. 7	40. 7	2. 44	5
271698	276087	-4389	-1. 59	44. 38	6122. 1	5. 6	0. 22	5
5416	6183	-767	-12. 40	1. 70	3185. 9	57. 5	-2. 33	6
12584	12301	283	2. 30	2. 17	5799. 1	15. 1	5. 31	4
5711	5740	-29	-0. 51	1. 45	3938. 6	13. 3	5. 24	5
10470	10156	314	3. 09	1. 98	5287. 9	103. 3	7. 45	4
316919	327368	-10449	-3. 19	54. 26	5840. 7	57. 0	1. 54	5
340786	342524	-1738	-0. 51	67. 27	5065. 9	7. 3	0. 67	5
286484	291254	-4770	-1. 64	54. 98	5210. 7	2. 6	-0. 09	6
18654	16771	1883	11. 23	4. 26	4378. 9	2. 3	6. 60	1
11960	11594	366	3. 16	2. 77	4317. 7	1. 4	-0. 28	2
10996	9982	1014	10. 16	2. 58	4262. 0	1. 9	10. 42	4
12692	12923	-231	-1. 79	2. 68	4735. 8	1. 4	-0. 56	6
776363	808407	-32044	-3. 96	174. 75	4442. 7	23. 2	-1. 62	6
100756	99472	1284	1. 29	19. 03	5294. 6	37. 6	4. 58	4
100756	99472	1284	1. 29	19. 03	5294. 6	20. 9	3. 18	4
212059	207630	4429	2. 13	49. 28	4303. 1	26. 3	4. 72	4

都市圏番号順に記載されている. 表 4-4 により, 連携中枢都市の持続可能性は, 以下のように整理できる.

  類型 1［A］：福山市 **, 倉敷市 **, 宮崎市 **, 久留米市 **, 金沢市 **,
      大分市 **, 熊本市 *, 岡山市 *, 山口市の 9 都市［30.0%］

  類型 2［B］：高松市 **, 広島市 * の 2 都市［6.7%］

  類型 3［D］：なし

  類型 4［C］：姫路市 **, 盛岡市 **, 長野市 **, 松山市 **, 射水市, 新潟
      市 *, 富山市 **, 鳥取市の 8 都市［26.7%］

  類型 5［D］：下関市 **, 北九州市 *, 静岡市 *, 高岡市, 宇部市, 呉市 **,
      高知市 ** の 7 都市［23.3%］

  類型 6［E］：八戸市 **, 長崎市 **, 鹿児島市 **, 岐阜市 ** の 4 都市［13.3
      %］

  類型 7［A］：なし

  類型 8［B］：なし

 上記の都市名の右肩添え字の「*」は政令指定都市を, 「**」は中核市を示している. 連携中枢都市である 30 都市のうち 25 都市が政令指定都市もしくは中核市で, 残りの 5 都市は複眼型の連携中枢都市圏の連携中枢都市である高岡市・射水市と山口市・宇部市と, 施行時特例市の鳥取市である. 連携中枢都市で「持続可能性が高い」ランク A の都市は 9 都市で, 連携中枢都市の 30.0% を占めている. そして, 8 都市が「持続可能性がある」類型 4［C］の都市で, 7 都市が「持続可能性はあるが努力が必要な」類型 5［D］の都市であった. そして, 八戸市, 長崎市, 鹿児島市, 岐阜市の 4 都市は,「持続可能性が低い」類型 6［E］に区分されている. 連携中枢都市の構成比率を中核市の構成比率と比較すると, 連携中枢都市の方がランク A の構成比率が高く, ランク D と E の構成比率が低いので, 都市の持続可能性は中核市よりも連携中枢都市の方が高いことが分かる.

次に，連携中枢都市圏の持続可能性をみると，次のように整理できる．

　　類型1［A］：石川中央都市圏＜①-②＞，熊本連携中枢都市圏＜①-③＞
　　　　　　　　の2連携中枢都市圏［7.1％］

　　類型2［B］：なし

　　類型3［D］：なし

　　類型4［C］：播磨圏域連携中枢都市圏＜⓪-③＞，備後圏域＜①-⓪＞，
　　　　　　　　高梁川流域連携中枢都市圏＜①-①＞，みやざき共創都市
　　　　　　　　圏＜①-⓪＞，久留米広域連携中枢都市＜①-⓪＞，みち
　　　　　　　　のく盛岡広域連携中枢都市圏＜⓪-①＞，長野地域連携中
　　　　　　　　枢都市圏＜⓪-⓪＞，大分都市広域圏＜①-⓪＞，広島広
　　　　　　　　域都市圏＜⓪-②＞，松山圏域＜⓪-⓪＞，新潟広域都市
　　　　　　　　圏＜⓪-⓪＞，岡山連携中枢都市圏＜①-①＞，山口県中
　　　　　　　　央連携中枢都市圏＜①-⓪＞，富山広域連携中枢都市圏＜
　　　　　　　　⓪-⓪＞，因幡・但馬麒麟のまち連携中枢都市圏＜⓪-⓪＞
　　　　　　　　の15連携中枢都市圏［53.6％］

　　類型5［D］：下関市連携中枢都市圏＜⓪-⓪＞，瀬戸・高松広域連携中
　　　　　　　　枢都市圏＜⓪-⓪＞，北九州都市圏域＜⓪-⓪＞，しずお
　　　　　　　　か中部連携中枢都市圏＜⓪-①＞，とやま呉西圏域＜⓪-
　　　　　　　　⓪＞，八戸圏域連携中枢都市圏＜⓪-⓪＞，長崎広域連携
　　　　　　　　中枢都市圏＜⓪-①＞，広島中央地域連携中枢都市圏＜⓪
　　　　　　　　-②＞，れんけいこうち広域都市圏＜⓪-⓪＞，岐阜連携都
　　　　　　　　市圏＜⓪-①＞の10連携中枢都市圏［35.7％］

　　類型6［E］：かごしま連携中枢都市圏＜⓪-①＞の1連携中枢都市圏［3.6
　　　　　　　　％］

　　類型7［A］：なし

　　類型8［B］：なし

まず，「持続可能性が低い」類型6［E］に属する八戸市，長崎市，岐阜市が連携中枢都市となっている連携中枢都市圏は類型5［D］になり，連携中枢都市圏になることで持続可能性が高まっている．しかし，鹿児島市が連携中枢都市となっている，かごしま連携中枢都市圏は「持続可能性が低い」類型6［E］のままであった．持続可能性が高い連携中枢都市圏の割合が7.1%であり連携中枢都市の持続可能性が高い割合30.0%と対比させると，連携中枢都市は連携中枢都市圏の持続可能性にとって不可欠な存在になっている．この点で，連携中枢都市圏の持続可能性との関係は，まさに21大都市と日本全体との関係と同じである．

上記の連携中枢都市圏に添えられている＜○数字－○数字＞は，連携中枢都市と連携都市（DIDを有する連携市町）が都市類型1［A］であるかどうかを示し，最初の○数字が①であれば連携中枢都市が類型1［A］であり⓪であれば類型1［A］以外の類型であることを意味し，後の○数字は連携都市のうち類型1［A］に属する市町の数を示している．例えば，石川中央都市圏＜①－②＞では，連携中枢都市（金沢市）が類型1［A］であり，類型1［A］に属する連携都市が2都市（野々市市・津幡町）あることを示している．かごしま連携中枢都市圏＜⓪－①＞はランクEであるが，圏域内にランクAの連携都市（姶良市）があり，こうした連携都市が圏域にどのような良い影響を与えうるかを検討することが重要になる．

最後に，連携都市の持続可能性を整理してみよう．既述したように，連携都市とは各連携中枢都市圏の連携市町村のうちDIDを有する市町である．こうした市町は，人口集中地区が都市機能を果たしていると考えられることから，圏域の中心市である連携中枢都市との関係で連携都市として持続可能性がある都市であるかどうかが重要になる．連携都市の持続可能性は，以下の通りになる．

　　類型1［A］：加古川市（1），播磨町（1），太子町（1），総社市（3・20），滝
　　　　　　　沢町（6），野々市市（7），津幡町（7），合志市（12），大津

町（12），菊陽町（12），東広島市（13・25），甘日市市（13・25），藤枝市（15），長与町（22），姶良市（23），瑞穂市（27）の 16 都市［18.0％］

類型 2［B］：益城町（12），府中町（13），岐南町（27）の 3 都市［3.4％］

類型 3［D］：内灘町（7），海田町（13・25），行橋市（14）の 3 都市［3.4％］

類型 4［C］：たつの市（1），稲美町（1），小郡市（4），白山市（7），宇土市（12），宇城市（12），柳井市（13），伊予市（16），砥部町（16），新発田市（19），赤磐市（20），防府市（21），南国市（26），香美市（26），笠松町（27）の 15 都市［16.9％］

類型 5［D］：相生市（1），赤穂市（1），加西市（1），三原市（2・13），高梁市（3），新見市（3），須坂市（8），臼杵市（10），呉市（13），竹原市（13・25），岩国市（13），焼津市（15），三条市（19），五泉市（19），阿賀野市（19），萩市（21），時津町（22），土佐市（5）の 19 都市［21.3％］

類型 6［E］：尾道市（2），府中市（2），笠岡（2・3），井原市（2・3），大川市（5），千曲市（8），別府市（10），津久見市（10），さぬき市（11），大竹市（13），坂町（13・25），直方市（14），中間市（14），芦屋町（14），水巻町（14），岡垣町（14），鞍手町（14），苅田町（14），島田市（15），牧之原市（15），吉田町（15），東温市（16），松前町（16），永見市（17），小矢部市（17），燕市（19），津山市（20），玉野市（20），山陽小野田市（21），いちき串木野市（23），滑川市（24），安芸市（26），北方町（27）の 33 都市［37.1％］

　上記の連携都市名の後の（　）番号は，表 4-4 で示されている連携中枢都市圏の番号である．類型 1［A］の総社市（3・20）・東広島市（13・25）・甘日市市（13・25），類型 3［D］の海田町（13・25），類型 5［D］の三原市（2・13）・

竹原市（13・25），類型6［E］の笠岡市（2・3）・井原市（2・3）の8市町は複数の連携中枢都市圏の連携都市になっている．こうした重複分を含まない連携市町の数は，みちのく盛岡広域連携中枢都市圏の都市の類型化ができない矢巾町を除き，2018年4月1日現在で89都市となる．特に注意が必要なのは，呉市を連携中枢都市とする広島中央地域連携中枢都市圏の市町はすべて広島市を連携中枢都市とする広島広域都市圏の連携市町となっており，言い換えれば広島中央地域連携中枢都市圏は広島広域都市圏に内包され，呉市は広島広域都市圏の連携都市であると同時に広島中央地域連携中枢都市圏の連携中枢都市になっている点である．

　そして，興味深いのは，政令指定都市や中核市そして連携中枢都市及び連携中枢都市圏での都市類型では存在しなかった類型3［D］に分類される都市として，内灘町（7），海田町（13・25），行橋市（14）の3都市があることである．この類型3［D］に属する都市は，都市全体の人口は増加しているが中心市街地におけるDID人口が減少しており，「持続可能性はあるが努力が必要な都市」で，コンパクト化の努力が求められる都市といえる．

　また，ランクAの類型1の都市が連携都市全体の18%の16都市存在することは，連携中枢都市圏の持続可能性を高めるうえで注視しなければならない．これらの連携都市は，自らが「持続可能性が高い都市」であるばかりでなく，その存在が圏域全体の持続可能性を高める内発性を持ちうる都市と認識できる．他方，ランクEの「持続可能性が低い都市」に属する連携都市は33都市で，矢巾町を除く全連携都市数89の37.1%に達している．これらの連携都市は，連携中枢都市圏の圏域内に入ることで都市の持続可能性を高め，人口減少の趨勢を前提にしたうえでも少なくともDID人口増減率 − 人口増加率をプラスにし，ランクDの類型5にする政策対応が求められる．

4．移動人口からみた都市の持続可能性

　前節までは，人口増減率とDID人口増減率の観点から都市の持続可能性を分析し，政令指定都市，中核市，連携中枢都市，連携中枢都市圏，連携都市について，各々の持続可能性を考察してきた．本節では，連携中枢都市圏の人口規模で最大の広島広域都市圏と，次いで大きな北九州都市圏域の2つの連携中枢都市圏における転入−転出と圏域内の移動人口を把握して，移動人口の観点から連携中枢都市と連携都市の持続可能性を確認してみよう．

　再び総務省（2016/2017）の「平成27年国勢調査：移動人口の男女・年齢等集計（公開日2017.1.27）」のデータに基づき，広島広域都市圏と北九州都市圏域の移動人口（転入−転出）の実態把握をすると，表4-5と表4-6のように取りまとめることができる．表4-5と表4-6は，総務省（2016/2017）の「平成27年国勢調査：移動人口の男女・年齢等集計（公開日2017.1.27）」における，第3表「現在地又は5年前の常住地（10区分）による年齢（5歳階級），男女別人口（転入・転出−特掲）−全国，都道府県，市区町村」，第4-1表「現住市区町村による5年前の常住市区町村，男女別人口（転入）−市区町村」，第5-1表「5年前の常住市区町村による現住市区町村，男女別人口（転出）−市区町村」から，筆者が作成した．この第3表からは特定市区町村の移動人口を把握でき，第4-1表からはどの市区町村から当該市区町村に転入してきたかが分かり，第5-1表からは当該市区町村からどこの市区町村に転出したかが分かる．

　表4-5も表4-6も，「現住地による人口総数（常住地）」から「転入−転出」までは上記の第3表に基づき，「圏域内　転入−転出」は各連携中枢都市圏に属する市町について，第4-1表と第5-1表の数値を各市町相互の転入と転出を集計し，各市町の圏域内での転入−転出を算定した．当然ながら，圏域内の各市町の転入−転出を合計すればゼロになる．そして，「圏域外　転入−転出」の数値は，「転入−転出」の数値から「圏域内　転入−転出」の数値を引いて求めたものである．

表 4-5　広島広域都市圏の

	現住地による人口総数（常住者）	現住所	現住所定住率（%）	自市区町村内	現住所＋自市区町村内	自市町村定住率（%）
広島市	1194034	820395	68. 71	179886	1000281	83. 77
呉市*	228552	178788	78. 23	27232	206020	90. 14
竹原市*	26426	21694	82. 09	2070	23764	89. 93
三原市*	96194	76004	79. 01	10584	86588	90. 01
大竹市*	27865	21495	77. 14	2617	24112	86. 53
東広島市*	192907	131436	68. 13	20361	151797	78. 69
廿日市市*	114906	88546	77. 06	9798	98344	85. 59
安芸高田市	29488	24424	82. 83	2345	26769	90. 78
江田島市	24339	19262	79. 14	1818	21080	86. 61
府中町*	51053	37081	72. 63	4780	41861	82. 00
海田町*	28667	20679	72. 14	2238	22917	79. 94
熊野町	23755	20047	84. 39	1447	21494	90. 48
坂町*	12747	10398	81. 57	693	11091	87. 01
安芸太田町	6472	5476	84. 61	410	5886	90. 95
北広島町	18918	15112	79. 88	1353	16465	87. 03
大崎上島町	7992	6051	75. 71	461	6512	81. 48
世羅町	16337	13684	83. 76	1149	14833	90. 79
（山口県）						
岩国市*	136757	103179	75. 45	16568	119747	87. 56
柳井市*	32945	26010	78. 95	2723	28733	87. 22
周防大島町	17199	14092	81. 93	1325	15417	89. 64
和木町	6285	4732	75. 29	565	5297	84. 28
上関町	2803	2529	90. 22	92	2621	93. 51
田布施町	15317	13042	85. 15	728	13770	89. 90
平生町	12798	10234	79. 97	732	10966	85. 69
					0	
広島広域都市圏	2324756	1684390	72. 45	291975	1976365	85. 01
広島県	2843990	2081331	73. 18	293627	2374958	83. 51
山口県	1404729	1062072	75. 61	169656	1231728	87. 68

注）1. 広島広域都市圏の転入・転出には圏域内の市町間移動を含む．但し，広島広域都市
　　2. 太字の都市が連携中枢都市，＊印の都市が連携都市（DID を有する連携市町）．
　　3. 市町類型で e-f は，「圏域内転入－転出」が 0 であり，e と f の中間の類型になる．
出所：表 4-2 と同じ．

移動人口（転入・転出）

転入			転出		転入	転出	転入 −転出	圏域内 転入 −転出	圏域外 転入 −転出	市町類型
県内他 市区町村	他県	国外	県内他 市区町村	他県						
35964	71593	3503	30457	69575	111060	100032	11028	2445	8583	a
7657	8361	1232	10658	8932	17250	19590	−2340	−2916	576	c
1184	845	34	1819	883	2063	2702	−639	−551	−88	f
3799	3158	844	4457	3679	7801	8136	−335	−718	383	c
949	2096	82	1419	1648	3127	3067	60	89	−29	d
11529	13502	1917	9518	12054	26948	21572	5376	1802	3574	a
6908	4270	379	6751	4281	11557	11032	525	510	15	a
1750	642	243	1858	613	2635	2471	164	−160	324	b
1143	1605	316	1595	1337	3064	2932	132	−404	536	b
4478	2267	159	4388	2391	6904	6779	125	82	43	a
3018	1186	144	3110	1259	4348	4369	−21	−84	63	c
1468	369	79	1731	555	1916	2286	−370	−252	−118	f
1134	327	19	1318	336	1480	1654	−174	−185	11	c
428	109	13	541	141	550	682	−132	−112	−20	f
1334	623	252	1208	441	2209	1649	560	74	486	a
713	675	76	548	285	1464	833	631	143	488	a
856	311	89	1108	368	1256	1476	−220	−186	−34	f
3170	6396	375	4018	8272	9941	12290	−2349	−127	−2222	f
2113	1281	34	2146	1336	3428	3482	−54	351	−405	e
691	905	45	824	589	1641	1413	228	−56	284	b
463	477	9	369	625	949	994	−45	0	−45	e-f
79	101	−	290	86	180	376	−196	−171	−25	f
1045	363	25	1147	457	1433	1604	−171	2	−173	e
1222	405	22	892	366	1649	1258	391	424	−33	d
93095	121867	9891	92170	120509	224853	212679	12174	0	12174	
107016	138883	13786	107016	137369	152669	137369	15300			
57852	65777	4028	57852	69588	69805	69588	217			

圏の「転入−転出」は圏域内の市町間移動は相殺され圏域外との「転入−転出」になる.

表 4-6　北九州都市圏域の

	現住地による人口総数（常住者）	現住所	現住所定住率（%）	自市区町村内	現住所＋自市区町村内	自市町村定住率（%）
北九州市*	961286	667872	69.48	152901	820773	85.38
直方市*	57146	42490	74.35	5984	48474	84.82
行橋市*	70586	52234	74.00	6768	59002	83.59
豊前市	25940	20513	79.08	2202	22715	87.57
中間市*	41796	33374	79.85	3277	36651	87.69
宮若市	28112	22817	81.16	2290	25107	89.31
芦屋町*	14208	10774	75.83	1082	11856	83.45
水巻町*	28997	21838	75.31	2258	24096	83.10
岡垣町*	31580	25504	80.76	2194	27698	87.71
遠賀町	18877	15255	80.81	1119	16374	86.74
小竹町	7810	6330	81.05	440	6770	86.68
鞍手町*	16007	13409	83.77	1007	14416	90.06
香春町	10861	9104	83.82	662	9766	89.92
苅田町*	34963	24347	69.64	3274	27621	79.00
みやこ町	20243	16995	83.95	1160	18155	89.69
上毛町	7458	6267	84.03	369	6636	88.98
築上町	18587	14666	78.90	1462	16128	86.77
北九州都市圏域	1394457	1003789	71.98	188449	1192238	85.50
福岡県	5101556	3454475	67.71	508413	3962888	77.68

注）1. 北九州都市圏域の転入・転出には圏域内の市町間移動を含む．但し，北九州都市圏
　　2. 太字の都市が連携中枢都市，＊印の都市が連携都市（DID を有する連携市町）．
出所：表 4-2 と同じ．

移動人口（転入・転出）

転入			転出		転入	転出	転入－転出	圏域内転入－転出	圏域外転入－転出	市町類型
県内他市区町村	他県	国外	県内他市区町村	他県						
27199	41789	2571	31049	42192	71559	73241	-1682	386	-2068	e
4462	1188	273	4335	1228	5923	5563	360	145	215	a
4531	2356	89	4365	2439	6976	6804	172	372	-200	d
1089	973	100	1321	1160	2162	2481	-319	-156	-163	f
3339	779	35	3803	885	4153	4688	-535	-302	-233	f
2054	490	80	2769	547	2624	3316	-692	-241	-451	f
969	1152	8	1588	977	2129	2565	-436	-573	137	c
2720	668	18	3092	722	3406	3814	-408	-124	-284	f
2829	705	40	2084	853	3574	2937	637	758	-121	d
1900	438	55	1679	514	2393	2193	200	321	-121	d
650	183	83	827	236	916	1063	-147	-118	-29	f
1198	237	27	1370	265	1462	1635	-173	-56	-117	f
780	120	5	1072	183	905	1255	-350	-59	-291	f
2837	1823	90	2941	1390	4750	4331	419	-121	540	b
1295	341	25	1408	352	1661	1760	-99	-57	-42	f
390	389	7	404	322	786	726	60	-44	104	b
1109	1032	24	1253	1068	2165	2321	-156	-131	-25	f
59351	54663	3530	65360	55333	117544	120693	-3149	0	-3149	
280018	271582	14922	280018	251628	286504	251628	34876			

域の「転入－転出」は圏域内の市町間移動は相殺され圏域外との「転入－転出」になる．

　以上のように導出された表4-5と表4-6を基に，広島広域都市圏と北九州都市圏域の各市町の転入－転出状況から，都市の持続可能性を検討してみよう．

　現住地による人口総数（常住者）は2015年国勢調査時点で当該市町に住んでいる人口総数で，「現住所」に示される人口数は5年前と同じ場所に住んでいる者の人数である．5年前に現住地以外に住んでいた者（移動人口）のうち，同じ市区町村に住んでいた者は「自市区町村内」，その他の者は「転入」（県内他市区町村，他県，国外に住んでいて2015年時点で当該市区町村に住んでいる，つまり5年の間に当該市区町村に転入してきた者）にカウントされている．但し，表4-5と表4-6の連携中枢都市（かつ政令指定都市）である広島市と北九州市については，区単位ではなく市単位で「自市区町村内」としているので実質上は「同市内」の数値である．

　表4-5と表4-6の「現住所定住率」は，5年前と同じ場所に住んでいる人口が当該市町の全人口に占める割合，つまり，現住所人口数／人口総数（常住者）を％表示したものである．また，両表の「自市区町村定住率」は，現住所人口数＋自市区町村内の人口数（＝現住所を含め5年前に同じ市区町村に住んでいた者の人口数）が当該市町の全人口に占める割合，つまり（現住所人口数＋自市区町村内の人口数）／人口総数（常住者）を％表示したものである．定住率が高いほど，自分が住んでいる市区町村に留まる人口比率が高いので愛着が高いことを意味し，その市区町村の持続可能性が高いようにも思える．しかし，定住率が高い市区町村ほど都市部でない自治体が多く，そうした自治体の持続可能性が高いともいえないのである．

　そこで，転入－転出の観点から都市の持続可能性を考える必要がある．表4-5と表4-6の転入は他市区町村（県内他市区町村＋他県）からの転入と国外からの転入の合計の数値になり，転出は他市区町村（県内他市区町村＋他県）への転出の数値になっているので，転入－転出は，他市区町村からの転入と他市区町村への転出の差に，国外からの転入を加えたものである．ここでは，連携中枢都市圏や連携中枢都市や連携市町の持続可能性を検討しているので，

連携中枢都市圏に属する各市町が圏域内でどれほど転入・転出しているか，見方を変えれば，当該各市町が圏域外からどれほど転入し圏域外にどれほど転出しているかが，連携中枢都市圏の持続可能性を考察するうえで重要になる．

　表4-5の広島市をみると，広島広域都市圏の圏域内の市町から転入とそれらの市町への転出の差し引きは，「圏域内 転入－転出」の数値（2445）で示されている．すると，広島市が広島広域都市圏の圏域外からの転入と圏域外への転出の差し引きである「圏域外 転入－転出」は，「転入－転出」の数値（11028）から「圏域内 転入－転出」の数値（2445）を引いた値（8583）として算定できる．言い換えれば，広島市の「転入－転出」は「圏域内 転入－転出」と「圏域外 転入－転出」に分解できるということであり，広島市が連携中枢都市圏の人口増加にどれほど貢献できているかは，「圏域外 転入－転出」の符号で分かり，これが（＋）であれば貢献していることを含意するのである．表4-6の北九州市も同様に，「圏域外 転入－転出」＝「転入－転出」－「圏域内 転入－転出」で導出されている．他のすべての市町の数値も同様に算定されている．

　ここで，表4-5と表4-6の3種類の転入－転出の数値の符号をみると，広島市は3つとも（＋）であるのに対し，北九州市は見ると「圏域内 転入－転出」だけが（＋）であることが分かる．他の市町についても3種類の転入－転出の数値の符号の組み合わせは多様であることが分かる．そこで，この3種類の転入－転出の符号の組み合わせで市町を類型化すると，表4-7のようにまとめることができる．

　　市町類型 a：圏域内・圏域外とも転入超過（＋）で，全体（圏域内＋圏域
　　　　　　　　外）でも転入超過（＋）の市町である．ネットで見れば，す
　　　　　　　　べての面で人口を自市町に引き寄せているので，持続可能
　　　　　　　　性が一番高い［a］ランクの市町
　　市町類型 b：圏域内では転出超過（－）であるが，圏域外から転入超過

（＋）であり，全体（圏域内＋圏域外）でも転入超過（＋）である市町．ネットで見れば，圏域内の他市町に人口を送り出す貢献をしつつ，それ以上の人口を圏域外から自市町に引き寄せているので，持続可能性が ［a］ に次いで高い ［b］ ランクの市町

市町類型 c ：圏域内では転出超過（−）で，圏域外から転入超過（＋）であり，全体（圏域内＋圏域外）では転出超過（−）である．ネットで見れば，圏域外から人を引き寄せながら，それ以上の人を圏域内の他の市町に送り出す貢献をしているが，自市町としては移動人口では差し引きマイナスなので，持続可能性が ［b］ に次ぐ ［c］ ランクの市町

市町類型 d ：圏域内では転入超過（＋）で，圏域外で転出超過（−）であり，全体（圏域内＋圏域外）では転入超過（＋）である．ネットで見ると，圏域外に人口を吸収されているのに，それ以上の人口を圏域内の他市町から吸収することで自市町としては移動人口で差し引きプラスなので，圏域内の他市町の人口を吸収することで持続可能性を保持していることから，［c］ に次ぐ ［d］ ランクの市町

市町類型 e ：圏域内では転入超過（＋）であるが，圏域外で転出超過（−）であり全体（圏域内＋圏域外）でも転出超過（−）である．ネットで見ると，圏域内に人口を送り出す貢献ができておらず自市町としても移動人口では差し引きマイナスなので，［d］ ランクよるも低位の ［e］ ランクの市町

市町類型 f ：圏域内・圏域外とも転出超過（−）で，全体（圏域内＋圏域外）でも転出超過（−）の市町である．ネットで見れば，すべての面で自市町から人口を吸引されてしまっているので，持続可能性が一番低い ［f］ ランクの市町

表4-7　転入－転出による市町類型

市町類型	転入－転出	圏域内 転入－転出	圏域外 転入－転出
a	(＋)	(＋)	(＋)
b	(＋)	(－)	(＋)
c	(－)	(－)	(＋)
d	(＋)	(＋)	(－)
e	(－)	(＋)	(－)
f	(－)	(－)	(－)

出所：筆者作成.

以上の類型化に基づき，広島広域都市圏と北九州都市圏域の各市町を分類すると，次のようになる．但し，**太字**が連携中枢都市，＊印は連携都市（DIDを有する連携市町）である．

(1) 広島広域都市圏 (24市町)

　　市町類型 a：**広島市**，東広島市＊，甘日市市＊，府中町＊，北広島町，大崎上島町の6市町 [25.0％]

　　市町類型 b：安芸高田市，江田島市，周防大島町の3市町 [12.5％]

　　市町類型 c：呉市＊，三原市＊，海田市＊，坂町＊の4市町 [16.7％]

　　市町類型 d：大竹市＊，平生町の2市町 [8.3％]

　　市町類型 e：柳井市＊，田布施町の2市町 [8.3％]

　　市町類型 f：竹原市＊，熊野町，安芸太田町，世羅町，岩国市＊，上関町の6市町 [25.0％]

　　その他 (e-f)：和木町の1町 [4.2％]

(2) 北九州都市圏域 (17市町)

　　市町類型 a：直方市＊の1市 [5.9％]

　　市町類型 b：苅田町＊，上毛町の2町 [11.8％]

　　市町類型 c：芦屋町＊の1町 [5.9％]

　　市町類型 d：行橋市＊，岡垣町＊，遠賀町の3市町 [17.6％]

　　市町類型 e：**北九州市**の1市 [5.9％]

　　市町類型 f：豊前市，中間市 *，宮若市，水巻町 *，小竹町，鞍手町 *，
　　　　　　香春町，みやこ町，築上町の 9 市町［52.9%］

　この結果は，前節で分析した都市類型による都市の持続可能性の結果と整合的であることが分かる．市町類型 a の持続可能性が一番高い市町は，圏域内外から人口を引き寄せ移動人口（転入 – 転出）を増大させることで都市の持続可能性を高めている市町で，そうした市町の構成比率は，広島広域都市圏で 25.0% であるのに対し，北九州都市圏域では 5.9% であった．また，連携中枢都市圏にとって重要なのは，市町類型 b の市町である．なぜならば，この類型の市町は，圏域内の他市町に人口を送り出しつつも，それ以上の人口を圏域外から自市町に引き寄せて移動人口（転入 – 転出）を増大させることで都市の持続可能性を高めている点で，連携中枢都市圏の持続可能性に貢献をしている市町である．この市町の構成比率は，広島広域都市圏で 12.5%，北九州都市圏域で 11.8% であった．

　以上からして，人口規模の大きな連携中枢都市圏としては，広島広域都市圏は北九州都市圏域に比べて都市の持続可能性が高いことが明らかに示されている．

お わ り に

　本章は，人口増減の観点から都市の持続可能性について考察した．本章で考察した都市は，21 大都市（東京都特別区部と政令指定都市），中核市，連携中枢都市圏，連携中枢都市，連携都市（DID を有する連携市町）である．人口増減の観点として，人口増減率と DID 人口増減率と両者の差のプラス・マイナスの組み合わせで，持続可能性に関する都市類型を提示し，各都市の持続可能性について分析した．その結果は，次のようにまとめることができる．

　⑴ 21 大都市である東京都特別区部と政令指定都市は，持続可能性が高い

都市の割合が 61.9% と高く日本社会の持続可能性にとって不可欠な存在になっている. しかし, 浜松市と堺市の 2 都市は持続可能性が低い都市類型に, 静岡市と北九州市の 2 都市も持続可能性はあるもののコンパクト化に向けて努力が必要な都市類型になった. これらの 4 都市については, 今後の人口増減に対する政策対応が求められる.

(2) 48 の中核市の持続可能性は, 持続可能性が高い都市の割合が 27.1% であり他の都市類型を含め, 21 大都市に比べ相対的に都市の持続可能性が低くなっている.

(3) 30 の連携中枢都市の持続可能性は, 持続可能性が高い都市の割合が 30.0% であり他の都市類型を含め, 都市の持続可能性は中核市よりも連携中枢都市の方が高くなっている. このことは, 原則として 3 大都市圏を除くものの政令指定都市と中核市が連携中枢都市になっているので, 連携中枢都市は政令指定都市と中核市の中間的な都市群となっていることを含意し, 都市の持続可能性についても政令指定都市と中核市の中間的な位置を占めていた.

(4) 28 の連携中枢都市圏の持続可能性については, 持続可能性が高い連携中枢都市圏の割合が 7.1% であり連携中枢都市の持続可能性が高い割合 30.0% と対比させると, 明らかに連携中枢都市は連携中枢都市圏の持続可能性にとって不可欠な存在になっている.

(5) 都市の類型化ができない 1 町を除く, 89 の連携都市の持続可能性は, 持続可能性が低い割合が 37.1% と高く, 当然ながら連携中枢都市や中核市の持続可能性に比べれば低い. しかし, 持続可能性が高い都市が連携都市全体の 18.0% になる 16 都市存在することは, 連携中枢都市圏の持続可能性を高めるうえで不可欠で, 日本社会の持続可能性を高める鍵になるともいえる.

以上は, 人口増減を人口増減率と DID 人口増減率とで考察した結果であるが, 都市間の移動人口に着目し連携中枢都市圏の持続可能性を高める可能性の観点から, 人口規模の大きな広島広域都市圏と北九州都市圏域の各市町の転入・転出についての考察も行った. その考察では, 各市町を「圏域内 転入－転出」と「圏域外 転入－転出」と, 圏域内と圏域外を合計した「転入－転

出」の3種類の転入−転出の符号から6類型に分類し，各市町の持続可能性を明らかにした．この移動人口による市町類型からみた連携中枢都市と連携都市の持続可能性は，人口増減率による都市類型からみた都市の持続可能性の結果と整合的であった．特に，次の点が，連携中枢都市圏の持続可能性にとって重要になる．

(6) 圏域内の他市町に人口を送り出しつつも，それ以上の人口を圏域外から自市町に引き寄せて移動人口（転入−転出）を増大させることで都市の持続可能性を高めている市町は，圏域の持続可能性を高めることに貢献する存在である．したがって，連携中枢都市圏の持続可能性を高めるためには，圏域内でこうした市町の比率を高めることが求められる．

人口増減から都市の持続可能性について分析し考察した結果は，上記の(1)から(6)のようにまとめられるが，最後に留意点を述べておこう．

まず，連携中枢都市圏の移動人口の考察で見たように，圏域内の移動人口は，圏域内でみれば転入人口と転出人口は同じ数値になり，圏域合計でみれば転入−転出はゼロになる点に留意すべきである．つまり，ゼロサム・ゲームで，ある市町の転入は圏域の他の市町の転出になる．圏域内だけの転入・転出だけに限れば，ある地域の繁栄は，その裏側に別の地域の衰退がある．しかし，圏域全体にとっては上記(6)で述べたような市町の存在が重要になる．つまり，圏域外から人を集め圏域内に人を送り出す市町は，圏域外から人を集めるだけでなく圏域内の市町からも人を吸収する市町よりも，圏域内の各市町にとっては望ましいのである．圏域外から人を集めるだけでなく圏域内の市町からも人を吸収する市町は，圏域内の一極集中問題を引き起こす存在になりうる．このことは，日本全体を一つの都市圏とみれば，圏域外（国外）から人を集め圏域内（国内）に人を送り出す都市が，日本社会の各都市にとって望ましいことになる．圏域内（国内）だけの転入・転出だけに限れば，ある地域（大都市）の繁栄は，その裏側に別の地域（地方市町村）の衰退がある．したがって，圏域外（国外）から人を集めることが，当該圏域（日本社会）の持続可能性を高めるためには必要になる．

　こうした政策的含意は，都市（都市圏及び日本社会）の持続可能性を人口増減の観点からみたものに過ぎなく，経済指標や福祉指標などの他の持続可能性指標の観点から持続可能性をみれば，異なる政策的含意が導出される可能性もある点に留意すべきである．今後の研究課題として，人口増減の観点ではなく他の持続可能性指標の観点から都市（都市圏及び日本社会）の持続可能性を検討することが残されている．

　　1)　横山（2018b: 92-93）を参照のこと．
　　2)　総 務 省 の「指 定 都 市 制 度 の 概 要」http://www.soumu.go.jp/main_content/000450998.pdf［2017 年 9 月 18 日閲覧］及び「地方公共団体の区分」http://www.soumu.go.jp/main_sosiki/jichi_gyousei/bunken/chihou-koukyoudantai_kubun.html［2017 年 9 月 18 日閲覧］を参照．

参 考 文 献

総務省（2016/2017）「平成 27 年国勢調査」．https://www.e-stat.go.jp/stat-earch/files?page=1&toukei=00200521&tstat=000001080615［2018 年 9 月 17 日閲覧］

総務省（2018a）「連携中枢都市圏の形成の動き」．http://www.soumu.go.jp/main_content/000543289.pdf［2018 年 9 月 17 日閲覧］

総務省（2018b）「連携中枢都市圏構想推進要綱」［平成 26 年 8 月 25 日（総行市第 200 号）制定，平成 27 年 1 月 28 日（総行市第 4 号）一部改正，平成 28 年 4 月 1 日（総行市第 31 号）一部改正，平成 29 年 12 月 27 日（総行市第 77 号）一部改正，平成 30 年 8 月 28 日（総行市第 52 号）一部改正］．http://www.soumu.go.jp/main_content/000571474.pdf［2018 年 9 月 17 日閲覧］

増田寛也（2014）『地方消滅：東京一極集中が招く人口急減』東京：中央公論新社．

横山彰（2018a）「連携中枢都市圏の一考察」総務省編『地方自治法施行 70 周年記念自治論文集』437-449 頁．

横山彰（2018b）「連携中枢都市圏の実態と比較分析」『中央大学政策文化総合研究所年報』（中央大学）第 21 号，73-93 頁．

第 5 章

コンパクトシティ政策のインパクト評価
── Synthetic Control Method を用いた比較事例分析──

後 藤 大 策

は じ め に

　高度経済成長期に市街地が無秩序に拡大してきた日本の都市では，広範な地域に多くの公共施設が分散的に配置され，その運営，維持管理には多くの行政資源の配分がなされてきた．しかし現在，日本の都市は，人口減少と超高齢化による社会構造の急激な変化に直面しており，財政収入の急減と財政支出の急増による財政状況の更なる悪化が見込まれている．まさに今，日本の都市はその存亡の危機に直面している．わずかに残された猶予期間中に，都市のあり方を持続可能性の観点から徹底的に見直すことで，都市の存続を図ることが喫緊の政策課題となっている．

　この課題に対する主要なアプローチの一つがコンパクトシティの形成である．これは，都市の無秩序な拡大を防ぎ中心市街地に多様な都市機能を集中させてコアを形成し，その高密度・高度・複合利用を図ることを通じて，中心市街地の活性化と都市全体の財政負担や環境付加の縮減を目指す都市形態としてのコンパクト化を推進するものである．

　1980 年代から欧州や OECD を中心として，持続可能な開発（Sustainable Development）の理念に沿った持続可能な都市（Sustainable City）を実現する

ために，コンパクトな都市構造が提唱されてきた．OECD（2012）は，コンパクトシティを「人口密度が高く，近接性が高く，容易に職場や地域公共サービスにアクセスできる地方都市の開発」と定義している．

　わが国では，このコンパクトシティの形成に沿うように中央政府主導によって一連の政策が展開されてきた．いわゆるまちづくり3法の一つとして1998年に定められた「中心市街地における市街地の整備改善及び商業等の活性化の一体的推進に関する法律」は，コンパクトシティの形成に向けて，国による選択と集中を進めるために，総理大臣による認定制度を導入し，国から中心市街地活性化基本計画の認定を受けた市町村に対する支援措置の拡充することを目的として2006年に改正され「中心市街地の活性化に関する法律（通称：中心市街地活性化法）」という法律名に改められた．2018年7月現在までに147の市町村において225の中心市街地活性化基本計画が認定され，国からの支援を受けてコンパクトシティの形成を推進している．

　こうしたコンパクトシティの形成が，都市の環境パフォーマンスに対してどのような影響を与えるかといった研究は国内外にかかわらず多数存在するものの，財政パフォーマンスにどのような影響を与えるかという研究例は，非常に限られている[1]．林（2002）は，地方自治体の最小効率規模の観点から理論モデルを前提とした地方歳出関数と混雑関数の特定化を行い，わが国の都市データから人口と面積，人口集中地区（Densely Inhabited District: DID）を変数とした実証分析を行った．その分析では技術的な規模の経済と混雑効果のトレードオフが存在することを明らかにしつつ，一人当たりの歳出が最小になる人口規模の範囲を算定している．さらに人口規模だけではなく地域環境要因が地方歳出と最小効率規模に有意な影響を与えることも示している．さらに川崎（2009）は，林（2002）の地方歳出関数を踏まえつつ，DIDの人口密度やDID内の人口密度の偏在状況を示す指標を用いて混雑関数の推計を行った．沓澤（2016）では，DID内の人口密度情報の細分化を進め，「標準距離」という指標を用いて，この標準距離が目的別財政支出額に与える影響を分析している．また森本（2011）では，宇都宮市を事例に取り上げ，都市構

造の変化が市税や都市施設維持管理費にどのような影響を与えてきたかについて推計を行い，それをベースにコンパクト化の度合いを進めた場合に，都市財政にどのような効果をもたらすかについてシミュレーションを行っている．

　これらの研究の主眼はいずれも，人口や空間情報，あるいは人口密度を基礎とする都市のコンパクト化を示す様々な指標と歳出額との関係を明らかにすることであり，コンパクトシティ政策が歳出に与える影響を評価したものではない．都市における自発的な人口集積の効果は，コンパクトシティを形成するための政策介入効果とは異なるはずである．

　そこで本稿では，中心市街地活性化基本計画を作成し，内閣総理大臣の認可を受けてコンパクトシティの形成を最初に目指した富山市と青森市を取り上げ，中央政府主導による一連のコンパクトシティ政策が都市の財政パフォーマンスに与える影響を因果推論の手法を用いて評価する．

　本章の構成は以下の通りである．次節では，本章の分析で用いる Synthetic Control Method について概説する．第 2 節では，分析に用いるデータを提示する．第 3 節では，分析結果を示し，おわりにでは，まとめと今後の課題を述べる．

1.　分 析 手 法

　Abadie and Gardeazabal（2003）で提示され，Abadie et al.（2010）で詳細な統計学的議論がなされた Synthetic Control Method（SCM）は，政策介入を受けた 1 地域と受けていない多数地域の時系列データから「介入を受けた地域が『もし介入を受けなかったら』という場合の反実仮想的な時系列データ」を推定することで，政策介入効果を時系列データとして予測する方法である．つまり政策介入を受けた地域に対して介入を受けなかった場合の時系列データを予測し，観測値との差を政策介入効果とする．

　この SCM は，通常の回帰分析と比べて 2 つの優位性を持つ（Abadie et al., 2010）．一つは，分析における透明性である．SCM は，利用可能な介入を受けていない地域の加重平均（= synthetic control）を用いることから，分析対象である政策介入を受けた地域の反事象に対する介入を受けていない各地域の相対的寄与度を明確にできる．もう一つは，外挿に対する安全性という点である．synthetic control を構成するウエイトは，非負かつ合計が 1 となるように制約を置くことができるため，外挿バイアスを回避できる．

　以下，モデルの概要と理論的な背景を Abadie et al.（2010）及び Galiani and Quistoff（2017）に基づいて説明する．

　都市 j の時点 t における介入状態を示すダミー変数を D_{jt} とする．また観察されたアウトカム指標 Y_{jt} を，時間を通じて変化する政策介入効果 $\alpha_{jt}D_{jt}$ と介入を受けなかった場合の（反事実の）アウトカム指標 Y_{jt}^N の合計として，次のような因子モデルを用いて特定化する．

$$
\begin{aligned}
Y_{it} &= \alpha_{jt}D_{jt} + Y_{jt}^N \\
&= \alpha_{jt}D_{jt} + (\delta_t + \boldsymbol{\theta}_t \mathbf{Z}_j + \boldsymbol{\lambda}_t \boldsymbol{\mu}_i + \epsilon_{jt})
\end{aligned} \tag{1}
$$

ここで，δ_t は未知の時間因子であり，$\mathbf{Z}_j$ は介入によって影響を受けない観察された共変量ベクトル（$r \times 1$），$\boldsymbol{\theta}_t$ は未知のパラメターベクトル（$1 \times r$），$\boldsymbol{\lambda}_t$ は未知の因子ベクトル（$1 \times F$），$\boldsymbol{\mu}_j$ は未知の因子負荷量ベクトル（$F \times 1$），また ϵ_{jt} は都市間で独立な平均ゼロの誤差項である．コンパクトシティ政策の介入は，都市 $j = 1$ のみに時点 $t = T_0$ から絶え間なく行われているとすると，

$$
D_{jt} = \begin{cases} 1, & \text{if } j = 1 \text{ and } t > T_0 \\ 0, & \text{otherwise} \end{cases}
$$

である．このとき，SCM の目的は，政策介入を受けた都市 $j = 1$ の政策介入効果（$\alpha_{1T_0+1}, \cdots, \alpha_{1T}$）を推定することである．時点 $t > T_0$ において以下が成立する．

$$\alpha_{1t} = Y_{1t} - Y_{1t}^N$$

Y_{1t} は観察可能であるため，α_{1t} を推定するためには政策介入後 $(t = T_0 + 1, \cdots, T)$ において都市 $j = 1$ で観察されなかったアウトカム指標 $Y_{1t}^N = \delta_t + \boldsymbol{\theta}_t \mathbf{Z}_1 + \boldsymbol{\lambda}_t \boldsymbol{\mu}_1 + \epsilon_{1t}$ を推定するだけで良い．

ここで介入を受けない都市 $j = 2, \cdots, J + 1$ に対して $w_j \geq 0$ かつ $w_2 + \cdots + w_{J+1} = 1$ となるような $(J \times 1)$ のウエイトベクトル $\mathbf{W} = (w_2, \cdots, w_{J+1})'$ を考える．ベクトル $\mathbf{W}$ の特定値は，介入を受けていない都市群の特定の加重平均を示し，潜在的な synthetic control を意味する．$\mathbf{W}$ によってインデックスされた各 synthetic control に対するアウトカム変数の値は次の通り．

$$\sum_{j=2}^{J+1} w_j Y_{jt} = \delta_t + \boldsymbol{\theta}_t \sum_{j=2}^{J+1} w_j \mathbf{Z}_j + \boldsymbol{\lambda}_t \sum_{j=2}^{J+1} w_j \boldsymbol{\mu}_j + \sum_{j=2}^{J+1} w_j \epsilon_{jt}$$

このとき以下を満たす $(w_2^*, \cdots, w_{J+1}^*)$ が存在すると考える[2]．

$$\sum_{J=2}^{J+1} w_j^* \mathbf{Z}_j = \mathbf{Z}_1, \text{ and } \sum_{J=2}^{J+1} w_j^* Y_{jt} = Y_{1t} \quad \text{for all } t \in \{1, \cdots, T_0\} \qquad (2)$$

このとき $\sum_{t=2}^{T_0} \boldsymbol{\lambda}_t' \boldsymbol{\lambda}_t$ が正則であれば，

$$Y_{1t}^N - \sum_{j=2}^{J+1} w_j^* Y_{jt} = \sum_{j=2}^{J+1} w_j^* \sum_{s=1}^{T_0} \boldsymbol{\lambda}_s \left(\sum_{n=1}^{T_0} \boldsymbol{\lambda}_n' \boldsymbol{\lambda}_n \right)^{-1} \boldsymbol{\lambda}_s' (\epsilon_{js} - \epsilon_{1s}) - \sum_{j=2}^{J+1} w_j^* (\epsilon_{jt} - \epsilon_{1t}) \quad (3)$$

となる (Abadie et al., 2010)．さらに標準的な条件下において，介入前の期間が一時的ショックのサイズに対して相対的に大きければ，(3) の右辺の平均はゼロに近くなる (Abadie et al., 2010)．かくして，政策介入後の期間 $t \in \{T_0 + 1, \cdots, T\}$ における α_{1t} の推定値として，

$$\hat{\alpha}_{1t} = Y_{1t} - \sum_{j=2}^{J+1} w_j^* Y_{jt}$$

を得る．

　因子モデル(1)は，観察されない交絡変数が時間を通じて変化することを許容する[3]．このモデルでは，時間差を取っても観察されない交絡変数 $\boldsymbol{\mu}_j$ を消去することはできないものの，

$$\sum_{j=2}^{J+1} w_j^* \mathbf{Z}_j = \mathbf{Z}_1 \quad \text{and} \quad \sum_{j=2}^{J+1} w_j^* \boldsymbol{\mu}_j = \boldsymbol{\mu}_1 \tag{4}$$

を満たす synthetic control は，不偏推定量 Y_{1t}^N を導く．$\boldsymbol{\mu}_1, \cdots, \boldsymbol{\mu}_{J+1}$ が観察不可能であるため，上の条件を満たすように synthetic control を選ぶことはできない．ただし標準的な条件下において，因子モデル(1)は synthetic control が $\mathbf{Z}_1$ と $\boldsymbol{\mu}_1$ をフィットする限りにおいて（つまり(4)が近似的に成立する場合において），synthetic control は $\mathbf{Z}_1$ と介入前のアウトカム $Y_{11}, \cdots, Y_{1T_0}$ をフィット可能であることを意味する．

　政策介入前におけるアウトカムの線形結合：$\bar{Y}_j^{\mathbf{K}} = \sum_{s=1}^{T_0} k_s Y_{js}$ を定義するベクトルを $\mathbf{K} = (k_1, \cdots, k_{T_0})'$ とする[4]．ここでベクトル $\mathbf{K}_1, \cdots, \mathbf{K}_M$ によって定義される M 個の線形結合を考える．さらに $\mathbf{X}_1 = (\mathbf{Z}_1', \bar{Y}_1^{\mathbf{K}_1}, \cdots, \bar{Y}_1^{\mathbf{K}_M})'$ を政策介入を受ける都市 $j = 1$ の介入前の特性を示す $(k \times 1)$ のベクトルとする．ただしここで $k = r + M$ である．同様に，介入を受けない都市 $j = 2, \cdots, J + 1$ に関して同じ変数を含んだ $(k \times J)$ の行列 $\mathbf{X}_0$ を定義できる．つまり，$\mathbf{X}_0$ の第 j 列は $(\mathbf{Z}_j', \bar{Y}_j^{\mathbf{K}_1}, \cdots, \bar{Y}_j^{\mathbf{K}_M})'$ である．このときベクトル $\mathbf{W}^*$ は，$w_2 \geq 0, \cdots, w_{J+1} \geq 0, w_2 + \cdots + w_{J+1} = 1$ という条件下で $\mathbf{X}_1$ と $\mathbf{X}_0 \mathbf{W}$ の間の距離 $\| \mathbf{X}_1 - \mathbf{X}_0 \mathbf{W} \|$ を最小化するように選ばれる[5]．

2．データ

　本章の主眼は，中心市街地活性化基本法の下で内閣総理大臣の認可を受けてコンパクトシティの形成を最初に目指した富山市と青森市を取り上げ，中央府主導による一連のコンパクトシティ政策が都市の財政パフォーマンス

に与える影響を SCM を用いて検証することにある。そこで本稿では，富山市・青森市を除いた 46 中核都市（2016 年時点）のパネルデータを用いて，富山市と青森市それぞれの反事仮想的な時系列データを推定し，コンパクトシティ政策の介入を受けなかった場合のアウトカムの時系列データを予測し，観測値との差を政策介入効果とする。

　都市の財政パフォーマンスを示すアウトカムに「財政力指数」と「一人当たりの基準財政収入（千円）」を用いる。なおこれらのアウトカムは 2000 年から 2013 年の年次データである。また反実仮想的なアウトカムの時系列データを推定するために，共変量として「15 歳未満人口（人）」，「65 歳以上人口（人）」，「第 1 次産業就業者数（人）」，「第 2 次産業就業者数（人）」，「第 3 次産業就業者数（人）」といった都市の労働人口動態や産業構造を示すデータを用いる。即ち本稿では，都市の労働人口動態や産業構造は，コンパクトシティ政策の介入を受けるかどうかという介入の有無と，都市の財政パフォーマンスに影響を与えると考える。共変量のうち「15 歳未満人口（人）」，「65 歳以上人口（人）」については 1980 年，1985 年，1990 年，1995 年，2000 年，2005 年の 5 年毎データであり，産業別就業者数については，1985 年，1990 年，1995 年，2000 年，2005 年の 5 年毎データである。なおこれらの共変量データは政策介入前のものに限定している。なお全てのデータは，総務省統計局が提供する政府統計ポータルサイト e-Stat から入手した。また 2000 年より市町村合併が相次いだことから，本章では，2016 年 2 月 1 日現在の中核都市を観測の単位とし，この時点までに合併を経験した中核都市は，それ以前の市区町村データを合算している。

　中央政府が主導した一連のコンパクトシティ政策の介入時期を 2007 年と定義する。これは富山市と青森市が作成した中心市街地活性化基本計画を内閣総理大臣の認可した時点である[6]。

3．分析結果

　政策介入以前の期間，つまり1980年あるいは1985年から2005年までの中核都市の労働人口動態や産業構造を示すデータを用いて予測された2000年から2013年までのアウトカム指標のsynthetic controlと実測値を，表5-1に示す．なおここでRMSPE（root mean squared prediction error）は平均平方二乗予測誤差であり，次のように定義される．

$$RMSPE = \sqrt{\frac{\sum_{t=1}^{T_0}\left(Y_{1t}^N - \sum_{j=2}^{J+1}Y_{jt}^N\right)^2}{T_0}}$$

つまりRMSPEは，政策介入を受けた都市の介入前のアウトカム指標の実測値とsynthetic controlとのフィットの外れ具合を示す．またsynthetic controlの各予測変数（共変量）のバランスを付表5-1に示す．さらにsynthetic control

表5-1 富山市と青森市のアウトカム指標の実測値とSCMによる予測値

| | 富山市 | | | | 青森市 | | | |
| | 一人当たり基準財政収入額 | | 財政力指数 | | 一人当たり基準財政収入額 | | 財政力指数 | |
年	実測値	synthetic	実測値	synthetic	実測値	synthetic	実測値	synthetic
2000	135.43808	136.3831	0.70113146	0.70912022	97.454445	98.631503	0.56772792	0.56205161
2001	139.19623	139.04483	0.7281462	0.73150482	100.79501	99.795187	0.59272444	0.5770567
2002	136.31439	135.41929	0.73325092	0.73400447	97.75367	96.075405	0.59576178	0.5819152
2003	127.78362	128.55822	0.71688038	0.71356458	94.257668	92.249328	0.6003505	0.57671176
2004	131.69879	130.87283	0.74080116	0.73089507	94.89003	94.848537	0.60422391	0.59258636
2005	132.00917	133.10789	0.73422098	0.73749185	96.313744	96.580798	0.58763409	0.59283059
2006	138.58591	139.33251	0.7791366	0.79036437	99.766205	101.27968	0.60397911	0.61629884
2007	143.9583	143.39284	0.81904399	0.81379832	100.689	102.80805	0.58139402	0.63140571
2008	143.9814	142.84386	0.8209942	0.81342627	99.899765	103.21108	0.56383753	0.6295319
2009	137.40584	137.11233	0.78904277	0.77603989	96.900734	99.927257	0.54230499	0.60585258
2010	128.96086	127.93504	0.76140243	0.73845496	92.163834	93.166463	0.51525128	0.56901707
2011	132.71545	129.69996	0.7802577	0.73781046	97.780342	96.468494	0.53803718	0.57489938
2012	133.93312	129.55377	0.78060317	0.73469814	96.986961	95.355054	0.52604824	0.56849874
2013	133.22496	130.73953	0.78396988	0.75669193	98.028549	97.535698	0.53226769	0.58547504
RMSPE	0.7855515		0.0065263		1.418135		0.0219168	

出所：筆者作成

を構成する 46 中核都市のウエイトを付表 5-2 に示す.

　まず富山市の分析結果である図 5-1 からみる. コンパクトシティの政策介入を 2007 年から受けた富山市において, 財政パフォーマンスを示す 2 つのアウトカム指標（一人当たり基準財政収入額と財政力指数）が, 政策介入効果としてどのような影響を受けたのかを示す. ここでアウトカム指標の実測値のトレンドは実線で, synthetic control のトレンドは破線で示される. したがって実線と破線の差が政策介入効果となる. パネル(a)は一人当たり基準財政収入額に関する効果を示し, パネル(b)は財政力指数に関する効果を示す.

　富山市において, 一人当たり基準財政収入額に関しては, 政策介入後 2010 年までほとんど影響を受けていない. しかしその後 2011 年からは, 僅かなが

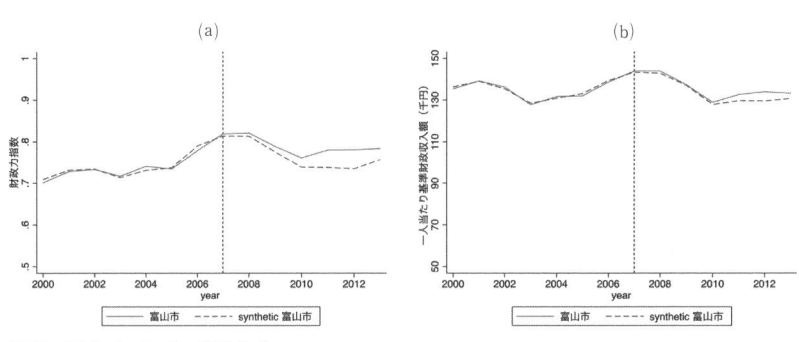

出所：図 5-1, 5-2　筆者作成

図 5-1　富山市

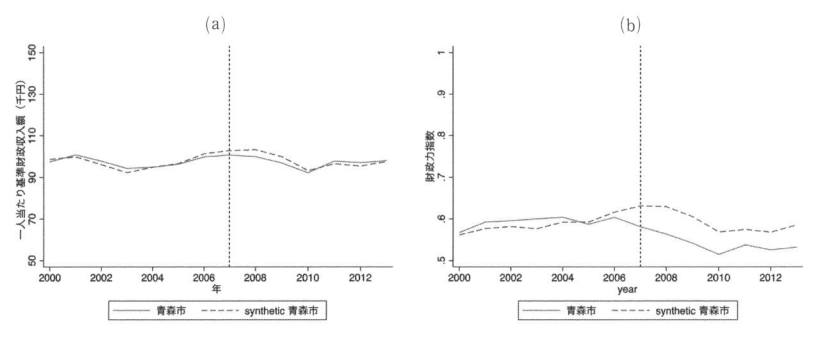

図 5-2　青森市

ら正の政策介入効果が見られる．財政力指数に関しては，政策介入直後より正の政策介入効果が見られ，その効果は 2011 年まで拡大した．したがって富山市に対するコンパクトシティ政策の介入は，その財政パフォーマンスに正の効果を与えたことが分かる．

　次に青森市の分析結果である図 5-2 をみる．図 5-1 と同様に，青森市において，財政パフォーマンスを示す 2 つのアウトカム指標が，政策介入効果としてどのような影響を受けたのかを示す．青森市において，一人当たり基準財政収入額に対する政策介入効果は，介入後 2010 年まで負であった．しかしその後にその効果は消失している．また財政力指数に対する政策介入効果は，(そもそも，そのフィットがあまり良くないものの，) 継続して負であった．ただしその負の効果は，2010 年以降縮小している．したがって，青森市に対するコンパクトシティ政策の介入は，その財政パフォーマンスに負の効果を与えたことが分かる．

　以上，中央政府が主導してきた一連のコンパクトシティ政策は，富山市と青森市の財政パフォーマンスに対して正反対の効果を与えたことが確認できた．

お わ り に

　急激な社会構造の変化によって存亡の危機に直面しているわが国の都市は，持続可能性の観点から，そのあり方が問われている．都市の無秩序な拡大を防ぎ中心市街地に都市機能を集中させ，その高密度利用を図ることを通じて中心市街地の活性化と都市全体の財政負担を縮減するコンパクトシティの形成は，この課題に対する主要なアプローチの一つである．

　本章では，中心市街地活性化法に基づいて基本計画を作成し，内閣総理大臣の認可を受けてコンパクトシティの形成を最初に目指した富山市と青森市を事例として取り上げた．そして，その中央政府主導による一連のコンパク

トシティ政策が都市の財政パフォーマンスにいかなる影響を与えるかについて SCM を用い，反実仮想的時系列データを推定することで，政策介入効果を予測し評価した．

　本稿で得られた主要な結論は，以下の通りである．中央政府が主導したコンパクトシティ政策は，富山市の財政パフォーマンスに対して，限定的ではあるものの正の影響を与え，青森市に対しては負の影響を与えた．すなわち，このコンパクトシティ政策は，都市の財政パフォーマンスを改善する万能薬では決してないことを明らかにした．

　ただし，なぜ富山市では正の効果が生じ，青森市では負の効果が生じたのかを本章では説明していない．都市間の異質性が異なる政策介入効果を導くのだとすれば，成功する都市の特性要因，失敗する都市の特性要因について，分析事例数を積み重ねることで，その要因を科学的証拠として同定する必要がある．これは今後に残された重要な課題である．

付表 5-1　予測変数のバランス

| | 富山市 | | | 青森市 | | | 46 中核都市 (control) の平均 |
| | 実測値 | synthetic control | | 実測値 | synthetic control | | |
		一人当たり基準財政収入額	財政力指数		一人当たり基準財政収入額	財政力指数	
第 1 次産業就業者数(人)	9282.2	9096.653	8151.355	8184.8	8151.355	6747.721	6683.478
第 2 次産業就業者数(人)	71389.0	68400.04	30390.33	27102	30390.33	31421.09	53718.56
第 3 次産業就業者数(人)	132267.8	123599.1	107511.3	110376.8	107511.3	110039.3	123388.6
15 歳未満人口(人)	63889.5	52670.96	48729.48	41825.5	48729.48	45389.39	70285.06
65 歳以上人口(人)	71127.7	73004.52	56971.55	57925.33	56971.55	55469.84	49300.56

出所：筆者作成

付表 5-2　コントロール中核都市のウエイト

都市	synthetic 富山		synthetic 青森	
	一人当たり 基準財政収入額	財政力指数	一人当たり 基準財政収入額	財政力指数
函館市	0	0	0.773	0.264
旭川市	0	0	0	0
八戸市	0	0	0	0.066
盛岡市	−	−	−	−
秋田市	0	0	0.148	0.671
郡山市	−	−	−	−
いわき市	0.112	0.31	0	0
宇都宮市	−	−	−	−
前橋市	0	0	0	0
高崎市	−	−	−	−
川越市	0	0	0	0
越谷市	−	−	−	−
船橋市	0	0	0	0
柏市	−	−	−	−
八王子市	0	0	0	0
横須賀市	−	−	−	−
金沢市	0.277	0.064	0	0
長野市	−	−	−	−
岐阜市	−	−	−	−
豊橋市	0.42	0	0	0
岡崎市	−	−	−	−
豊田市	−	−	−	−
大津市	0	0	0	0
豊中市	−	−	−	−
高槻市	−	−	−	−
枚方市	0	0	0	0
東大阪市	−	−	−	−
姫路市	−	−	−	−
尼崎市	0.102	0.195	0	0
西宮市	−	−	−	−
奈良市	−	−	−	−
和歌山市	0	0	0	0
倉敷市	−	−	−	−
呉市	−	−	−	−
福山市	0.09	0.267	0	0
下関市	−	−	−	−
高松市	−	−	−	−
松山市	0	0.165	0	0
高知市	−	−	−	−
久留米市	−	−	−	−
長崎市	0	0	0	0
佐世保市	−	−	−	−
大分市	−	−	−	−
宮崎市	0	0	0.079	0
鹿児島市	−	−	−	−
那覇市	−	−	−	−

出所：筆者作成

1)　都市のコンパクト化が環境パフォーマンスに与える影響に関する研究としては，例えば Holden and Norland (2005), Chen et. al. (2018) がある．Holden and Norland (2005) は，広域オスロ都市圏内の 8 市街地を対象に，居住地と家計行動に関して家計調査を行い，居住地特性と家計のエネルギー消費の関係に焦点を当てた分析を行った．そこでは，オスロ中心地から近い高密度の居住地ほど，エネルギー消費と負の相関をもつことが明らかにされている．Chen et. al. (2008) は，中国における都市の凝縮化（コンパクトシティ化）と都市の持続可能性パフォーマンス間の関係を明らかにするために，45 の中核都市を取り上げ，施設の利用可能性，インフラ整備の効率性，公共交通，国内資源エネルギー消費と環境外部性という観点を総合的に勘案した集積環境指標（agglomerated environmental performance: AEP）を作成し，各都市の AEP の z-score と純人口密度の間の回帰分析を行った．そこでは 45 中核都市内での相対的持続可能性（AEP の z-score）とコンパクトシティ化（純人口密度）の間には正の相関関係があることが明らかにされている．

2)　(2)は，$(Y_{11}, \cdots, Y_{1T_0}, Z_1')$ が $\{(Y_{21}, \cdots, Y_{2T_0}, Z_2'), \cdots, (Y_{J+11}, \cdots, Y_{J+1T_0}, Z_{J+1}')\}$ の凸包（convex hull）内に存在する場合に限って成立する．

3)　(1)における λ_t を全ての t について定数とすると，典型的な DID (fixed-effects) モデルとなる．つまり (1)は DID (fixed-effects) モデルを一般化したものといえる．DID モデルは観察されない交絡変数の存在を許容し，それらの交絡変数の効果を通時的に一定であると想定することで，それらの交絡変数を時間差を取ることによって消去しようとする．

4)　例えば $k_1 = k_2 = \cdots = k_{T_0-1} = 0$ かつ $k_{T_0} = 1$ であれば $\bar{Y}_j^K = Y_{jT_0}$ であり，$k_1 = k_2 = \cdots = k_{T_0} = \frac{1}{T_0}$ であれば $\bar{Y}_j^K = \frac{\sum_{s=1}^{T_0} Y_{js}}{T_0}$ となる．

5)　明らかな選択方法の一つは，$\bar{Y}_j^{K_1} = Y_{j1}, \cdots, \bar{Y}_j^{K_M} = Y_{jT_0}$ であり，全ての利用可能な介入前におけるアウトカム指標となる．ただし実際には，ウエイト $w_2^*, \cdots, w_{J+1}^*$ の数値計算は，いくつかの介入前のアウトカム指標だけの線形結合を考慮して，(2)がウエイト結果について近似的に成立するかどうかを確認することで，単純化できる．Abadie et al. (2010) では，X_1 と $X_0 W$ の差を計測するために，$\| X_1 - X_0 W \|_V = \sqrt{(X_1 - X_0 W)' V (X_1 - X_0 W)}$ を用いている．ただしここで，V は $(k \times k)$ の半正定値対称行列である．本分析もこの方法に従った．

6)　このような政策介入は，その介入前から何らかの効果をもつ可能性がある（期待効果など）．その場合には，政策介入開始の時点を再定義すればよい．本稿では示さないが，2005 年を介入開始時点と定義した分析も行った．そこで得た主要な結果は，本稿の分析結果とほぼ同じであった．

参 考 文 献

川崎一泰（2009）「コンパクト・シティの効率性」『財政研究』Vol. 5, pp. 236-253.

杏澤隆司（2015）「コンパクトシティが都市財政に与える影響」『住宅土地経済』Vol. 98,

pp. 28-35.

杳澤隆司（2016）「コンパクトシティが都市財政に与える影響—標準距離による検証」『都市住宅学』Vol. 95, pp. 142-150.

小松弘明（2006）「都市のコンパクト性に着目した都市間比較分析」『不動産研究』Vol. 48, No. 3, pp. 40-50.

林正義（2002）「地方自治体の最小効率規模：地方公共サービスの供給における規模の経済と混雑関数」『フィナンシャル・レビュー』Vol. 61, pp. 59-89.

森本章倫（2011）「都市のコンパクト化が財政及び環境に与える影響に関する研究」『都市計画論文集』Vol. 46, No. 3, pp. 739-744.

Abadie, A., A. Diamond, and J. Hainmuellera (2010), "Synthetic control methods for comparative case studies: Estimating the effect of California's tobacco control program," *Journal of the American Statistical Association*, 105 (490), pp. 493-505.

Abadie, A. and J. Gardeazabal (2003), "The economic cost of conflict: A case study of the Basque country," *American Economic Review*, 93, pp. 113-132.

Chen, H., J. Beisi and S. S. Y. Lau (2008), "Sustainable urban form for Chinese compact cities: Challenges of a rapid urbanized economy," *Habitat International*, 32 (1), pp. 28-40.

Galiani, S. and B. Quistoff (2017), "The synth_runner package: Utilities to automate synthetic control estimation using synth," *The Stata Journal*, 17 (4), pp. 834-849.

Holden, E. & I. T. Norland (2005), "Three Challenges for the Compact City as a Sustainable Urban Form: Household Consumption of Energy and Transport in Eight Residential Areas in the Greater Oslo Region," *Urban Studies*, 42 (12), pp. 2145-2166.

OECD (2012), *Compact City Policies: A Comparative Assessment*, OECD Green Growth Studies, OECD Publishing, Paris.

第6章

「多文化共生」と「表象化」

金　恩　愛

は じ め に

　本章の目的は，理念的側面から，外国人移住者（以下，「移住者」という）に対する「表象化」といった社会現象に着目し，現行の多文化共生政策の有用性について考察することである．そして，今後の「多文化共生」をめぐる政策の方向性を探究する．その前に，次の3点を言っておきたい．第1は，現行の多文化共生政策は「日本の少子高齢社会・人口減少社会の到来を見据えた外国人労働力の活用の観点から」の検討を中心に，「多文化共生」の問題を人口減少社会に対応する持続可能な社会の構築のため，国レベルでも注目されるようになったという点である．第2は，その背景として，近年の移住者の増加が，経済労働力に対する認識と，社会の在り方に対する認識の転換をもたらし，国レベルの戦略的な決定が求められるようになったという点である．第3は，本章で述べる「表象化」は「異なる（Different）」と「間違える（Wrong）」，「共存」と「同化・融合」を混同し認識することからスタートするという点である．

　日本では1980年代の経済のグローバル化により，来日する移住者のほかに，1989年に「出入国管理及び難民認定法」（以下，「入管法」という）が改正

され，在留資格が整備されたことから，ニューカマーや日系人などのような中長期滞留者の資格で来日する移住者が毎年増加している[1]．そこには人口減少と少子高齢化が進むにつれ，将来的に労働力不足が深刻化することが懸念されている日本社会の状況がある．このような現象から日本社会における「社会の多様性」いわゆる「多文化共生」的な見方が社会的・政策的に求められるようになり，特定の分野・領域に限らず，「多文化共生」を巡る議論も活発になってきた．そして，「多文化共生」を巡る政策も1980年代後半から地域社会（市民社会）と自治体という地域レベルで行われていたが，総務省に「多文化共生の推進に関する研究会」が2005年6月に設置されることで，国レベルでも「多文化共生政策」として捉えられるようになった（総務省2006）．

　同研究会でまとめられた報告書によると，「多文化共生」とは，「国籍や民族などの異なる人々が，互いの文化的ちがいを認め合い，対等な関係を築こうとしながら，地域社会の構成員として共に生きていくこと」と定義されている．このような見方が実際の社会で具体化されるためには，「日本人住民も外国人住民も共に地域社会を支える主体であるという認識をもつことが大切である」（総務省　2006：5）．ここで述べられている「互いの文化的ちがいを認め合い」・「対等な関係」・「地域社会の構成員として」，そして，「地域社会を支える主体」というキーワードから「多文化共生」の本来の意味が読み取れる．

　その意味として考えられるのは，経済労働力の確保のため，移住者を経済的手段として捉えるのではなく，経済的側面を含めたより広い社会・政治・文化的側面まで包括的に取り組む必要があるということである．そして，将来的には同質的な価値と文化を根幹にする「国民国家」といった特定の社会モデルから，多様な価値と文化が共存する「多文化共生社会」といった新たな社会モデルへの移行，すなわち社会パラダイムの転換というビッグピクチャーの文脈も考慮すべきとされているということである．このような文脈から，「多文化共生」は，移住者を日本社会（地域社会）の主体的な存在として捉えることからスタートするとも言える．

しかし，現行の政策の内容は移住者を主体的な存在として捉えているとは言い難い．そして，移住者に対し，生活世界（人々の生活空間）で起きている差別問題，特に，既存のヘイトスピーチや外国人労働者に対する差別が，1980年代から来日する移住者へ拡大され，後述する「問題化」・「対象化」・「他者化」のように類型化され再生産されており，移住者に対する認識が限定的であることを指摘することができるだろう．

以上のような内容を踏まえ，本章では，移住者を対象に行われている多文化共生政策における「多文化共生」の概念と，実際の生活世界で起きている移住者に対する差別・排除の現象いわゆる「表象化」の乖離があることを指摘し，現行の多文化共生政策の理念的な側面からどのような特性と問題点があるのかを明らかにする．そして，「多文化共生」の概念に充実した政策はどのような方向性で取り組むとよいかについて考えてみる．

本章の構成は，以下のとおりである．まず，第1節では日本における「移住」と「多文化共生」について簡単に検討する．第2節では，「多文化共生」に反する社会現象として日本社会にける「表象化」を取り上げ，その問題について考察する．そして，今後の「多文化共生」をめぐる政策の方向性を探究する．最後には結論として本章のまとめを行い，今後の課題について述べる．

1．日本における「移住」と「多文化共生」

1-1．「移住」

まず，「移住」とは，何か．広辞苑によると，「他の場所に永住することを目的として，ある地域や国を離れる行動である．移民と同義であるが，祖国を離れること」である．また，「移住」は，定住，居住，永住を指し，「移住者」とは，在日コリアン，日系人（ブラジル，ペルーなど）を含め，短・長期滞留外国人労働者（研修生・技能実習生），オーバーステイ，国際結婚，難民，

エスニック，留学性・就学生，ニューカマーなどを含む包括的な概念である．

一般的に，「移住」は「移民」と同じ文脈で理解できるが，主に経済的な理由である地域や国を離れる場合が多かった．しかし，最近の「移住」の動向を見ると，その性格が変わりつつある．経済的移住から非経済的移住へ，構造的移住から自発的移住へ，短期的労働の移動から定住を目標とする移住へといった移住の性格と経路の複雑化が進んでいる．そして，「移住」のパターンも訪問労働，オーバーステイ労働，結婚移民，難民，エスニック，留学性，ニューカマーなどのように多様化されつつある．

このような変化の過程で重要な論点として登場したのが，現在も進行形である移住者の権利問題であった．移住第1世代は市民的・政治的権利の問題に注目し，その権利の確保に務めた．移住第2世代は社会経済的権利の確保問題に力を入れた．そして，文化的権利の確保問題に注目した移住第3世代のように，各世代別によって特化された移住者の権利問題は，日本の「多文化共生」の概念を借りると，「国籍や民族などの異なる人々が，互いの文化的違いを認め合い，対等な関係を築こうとしながら，地域社会の構成員として共に生きていく」ために必要とされるからであろう．

日本における「移住」の問題は独特である．日本で使用されている移住は，国内（日本人）の移住を指す場合が多く，「移住」と「移民」を同じ文脈で取り上げている欧米とは異なる．欧米の「移民」のような外国人の「移住」が増えつつあるにもかかわらず，国はこのような「移民」を実質的に認めていないのである．人口減少と少子高齢化によってもたらされる経済的労働力を解消するためにも移民政策を求めている社会的要求に対し，国は消極的である．そこには，経済のグローバル化を受け入れても，外国人移住の問題に関しては「国民国家」の視点を固執する国の二重的態度があるといえるだろう．

また，「移住者」の権利の問題についても欧米のケースとは異なる．もちろん，日本とは異なる社会政治的背景から作られた移民の歴史が深い欧米のケースを取り上げることに疑問をもつ人もいるだろう．しかし，今後のことを考えると，何か示唆する点が得られると思われる．この点を念頭に置きながら，

上記で言及した各世代別に特化された移住者の権利問題と比べると，日本でも1970年代に在日コリアンの市民的・政治的権利の確保のための社会運動があった．その社会運動は現在進行形であり，1990年代以降，来日した「移住者」の権利問題は，今後の日本の多文化共生社会の実現に向けて重要になる．

さて，外国人移住者の現状はどのようになっているのか（図6-1）．1989年に「入管法」が改正され，日系人に対し，一般の外国人には認められない非熟練労働を日系人にのみ許可する法的措置がとられたり，在留資格が28種類に整備されたことにより，仕事を求め，1990年代以降来日する外国人移住者が増加した．2009年のリーマンショックと2011年の東日本大震災の影響を考慮しても，在留外国人は毎年増え，2014年に21万人だった在留外国人数が，2017年には26万人になり，大幅に増加した（法務省2018）．

在留資格別にみると（図6-2），2017年末を基準に「中長期在留者は223万2,026人，特別永住者数は32万9,822人で，これらを合わせた在留外国人数は256万1,848人となり，前年末に比べ，17万9,026人増加し，過去最高」[2]となった．在留資格別では，「永住者」が74万9,191人と最も多く，「特別永住者」の地位をもって在留する者が32万9,822人，「留学」が31万1,505人，「技能実習」が27万4,233人となった．また，2015年4月に新設された高度専門職は7,668人となり，大幅に増加している」（法務省　2018）．

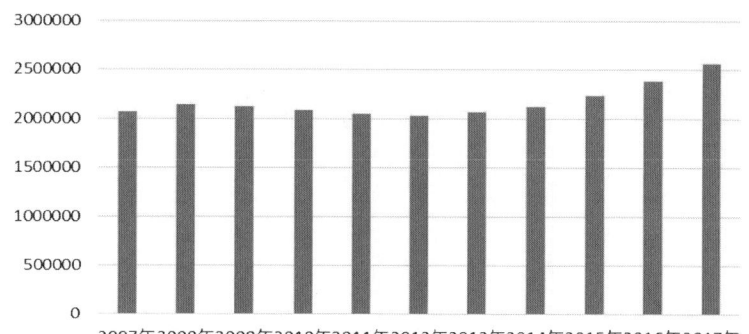

出所：法務省（2018）より筆者作成．

図6-1　在留外国人数の推移

　このような在留外国人いわゆる移住者数の増加は，社会経済情勢の変化によるグローバル化だけではなく，人口減少と少子高齢化といった日本社会が直面している経済労働力不足つまり，人手不足を解消するという問題と密接な関係がある．すなわち，経済活動をする移住者による日本社会の持続可能性を高めるという国の戦略的な選択の一環と言える．しかし，専門的な技能を持つ人材と単純労働者に対して国の外国人労働者の受け入れの基本的考え方が異なるため，その選択は，1990年代に多かった日系人の移住を除外すると，異なる対応となっている．1999年の「第9次雇用対策基本計画」によると，「医療」・「教育」・「研究」などの専門的・技術的分野の外国人労働者は「経済社会の活性化と国際化を図る観点から積極的に推進」，単純労働者は日本の経済社会と国民生活，国民のコンセンサスを考慮し慎重に対応することが不可欠としている．

　また，永住者と定住者が増加しているというのは，日本社会に家族単位で定住する国際結婚移住者やニューカマーが増えていることを意味する．言い換えると，生活者として暮らす移住者が増えていることを意味する．ここに「多文化共生」の意味があり，多文化共生政策が，単純に経済的な側面にのみ焦点を置くのではなく，そこには内容的にも社会的文化的政治的な側面を包括的に取り組む必要がある．これらの問題は，日本社会の持続可能性を考慮

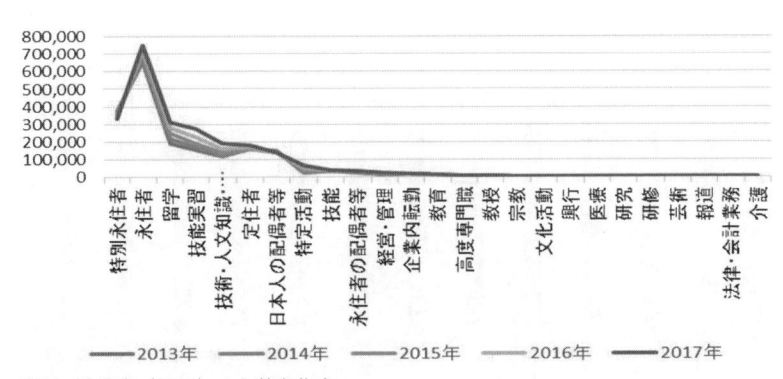

出所：法務省（2018）より筆者作成．

図6-2　在留資格別在留外国人数の推移

すると，今後の政策課題の重要な論点になることを示唆する．

1-2. 「多文化共生」

「多文化共生」は日本でのみ使われている用語である[3]．脇阪によると，一般的には「多文化主義」と同じ文脈で理解されているが，欧米由来の「多文化」と，日本独自の「共生」の2つの理念が出会い，「多文化共生」になった（脇阪　2016：89）．このように，「共生」が日本独自の用語である以上，「多文化共生」を日本的な特性を考慮しながら考察する必要がある．

脇阪の言葉を借りると，日本社会における「共生」という言葉は1970年代，反公害や反差別の社会運動の広がりから始まり，「マイノリティーが持つ差別への承認を求めるという在日コリアンの社会運動において，1980年代，在日コリアン同士の連帯や，日本人との共闘と交流を促すために」（脇阪 2016：89）使われた．そして，1990年代には仕事を求め，ブラジルやペルーから多くの日系人が来日したが，日系人が居住する自治体では独自の施策を策定し執行するようになった．この時期の「共生」は，在日コリアンの場合とは異なる．異なる文化と価値を有するとしてもそのルーツは日本人であった．これは「多文化共生」を考える際に，重要な意味を有する．また，2001年に発足された外国人集住都市会議は，「浜町宣言」を採択し，外国人の存在を前提とする学校教育や社会保障制度の構築を国家に求めた[4]．

宮島は日本における「多文化共生」といった文脈を社会変化に備え，時代別に分けている（宮島　2009：12-13）．まず，1980年代に多文化主義や多文化教育が紹介されるようになり，「多文化」に対する認識がスタートした．この時期は，中曽根首相の「日本単一民族」発言への国際的な批判がなされ，アイヌ，沖縄，在日韓国・朝鮮人などの存在に対する再認識の必要性が唱えられた時代である．そして，1990年代に「多文化共生」という概念と「多文化」認識が拡大され，「国際教室」や自治体のレベルでの多言語表示，制度案内等の多言語翻訳，医療通訳配置などが行われた．この時期にはニューカマー外国人が増加し，その家族の南米系，アジア系の子どもたちの言語危機をも

たらし，「多文化共生教育」の重要性が強調されつつ，実施されるようになった．また，2000 年代には「多文化共生社会」政策をめぐる議論が行われた．この時期は，特に 1980 年代後半から地域レベルで行われていた「多文化共生政策」が，総務省に「多文化共生の推進に関する研究会」が 2005 年 6 月に設置されることで，国レベルでも捉えられるようになった[5]．

そして，先述したように，現行の政策における「多文化共生」とは，「国籍や民族などの異なる人々が，互いの文化的ちがいを認め合い，対等な関係を築こうとしながら，地域社会の構成員として共に生きていくこと」（総務省 2006：5）と定義されている．この見方が実際の社会で具体化されるためには，「日本人住民も外国人住民も共に地域社会を支える主体であるという認識をもつことが大切である」（総務省 2006：5）．この政策の目的は「日本の少子高齢社会・人口減少社会の到来を見据えた外国人労働力の活用の観点から」，「経済労働力減少から生じる経済労働力不足の解消」であると明記されている．

ここで注目するのは，以前は社会安定と統合のため，日本社会の構成員としてアイヌ，沖縄，在日コリアンを認め，日本人との共生を念頭に置きながら展開されてきた「多文化共生」が，今日は人口減少と高齢化によってもたされる労働力確保という次元から受け入れる移住者とその家族との共生という意味合いで展開されているという点である．この点は日本の「多文化共生」を考察する際に重要となる．

以上の内容から，現行の政策は「多文化共生」の理念と実践の多様性と複雑性があるにもかかわらず，皮相的なレベルで展開されているとも言える．これは現行の政策の特徴であると同時に，問題でもある．さらに詳細に述べると，以下のとおりである．

第 1 に，政策の対象と内容が限定的である．定住化されつつある日系人や日本人と結婚した外国人のような家族単位で生活する移住者を対象に，日本語教育，多国家言語サービス（通訳・翻訳），医療通訳配置などのような公共サービスの提供という行政的な次元からの支援が重要な政策課題として取り上げられている．第 2 に，国家主義の観点・保守主義の観点からの民族主義

的な融合と文化優越主義的な要素が存在する．日本社会・文化の習得に焦点が当てられており，移住者の社会的・政治的権利の問題が排除されている点が取り上げられる．第3に，「多文化共生」をめぐる議論が積極的に議論されるようになったが，そこには，理論・政策・現実の間に差が存在する．多文化共生政策が家族政策，労働政策，経済政策のような特定の政策領域に分散されたり，重なったりする部分が多く，政策の統一性と一貫性が確保されていないことが取り上げられる．

　これらの指摘から現行の政策の有用性が疑われると言えるだろう．ここで，本来の「多文化共生」の概念に充実した政策に向け，現行の政策について，根本的に再考する必要があると言えるだろう．

　また，現行の政策の有用性が疑われる根拠として本章で取り上げているのが「表象化」といった社会現象である．これは既存の外国人労働者の差別問題や在日コリアンに対するヘイトスピーチ[6]のような社会現象が，1990年代から来日する移住者への差別・排除へ拡散され，いわゆる「問題化」，「対象化」，「他者化」といった「表象化」として再生産されている社会現象である．

　では，現在，移住者を対象に表れている「表象化」はどのような特徴があるのだろう．その前に，本章で述べる「表象化」は「異なる（Different）」と「間違える（Wrong）」，そして，「共存」と「同化・融合」を混同し認識することからスタートするという点を言っておきたい．

2．日本社会における「表象化」の問題

　「表象化」とは何か．広辞苑によると，「感覚的に外的対象を意識上に表れる心象を意味する．この点から思考による論理的，象徴的な概念と区別される」．表面的に現れた一連の出来事をみて，判断するという社会の視覚と言い換える．以前は，アイヌ，沖縄，在日コリアンといったいわゆるマイノリティーが「表象化」の対象であったが，今日は在日コリアンを含め，日系人

（ブラジル，ペルーなど），短・長期滞留外国人労働者（研修生・技能実習生），オーバーステイ，国際結婚，難民，エスニック，留学性・就学生，ニューカマーなどその対象が拡大されている．特に，同じ在留外国人（移住者）であっても出身地によってその様相が変わるという特徴がみえる．

「表象化」はメディア及び世論で取り上げられている外国人のイメージと関係がある．表 6-1 に示すように，「問題化」，「対象化」，「他者化」に分けられる．その内容を簡単に述べると，以下のようになる．まず，「問題化」は，問題ではないことが問題になる過程または問題ではないことが問題として作られる過程である．ある現象についてどのように考えるかに関わる．そして，その現象をどのように問題化するかによってその結果は完全に異なる．例えば，メディア及び世論で取り上げられている外国人のイメージを基に，本来から問題がある外国人，コミュニケーションが不可能な対象として認識する．その裏には，「異なる（Different）」と「間違える（Wrong）」を同じ意味で受け取り，「異なる（Different）」＝「間違える（Wrong）」＝「悪い（Bad）」と，文化優越主義的な視点があると思われる．

そして，「対象化」は，自分が認識の主体になり，すべてのことを自分の認識の対象として感ずることである．例えば，メディア及び世論で取り上げられている外国人のイメージを基に，支援の対象，同化と統合の対象，労働相

表 6-1　メディア及び世論からの在留外国人に対する表象の類型

否定と 誤解の方式	否定と誤解の原因と意味	
問題化	問題的個人（集団）としての外国人，同質化された集団，コミュニケーションが不可能な人々と集団など．	差別と排除
対象化	支援の対象，同化と統合の対象，政策支援（労働相談，情報提供，日本語教育）・福祉支援の対象，日本社会に適応される対象，人権保護対象など．	支援 多文化共生 政策
他者化	分離された客体（一時滞留者，社会統合の対象），排他的な客体（人種，国籍，血統，民族など），観念的な他者など．	差別と排除

出所：『カンウォンレビュー』（2012）より筆者作成．

談，情報提供，日本語教育のような政策支援，福祉支援，日本社会に適応される対象，人権保護対象などのように認識する．その裏には，「異なる（Different）」と「間違える（Wrong）」を区別して認識しているが，「対等な関係」ではなく，あくまでも外国人は支援の対象，助ける存在として認識される．

　また，「他者化」は，特定の対象を，言葉通り，「他者化」する際に必要とされる思想・行動などの内容が全部含まれている．「他者化」が問題視される理由は，対象の異質的な側面を目立たせ，共同体から疎外されるようにさせ，主体ではなく，客体として自ら自分の身を引くようにさせるからである．例えば，同じ空間にいるのにいないように扱われるという日本の「いじめ」のイメージである．

　生活世界で起きている外国人労働者に対する差別問題とヘイトスピーチのような社会的現象は，以上のような「表象化」，特に「問題化」と「他者化」の内容と相通じる．これは，上記で述べたが，「異なる（Different）」を「正しくない」として認識することで生じる問題である．そして，「多文化共生」を日本文化への同化及び融合といった間違えた認識によって生じる問題でもある．言い換えると，「異なる（Different）」と「間違える（Wrong）」，「われわれ」の文化に同化されないと「われわれ」になれないという間違った認識が「表象化」の全般に存在する．経済的格差・社会的格差を含む格差の問題や失業などのような社会問題が蔓延している社会ほど，「表象化」がより多く見られる．これは，「表象化」の改善のためには，このような社会問題を先に解決する必要があるということを意味する．

　このような問題は，地域社会（市民社会）と自治体の実践と施策でのみ解決できるものではない．社会の枠組をどのように変えるかのような苦労を国レベルでもしないと，「多文化共生」という政策課題は現実化されることが難しくなるだろう．ここで最も重要なのは，同質的な価値と文化を根幹にする「国民国家」といった特定の社会モデルから，多様な価値と文化が共存する「多文化共生社会」といった新たな社会モデルへの移行という社会パラダイムの転換に関する活発な議論を，国レベルでも展開する必要があるということで

あろう.

お わ り に

　以上のように，本章では「多文化共生」が人口減少社会に対応する持続可能な社会の構築のため，重要となるという立場から，「多文化共生」の概念的特性と移住者に対する「表象化」といった社会現象に着目し，理念的な側面から現行の多文化共生政策の有用性について考察した．そして，今後の「多文化共生」を巡る政策にはどのような方向性が望ましいかについて考察した．これらの考察の結果をまとめると，以下のようになる．

　第1に，「多文化共生」は，「国籍や民族などの異なる人々が，互いの文化的ちがいを認め合い，対等な関係を築こうとしながら，地域社会の構成員として共に生きていくこと」である．この見方が実際の社会で具体化されるためには，「日本人住民も外国人住民も共に地域社会を支える主体であるという認識をもつことが大切である」（総務省　2006：5）．ここでいう「互いの文化的ちがいを認め合い」・「対等な関係」・「地域社会の構成員」，「地域社会を支える主体」というキーワードは「多文化共生」の概念的な特性を理解する際に重要となる．これは，多文化共生政策が，単純に経済的な側面にのみ焦点を当てるのではなく，内容的にも社会的文化的政治的な側面を包括的に取り組む必要があることを意味する．日本社会の持続可能性を考慮すると，今後の政策課題の重要な論点になるだろう．

　第2に，本来，「多文化共生」という概念は時代と社会の変化に伴い，日本社会で異なる文化と価値を有するアイヌ，沖縄，在日コリアンとの共生を目指し発展してきた概念であった．当時は「社会安定と統合の視点」から，日本社会の構成員としてアイヌ，沖縄，在日コリアンを認め，日本人との共生を念頭に置きながら展開されてきた．そして，経済的な側面を含め，社会的文化的政治的側面を包括する概念であった．その後，2005年から国レベルで

「多文化共生」が政策として取り上げられるようになってからは，人口減少と少子高齢化とによる経済労働力不足，つまり人手不足の解消に焦点が当てられ，「経済労働力の活用の視点」から，ニューカマー，日系人，国際結婚移住者のような特定の移住者がその政策の対象になった．現行の政策上，概念的に定義されている「多文化共生」は移住者を主体的な存在として捉えているが，その政策の内容は移住者を支援の対象として限定的に捉えているのではないか．政策における概念と内容の乖離があることを真摯に受け入れる必要があろう．

　第3に，実際の生活世界ではこのような特定の移住者に対し，「異なる（Different）」を「間違える（Wrong）」，「共存」を「同化・融合」と間違って認識することによる「表象化」が現れている．これは本来，在日コリアンに対するヘイトスピーチや外国人労働者に対する差別行動が，多様化・複雑化されつつある移住者に対し，再生産されているとも言える．経済的・社会的格差や失業などのような社会問題が蔓延しているほど，「表象化」がより多く見られる．これは，「表象化」の問題を解決し，「多文化共生」を現実化させるためには，社会福祉や医療のような政策と連携し，このような社会問題を優先的に解決する必要がある．そして，「表象化」のような社会問題は，地域社会（市民社会）と自治体の努力だけでは根本的な解決ができない．社会の枠をどのように変えるかという悩みを国レベルでやらなければならないと「多文化共生」が現実化されることは難しいだろう．そこでは，国の立場を明確にする必要がある．なぜならば，経済のグローバル化を受け入れても，外国人移住の問題に関しては「国民国家」の視点を固執する国の二重的態度は，「表象化」の問題をより加速化させ，その問題解決に否定的な影響を与える可能性があるからだ．「表象化」の問題は「国家国民」といった視点から脱皮し，地域社会と自治体と協力しながら異質的な価値と文化を背景とする社会構成員らの共生と共存の問題，すなわち「多文化共生」の問題と取り組んでいくことによって解決できると思われる．

　最後に，残された課題について述べたい．それは多文化共生におけるソー

シャル・キャピタルに関する考察である．特定の生活世界の中で異質的な価値や文化の共存・共生のためには「社会的関係」を改めて再構築する必要があり，これを可能にするのが，ソーシャル・キャピタルである．ソーシャル・キャピタルは社会や生活の質の向上，市民的連帯を重視する視点を軸とする経済的・社会的・文化的側面・価値を統合すると同時に，新たな社会的価値を創出する概念であるため，多様な文化と価値が共存する社会を分析する際に，有用であろう．本章では触れられなかったが，今後このような内容を加えた研究を進めていきたい．

1) 1980年代以降，社会経済情勢の変化により，経済のグローバル化が進んだ．これによって，多国籍企業（Multinational Corporation）と資本の国際的移動と同時に，エリート労働力の移動が進んだ．そして，経済的理由により，移住労働者や結婚移住者などのような労働者階層が頻繁に国境を越え，移動するようになった．日本では2009年のリーマンショックと2011年の東日本大震災がきっかけになり，中長期滞在留在外国人数に少々影響があったものの，2014年に21万人だった在留外国人数が，2017年には26万人になり，大幅に増加した．

2) 法務省（2018）参照．

3) 日本における「共生」の意味合いについては，脇阪（2016）参照．

4) 詳細な内容については，北脇（2008）を参照．

5) 総務省（2006）によると，国レベルでは，(1)「日本の少子高齢社会・人口減少社会の到来を見据えた外国人労働力の活用の観点から」，(2)「外国人の在留管理の観点からの検討が中心となっている」．また，(3)「居住，教育，福祉・医療，在留管理などの行政分野について」，「外国人集住都市会議等の地方自治体からの提言や規制改革要望等を踏まえ，それぞれの分野を所管する省庁で個別に検討が行われている．なお，経済界からも外国人労働力の活用の観点から提言が行われている」．

6) いわゆる「ヘイトスピーチ規制法」が衆院本会議で2016年5月24日可決，成立したが，より詳細な禁止規定や罰則は設けられていないという問題が指摘されている．目的は「日本以外の国や地域の出身者への不当な差別的言動の解消のための基本理念や基本施策を定めて推進すること」である．しかし，強制的な装置ではなく，努力義務だけが強調された形になっているため，この規制法の実効性が疑われる．

参 考 文 献

北脇保之（2008）「日本の外国人政策—政策に関する概念の検討および国・地方自治体

政策の検証」,『多言語多文化—実践と研究』, 1, 5-25 頁

金恩愛 (2015)「ソーシャル・キャピタルの社会・文化的側面に関する考察—価値の多様性を中心に」,『中央大学大学院年報・総合政策篇』, 14, 中央大学, 3-20 頁.

金侖貞 (2011)「地域社会における多文化共生の生成と展開, そして, 課題」,『自治総研』392 号, 59-82 頁.

総務省 (2006)『多文化共生社会の推進に関する研究会報告書』(2006 年 3 月)
(http://www.soumu.go.jp/kokusai/pdf/sonota_b5.pdf)(2016 年 4 月 30 日閲覧)

樋口直人 (2010)「『多文化共生』再考—ポスト共生に向けた試論」, アジア太平研究センター年報, 3-10 頁.

法務省 (2018)「在留外国人数の推移」(平成 30 年 3 月 27 日, 法務省入国管理局)
(http://www.moj.go.jp/content/001256897.pdf)(2018 年 6 月 21 日閲覧)

宮島喬 (2009)「『多文化共生』の問題と課題—日本と西欧を視野に」,『学術の動向』, 14(12), 10-19 頁.

山岸俊男 (1999)『安心社会から信頼社会へ—日本型システムの行方』, 中央公論新社.

山下祐介・金井利之 (2015)『地方創生の正体—なぜ地域政策は失敗するのか』, ちくま新書.

脇阪紀行 (2016)「『共生』の源流を訪ねて—在日コリアンの社会運動と実践から」, 未来共生学, 3, 89-107 頁.

「移住民も主人になる多文化社会 (社説)」,『カンウォンレビュー』2012 年 10 月 12 日電子版 (http://www.gwrw.co.kr/board_view_info.php?idx=20603&s_where=&page)
(2018 年 6 月 20 日閲覧)(韓国語)

第 7 章

持続可能な社会に向けた消費者教育の三つの体系化
——地域における消費者教育の実態を踏まえて——

古谷由紀子

は じ め に

消費者政策の基本事項を定めた消費者基本法（以下「基本法」という．）において，消費者教育とは「消費者の自立の支援」（同法第2条）とされている．しかし，その自立の中身は消費者教育の推進に関する法律（以下「推進法」という．）成立の 2012 年前後で大きく変化している．推進法においては，消費者教育について，基本法と同じく「自立の支援」との立場を踏襲しながらも，公正で持続可能な社会である消費者市民社会の概念を取り入れ，「自立」の内容として，自己利益の確保のみではなく，他者利益や環境利益にも配慮するものに変化させている．

消費者の身近な地域での消費者教育の実態に目を向けると，これまで地方公共団体では多数の消費者被害の解決を迫られ，消費者被害防止に焦点を当てた消費者教育が行われてきており，新たな消費者教育が十分浸透していないという問題が指摘されている（西村　2017：74；色川　2015：1-4）．これは，消費者の自立のための消費者の行動について，従来の内容と新たな内容の関係が明確になっていないという問題，また従来の消費者教育内容と新たな消費者教育内容との関係が明確になっていないという問題が背景にあると考えら

れる．推進法で求められる持続可能な社会を目指した消費者教育を推進して
いくためには，これらの問題の実態を明らかにし，消費者の行動および消費
者教育内容についての体系化が必要であると考える．

　消費者教育の体系化については，すでに1980年代頃から問題視され，長ら
く検討がなされてきた．消費者庁は発達段階に沿った消費者教育について，
ライフステージに合わせて重点領域と学習目標を記載した「消費者教育の体
系イメージマップ（以下「イメージマップ」という.）を作成し，「現在，学校や
自治体，消費者団体その他のさまざまな地域や機会で活用されている」（西村
2017：35）が，消費者の行動および消費者教育内容の体系化については必ずし
も明らかにはなっていない．

　本章の目的は，消費者教育の体系化にはどのようなものが必要かを明らか
にすることである．特に，「発達段階」に沿った体系化のほかに，消費者行動
の体系化及び消費者教育内容の体系化の必要性を明らかにすることである．
具体的な研究法として，ひとつには地域の消費者教育の体系化の実態につい
て調査する．調査の対象については，消費者教育はさまざまな担い手がさま
ざまな場所で実施していることから，そのすべてを拾うことは不可能である
ため，地域の消費者教育施策である「都道府県消費者教育推進計画」（以下
「都道府県計画」という.）とした．都道府県の消費者教育施策は，現在の地域
の実情をもとにしていると考えられるからである．また，文献研究としては，
「消費者教育の学問分野」，「消費者の自立」，「消費者教育内容」，「消費者教育
の体系化」の先行研究を行うものである．

　以上の研究方法を踏まえて，本章の構成についてはつぎのとおりとする．
本節「はじめに」においては，これまでの消費者教育の体系化の課題，本章
の目的及び構成について，「1．消費者教育の体系化をめぐる先行研究」にお
いては，消費者教育の体系化に関わる先行研究について，「2．地方の消費者
教育施策の現状調査」においては，47の都道府県の消費者教育計画における
消費者教育の体系化に関わる項目の実態調査について，「3．消費者教育の体
系化についての考察」においては，消費者教育の体系化の現状と必要な体系

化について，「おわりに」においては，都道府県の調査結果をもとに，消費者教育の体系化について，これまでの「発達段階に沿った体系化」のほかに，「消費者行動の体系化」および「消費者教育内容の体系化」が必要であることを述べる．

　本研究によって，持続可能な社会に向けた消費者教育の体系化が明確になり，そのことによって地域の消費者教育施策が体系的に実施され，現在の消費者教育の推進における問題点の解決が図られ，持続可能な社会における消費者教育が進展していくものと考える．

1．消費者教育の体系化をめぐる先行研究

　消費者教育の研究には多様なアプローチがあり，時代や社会の変化，特に消費者政策に大きく影響されている．2012年推進法が成立し，公正で持続可能な社会を目指した消費者市民教育が導入され，消費者教育の研究は大きな変化を遂げている．

　そこで，本章の先行研究については，まず消費者教育の学問分野に関わる先行研究を概観したうえで，消費者教育の体系化に関わるものとして，「自立」や「内容」に関わる先行研究，そして消費者教育の「体系化」に関わる先行研究について，それぞれ推進法による変化を踏まえながら考察する．

1-1．消費者教育の「学問分野」に関わる先行研究

　消費者教育は学際的な研究分野といわれている（阿部　2014：34）．この領域に関する先行研究には，家政学のアプローチ（今井　1994：62），経済学からのアプローチ（伊藤　2015），商品学からのアプローチ（石崎　1997：87-117），さらには教育学からのアプローチ（宮坂　2006），消費者問題・政策からのアプローチ（井上・小木・木村・中村　1999；鈴木　2010）など多様である．そして最近では消費者市民社会からのアプローチ（谷村　2013：57-80；西村　2017：14）

もみられる．西村は，消費者教育は学問分野として未確立の分野であり，これまでの経済学，商学，家政学，教育学からのアプローチは「客体としての消費者へ情報を提供することによって，あるいは教え込むことによって購買能力，家計管理能力，市場への参加能力を育成することに終始」しているとし，「人間発達の観点からは消費者の問題解決能力，社会参加能力などを育てる教育学の論理の上に構成されて，初めて消費者教育の社会的意義を見出し得る」と指摘する．そして，消費者教育は「消費者としての人間発達を目的とする消費者自らの胎内の潜在的消費者能力の形成にある」とし，「消費者教育を論じるにあたり，潜在的消費者能力とは何かを明らかにする必要がある」（西村　2017：2-13）とする．さらに西村は，この「潜在的消費者能力」について，「①自らが消費者としてどのような権利と責任があるかを認識し，それを自由に行使することができること，②自らの消費生活上の価値実現に向かって，確かな意思決定能力を備えていること，③地球上の資源浪費，環境破壊，人権（差別撤廃）に関心を持ち，責任ある消費を実践できること，④消費・非消費行動を通じて社会に対して積極的な意見表明ができること」の4点と定義している（西村　2017：14）．

1-2.　消費者の「自立」に関わる先行研究

　今日，消費者教育が消費者の自立を支援するものであることは共通の理解になっているが，その中身については多種多様な理解がある．

　かつて高度経済成長期の時代，新たな商品等に対応する必要が生まれ，商品知識や情報の不足からの被害や不利益を解消するために消費者保護の施策のほか，消費者は賢い消費者になることが求められ，消費者には自己の利益を守るための消費者教育が必要とされた．今井は，消費者教育を「消費者が生活の価値を守り，生活の質を向上させるための自立人間能力を開発する」[1]ものとし，正田は「個々の消費生活での行動をとおして，確実にまた具体的に，消費者の権利を定着しながら自分の生活を守っていくことである」（正田 1991：38）とする．

　その後，消費者を保護するだけでは，また賢い消費者になることだけでは消費者被害を防ぐことはできず，新たな消費者像が求められるようになる．2003 年に公表された国民生活審議会消費者政策部会報告書『21 世紀型の消費者政策の在り方について』は，現在の経済社会情勢に応じた新たな消費者像として，消費者を「自立した主体」と把握して，市場に参画し積極的に自らの利益を確保するよう行動する必要があるとしている（内閣府　2003：9）．21 世紀の経済社会にふさわしい消費者政策の再構築として消費者の自立が位置付けられたのである．その後，2004 年に成立した基本法においては，消費者は自主的かつ合理的な行動を求められると同時に環境保全および知的財産権等の適正な保護に配慮することも付加されている（基本法第 7 条）．

　宮坂は，消費者教育は「賢い消費者」あるいは「自立した消費者」をつくるものであり，「自立」は大量に流されている消費者の自主的判断を妨げるものに対する抵抗力である」としながら，今日，「消費者自身が環境破壊・環境汚染の主役になっている」とも指摘し，「個人消費のあり方について，それが環境破壊につながるかどうかをシリアスに考えるような消費者教育が，現代において最も要求されている消費者教育ではないか」とも指摘するようになる（宮坂　2006：17-18）．また，木谷は，現在は，「自己の持つ効用の最大化を図り，経済合理性を追求する消費者」から，「『現在』を批判的に吟味し，より良い社会をめざすという点で改革志向……しかも個人の生活だけでなく，それを支えている経済・政治システムまでも改革の対象となることから，構造的な変革を志向」しているとする（木谷　1998：123-125）．

　なお，消費者の自立の内容については，背景となる社会にも影響され，目指す社会像が大きく関わるが，先行研究においては消費者教育の背景としての社会は考慮しても目指す社会像として明確化することはほとんどない．ただし，中には，今求められているのは「持続可能な社会の構築を目指す消費者教育」とし，社会像を「持続可能な社会」とするものもある（谷村　2013：58-59）[2]．

　推進法は，消費者教育の定義について，「消費者の自立を支援するために行

われる消費生活に関する教育」とし，そこに「消費者が主体的に消費者市民社会の形成に参画することの重要性について理解及び関心を深めるための教育を含む」とした．そして「消費者市民社会」については，「消費者が，個々の消費者の特性及び消費生活の多様性を相互に尊重しつつ，自らの消費生活に関する行動が現在及び将来の世代にわたって内外の社会経済情勢及び地球環境に影響を及ぼし得るものであることを自覚して，公正かつ持続可能な社会の形成に積極的に参画する社会をいう」と定めている（同条第2項）．

しかし，基本法では「消費者が自らの利益の擁護及び増進のため自主的かつ合理的に行動することができるよう消費者の自立を支援することを基本として行われなければならない」（同法第2条）と定めており，条文の文言上，基本的には消費者の「自立」は消費者が自己利益のために自主的かつ合理的に行動することを意味しているといえる．しかし，推進法ではこの「自立」の内容を，消費者市民社会の形成に参画する消費者，つまり消費者の行動において他者や環境にも配慮することを求めており，「自立」の内容を拡大していることになる[3]．したがって，推進法では消費者教育を自立の支援であることを形としては踏襲しながら，その自立の内容を変化させていることになる．

1-3. 消費者教育の「内容」に関わる先行研究

消費者教育の内容については，「消費生活に関する教育」（基本法第17条）とされるが，具体的な領域として共通の理解になっているわけではない．消費者教育の「目的の達成に役立つことはすべて消費者教育の内容とすることができる」（鈴木　2010：323）とも言える．

しかし，これまで消費者教育の領域を変化の観点で見ると，当初は含まれていなかったものが追加されることもある．その典型としては環境教育である．現在「環境教育は，消費者教育の観点も併せ持つもの」（中原　1994：291）とされ，消費者教育の中に含まれるようになっている[4]．ほかにも2005年には食育基本法が成立し，食育が消費者教育の内容とされている．

このように消費者教育の領域については，そのときどきの社会に影響され，

消費者に必要とされるものが追加されていったことから，時代や社会の変化の把握も重要な要素である．

1-4.　消費者教育の「体系化」に関わる先行研究

　消費者教育の体系化について，今井は1981年に設立された日本消費者教育学会の設立趣意書において，「消費者教育は人間の発達段階に応じて，生涯にわたってシステム的に，……行われる必要があります」（今井　1994：122-126）と問題提起をし，さらに，「消費者教育のカリキュラムや講座などのシステム化」，「目的と手段のシステム化」，「消費者教育と商品テスト結果・相談事例とのシステム化」など体系化に関連するさまざまな問題提起を行っている（今井　1994：122-126）．さらに日本消費者教育学会は，2004年には，現在の消費者教育について「系統的・計画的な消費者教育が欠如している」と指摘している（日本消費者教育学会　2004）．

　その後，消費者教育の「体系化」の試みは，国を中心に行われていく．まず，基本法成立の2004年の翌年に閣議決定された「消費者基本計画」[5]は，「消費者教育を幅広く，かつ効率的・効果的に実施していくために，広く関係機関の協力を得て，消費者教育の体系化を図り，これに基づく消費者教育の推進方策について検討する」ことを明記する（閣議決定　2005：13）[6]．その後，内閣府は，ただちに「消費者教育体系化のための調査研究会」を立ち上げ，2006年には消費者教育の「体系化シート」を完成させた（消費者教育支援センター　2006）．また，2012年には消費者庁より「消費者教育推進のための課題と方向」が公表され，消費者教育の体系化についての基本的考え方として「消費者教育の目的を明確化し，さらに消費者教育の対象領域ごとに，より具体的な目標を定めて，その目標に向けて，ライフステージごとに，消費者自身の発達段階及び消費者を取り巻く状況に応じた課題を設定し，それにこたえるための教育内容や手段を検討する必要がある」（消費者庁　2012）とまとめている．このような経緯を経て，2013年，推進法成立の翌年には推進法を反映させた重点領域と学習目標を示したライフステージに沿ったイメージマッ

プが作成されることになった.

　以上のように，消費者教育の体系化については，発達段階，対象領域，消費者の行動などさまざまな類型が考えられるが，現在は，消費者の発達段階に応じたものとしてのライフステージごとの消費者教育の体系化が行われていることになる．しかし，消費者の行動や消費者教育内容の体系化の議論が十分に行われているわけではない．

2．地方の消費者教育施策の現状調査

　現在の都道府県計画における消費者教育の体系化の現状調査において，具体的な調査項目は，体系化に影響があると考えられるものとして，「目的」，「社会像」や「消費者像」の捉え方，そして消費者の行動に関わる「消費者の権利」や「消費者の役割」，さらには具体的な施策として掲げられている「消費者教育内容」を対象とした．そのほかにも，都道府県計画の策定時期，さらには，現在，体系化として作成されているイメージマップの影響についても併せて調査した．

2-1．調査の概要

都道府県計画についての調査の概要は次のとおりである．

① 調査の目的：都道府県計画における消費者教育の体系化の現状の把握

② 調査対象：47 都道府県の都道府県計画

③ 調査期間：2018 年 5 月 1 日～ 2018 年 5 月 16 日

④ 調査項目：以下の 7 つの項目

- 都道府県計画の策定時期

- 都道府県計画の目的（明確化，内容）

- 消費者像（明確化，内容）

- 社会像（明確化，内容）

- 消費者教育内容（消費者像に沿った消費者教育内容，重点教育，関連教育）
- 消費者の権利・役割の明記
- イメージマップの活用

2-2. 調査結果

以下，調査項目ごとの調査結果である．

(1) 都道府県計画の策定時期について

都道府県計画は，2018 年 4 月 1 日現在，47 都道府県すべてにおいて策定済みであり，消費者庁の Web サイトで公表されている[7]．

都道府県計画の策定時期については，13 年は 1 県，14 年は 7 県，15 年 12 県，16 年は 15 県，17 年は 7 県，18 年は 5 県であり，古くは 13 年策定のものから直近の 18 年策定のものまでさまざまであり，最も多いのは推進法成立 4 年後のものということになる．

(2) 都道府県計画策定の目的について

都道府県計画策定の目的をどのように定めるかは，消費者の行動や消費者教育内容の施策に影響を与えることから，都道府県計画において，この目的を明確化しているか，またその内容は何かを問うものである．

目的についてはほとんどの県が明確化していた（44 県，93.6％）．その目的の内容はほとんどが「消費者の自立の支援」（39 県，83.0％）であったが，なかには，「消費者の権利の実現」（1 県），「消費生活の安定・向上」（4 県，8.5％）とするところもあった．

(3) 社会像について

目指す社会像をどのように捉えるかは，消費者教育における消費者の行動や消費者教育内容の施策に影響を与えることから，都道府県計画のなかで社会像を明確化しているか，またその内容はどのようなものかを問うものである．

社会像を明確化しているものは，30 県（63.8％）であり，そこで示されている社会像については，「安全・安心な消費生活（社会）」とするものは 16 件

（34.0％），「消費者市民社会（公正で持続可能な社会）」とするものは9県（31.0％），「安全・安心な消費生活（社会）」と「消費者市民社会（公正で持続可能な社会）」を統一化して示していたのは3県（6.4％）であった.

　その3県のうち，京都府は社会像を「公正で持続可能な社会」とし，そこに三つの消費者像を示している．また，兵庫県は，社会像を「消費者市民社会」とし，そこに「生きる力を育み，自ら考え行動する自立した消費者，さらには，積極的に社会に参画・協働する消費者の育成」として二つの消費者像を示す．さらに，福井県は，目指す社会像として「消費者市民社会」を挙げ，消費者像も「消費者市民」として統一化し，具体的に「それぞれのライフスタイルに合わせつつ，消費者みんなで公正で持続可能な社会を築いていく」としている．福井県の工夫は図（図7-1参照）で社会像を示すだけではなく，さらに従来重視してきた「被害に遇わない消費者」像を示しつつ，さらに倫理的消費者[8]を合わせ今後の消費者像を示していることである.

　(4) 消費者像について

　消費者をどのように捉えるかは消費者の行動のみならず消費者教育内容の

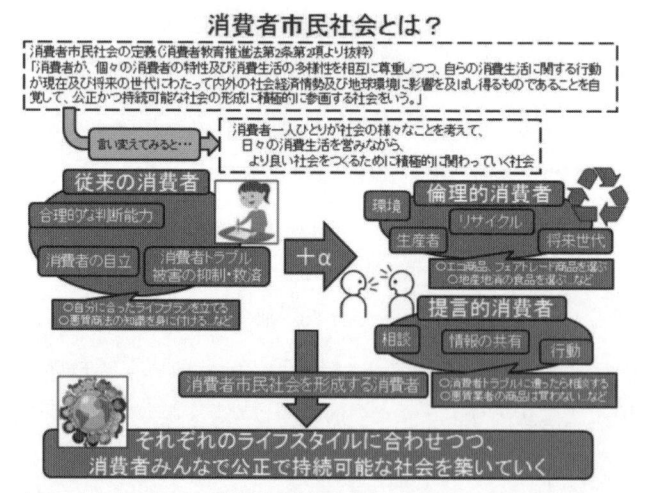

出所：福井県『福井県消費者教育推進計画』2016年.

図7-1　社会像の統一化と消費者像の統一化

施策に影響を与えることから，都道府県計画において，消費者像を明確化しているか，またその消費者像はどのようなものか，を問うものである．

　消費者像については，後述するように，国が策定している消費者教育の推進に関する基本方針（以下「基本方針」という．）において，自立する消費者であるためには，まず「被害に遇わない消費者」であること，そして「合理的意思決定ができる消費者」（以下「合理的消費者」という．），さらに「社会の一員として，より良い市場とより良い社会の発展のために積極的に関与する消費者」（以下「消費者市民」という．）であることが必要であるとしている（閣議決定　2018：7）．都道府県計画においては，消費者の捉え方については，「被害に遇わない消費者」（29 県，61.7%），「合理的消費者」（29 県，61.7%），「消費者市民」（27 県，57.4%）と多くが網羅的に示しており，その捉え方の差はほとんどない．また，消費者としての見方を示さないところも 18 県（38.3%）もあった．

　しかし「被害に遇わない消費者像」と「合理的消費者像」を統一的に把握しているところは，7 県（14.9%），さらにこれらと「消費者市民」も併せて統一化して捉えているところは 4 県（8.5%）と非常に少なく，群馬県，福井県，兵庫県，沖縄県のみであった．

　(5)　消費者教育内容について

　消費者教育内容の実態を見るために，消費者像に沿った教育内容の有無，重点取組み，そして関連教育の位置付けを問うものである．

　まず，消費者教育内容を消費者像に沿った「消費者被害防止教育」，「合理的消費者教育」，「消費者市民教育」の分類に沿って見ると，これらの三つの消費者教育内容は，ほとんどの都道府県で網羅的に取り上げられていた．内訳は，「消費者被害防止教育」47 県（100%），「合理的消費者教育」47 県（100%），「消費者市民教育」44 県（93.6%）であった．しかし，考え方としてこれらの消費者教育内容を統一的に示しているものは，13 県（27.7%）であり，考え方のみならず消費者教育の具体的内容まで統一化して示しているところは 2 県（4.3%），徳島県と熊本県のみであり，多くは並列的に挙げられているに

すぎない.

つぎに都道府県計画の重点取組みを見ると，圧倒的に「消費者被害防止教育」が多く，2県を除く45県（95.7%）で取り上げられていた．そのうち特定の対象者を示さず全般的な被害防止教育とするものは9県（19.1%），特定の対象者をあげているものとして，高齢者は36県（76.6%），障がい者は16県（34.0%），若者は6県（12.8%），外国人は2県（4.3%）であり，高齢者が圧倒的に多かった.

さらに，都道府県計画の中での関連教育の位置づけを見ると，関連教育についてはほとんどの県で取り上げているが，推進法や基本方針に従って追加的に挙げているところがほとんどであった．ただ，なかには関連教育を重点取組みに位置づけているところもあり，その内容の内訳として，環境教育は6県（12.8%），食育は5県（10.6%），金融教育は2県（4.3%），エシカル消費は2県（4.3%）であった．また，関連教育を消費者教育内容全体として統一的に示しているところはほとんどなく，統一化が見られるのは，4県（8.5%），北海道，東京都，徳島県，沖縄県であった.

(6) 消費者の権利・役割の明記について

消費者が自立していくためには消費者の主体としての行動が問題になり，消費者が消費者の権利や役割をどのように認識しているかが重要であることから，消費者の権利や役割を明記しているかどうかを問うものである．西村は，前述したように，消費者に形成すべき「潜在的消費者能力」の一つとして「自らが消費者としてどのような権利と責任があるかを認識し，それを自由に行使することができること」を挙げている（西村　2017：14）.

都道府県計画の中で，消費者の権利を明記しているところは，20県（42.6%），消費者の役割を明記しているところは，13県（27.7%）であり，両方を明記しているところは，11県（23.4%）であった．なお，消費者の役割については，その文言は「役割」のほか，「責任」，「社会的役割」という記載がみられた．またいずれも明記していないところも，24県（51.1%）あった.

(7) イメージマップの活用について

　消費者教育の体系化として策定されたイメージマップがどの程度参考にされているかを問うものである.

　ほとんどの都道府県計画においては消費者教育の体系的推進としてイメージマップに示されているライフステージに沿った計画が立てられていた (40県, 85.1%). また, イメージマップに示されている4つの重点領域を消費者教育の内容として示すところは, 15県 (31.9%), さらに国が策定したイメージマップ自体を資料として付けるところは21県 (44.7%) であった.

　以上から, 都道府県計画の多くはイメージマップ自体, あるいはその考え方を参考にしていることがわかった.

3. 消費者教育の体系化についての考察

3-1. 消費者教育の体系化に関わる現状

　発達段階に沿った消費者教育の体系化については, 消費者教育が, 消費者が幼児期から高齢期までの各段階に応じて体系的に行われること (推進法第3条) とされたことから, 基本方針 (2013年策定, 2018年改定) にも同様の内容が定められ, 消費者庁では, 幼児期から成人までの7つのライフステージに沿った消費者教育についてのイメージマップを作成し, 学ぶべき重点領域として, 「消費者市民社会の構築」, 「商品等の安全」, 「生活の管理と契約」, 「情報とメディア」の4つの領域を示している (別添資料参照). そしてこのイメージマップは多くの都道府県計画において参考とされていた.

　しかし, 消費者教育の体系的イメージマップだけでは消費者教育の体系的推進は十分ではないと考える. なぜなら都道府県計画を調査した結果, 次のような課題が明らかになったからである. 都道府県計画においては, 従来重視してきた消費者被害防止教育が変わらず重視され, 新たな消費者市民教育は追加的に実施されているにすぎない. また, 都道府県計画においては消費

者の権利や役割を記載していないものも少なくなく，またその記載は単に基本法上の権利と役割を明記するにとどまり，現在求められている消費者の行動に関連付けて記載しているものはほとんどなかった．

　以上のような地域の消費者教育施策の実態を考えると，推進法で求められる消費者教育を確実に推進していくためには，現在の体系化として作成されているイメージマップだけではなく，消費者行動の体系化や消費者教育内容の体系化が求められるのではないか．これは，イメージマップについて，消費者像が幅広いことから「どのように身につければよいか，必ずしもはっきりしない」，4つの領域についても「何が重要なのかわからない」，「隣接分野との関係がわかりにくい」などの指摘（色川　2016：16-17）にも応えるものになると考える．

3-2.　目指す社会と消費者教育

　消費者教育は社会や時代を背景に，どのような消費者を目指すか，そのためにどのような消費者教育を実施していくべきかを問うことであることから，消費者教育はまず「目指す社会像」が大きく関わることになる．そしてこの目指す社会像については，現在，基本計画において，消費者政策の推進により目指すべき姿，いわば社会像として，「消費者の権利が尊重され，安全な商品・サービスを安心して消費できる」（以下「安全・安心な社会」という．），「消費者の効用・満足度が高まり，豊かな消費生活を営める」（以下「豊かな社会」という．），「消費者が，公正で持続可能な社会の形成に積極的に参画する」（以下「消費者市民社会」もしくは「公正で持続可能な社会」という．）が示されている（閣議決定　2015：8）．このように目指す社会像が示されることは消費者教育を進める前提として重要であり，この内容も具体的で分かりやすいと言えるだろう．しかし，これら三つの内容の関連性が分かりにくく，それぞれに沿った消費者教育内容が並列的に進められる懸念があり，実際に，都道府県計画においてもそのような実態がみられた．本来，社会像は一つであり，その具体化として様々な要素が入るものと考える方が，統一的理解が可能となり消

費者教育を体系的に進めていくことを可能にするのではないだろうか．これらの三つの内容を一つに包含できる概念としては「消費者市民社会（公正で持続可能な社会）」が適切だと考える．なぜなら，現在，経済・社会・環境が未来に引き継げないとの実態をもとに，持続可能な社会づくりが国際的にも国内的にも進められていること[9]，「公正で持続可能な社会」は「安全・安心な社会」や「豊かな社会」を超えたものだからである．しかし，持続可能な社会においては，消費者にとって重要な「安全・安心な社会」や「豊かな社会」を否定するものではない．これまで，持続可能な社会と消費者保護や消費者の権利行使との関係は必ずしも明確にはなっていなかった．日弁連では「『消費者市民社会』とは，消費者一人一人の日々の消費活動が世の中全体に影響を及ぼすことを出発点とします．……『個人』が消費者被害に遇わないというだけではなく，『社会』全体からいかにして悲惨な消費者被害をなくしていくか，という視点をもってみるということです．」と指摘する（日弁連　2017：5）．安全な社会，被害のない社会，つまり消費者の利益や被害の回復が図られる社会は持続可能な社会であるとの再認識が必要と考える．また，Consumers International（国際消費者機構，以下「CI」という．）が「消費者保護は持続可能な開発目標への旅の必須のパートナーである」（CI2015）というように，消費者が消費者利益を確保されてこそ，消費者がエンパワーメントされ，他者や環境利益にも配慮することが可能になると考える．

　この問題について，持続可能な社会を前提に，市場における消費者の実態をもとに，消費者は市場から影響をうける側面と市場に影響を及ぼす側面がある（古谷　2017：129）ことを軸にして考えると，市場から影響をうける側面は消費者利益に関わり，消費者の安全など消費者の権利が尊重され，被害が発生した際には迅速な救済が図られる社会であり，「安全・安心な社会」や「豊かな社会」に関わる．それは消費者にとって持続可能な社会ということになるだろう．次に市場に影響を及ぼす側面は消費者の行動によって守ることができる当該消費者以外の他者や環境などの利益が図られる社会ということになり，従来から「持続可能な社会」の内容とされてきたものである．以上

から，持続可能な社会は「安全・安心な社会」や「豊かな社会」を含むものとして把握することができると考える．

3-3. 消費者行動の体系化

現在，国の基本方針のなかで，目指す三つの消費者像を示しているが，消費者がどのように行動するかについては明確にはなっていない．消費者の自立には消費者がどのような意識で行動するかが重要であり，自立の内容の変化を踏まえた消費者の権利と役割をもとに消費者の行動を明確化する必要がある．

これについても，持続可能な社会を前提に，市場における消費者の二つの側面を軸に考えてみよう．まず，消費者が市場から影響を受ける側面については，消費者の権利が重要であり，自立の内容の変化を踏まえた消費者の権利行使によって消費者利益を確保し，さらにそのことが持続可能な社会を作っていくという行動である．次に，消費者が市場に影響を及ぼす側面については，消費者が他者や環境への配慮をするという役割を認識して行動することが重要であり，当該消費者がこのような役割を果たすことによって他者や環境利益が守られることになる．

なお，消費者の権利行使については，従来，消費者は自己利益を確保するために行動し，その権利行使が健全な市場の構築にも影響するものとされていたが，今日，消費者の権利行使は持続可能な社会の構築にとっても有益であるということになる．さらに消費者の役割も推進法でいうところの消費者市民としての役割が求められるようになっており，自己利益の確保のためのみならず持続可能な社会を目指した役割の行使が重要になってきたと考えることができる．このように消費者の権利や役割については持続可能な社会における消費者の行動として再構築していく必要がある．消費者の行動として「単なる商品やサービスの受け手としてではなく，……社会，経済，環境等に消費者が与える影響を考慮した選択や行動によって公正で持続可能な発展に貢献することが強く求められている」（消費者庁　2012：6）との考え方も消費

表7-1　消費者行動の体系化——市場における消費者の関係から

市場における消費者の二つの側面			持続可能な社会における考慮すべき利益
影響を受ける側面	権利に関わる行動	役割に関わる行動	消費者利益
影響を及ぼす側面			他者・環境利益

出所：筆者作成.

者の二つの側面に着目したものといえるだろう.

　消費者行動を持続可能な社会という市場における消費者の二つの側面を軸に整理すると表7-1のようになる.

3-4. 消費者教育内容の体系化

　消費者教育内容の体系化については，その体系化に関係するものとして，目指す消費者像に沿った三つの消費者教育内容の関係性の問題と関連教育との関係性の問題がある.

　第一，三つの消費者教育内容の関係性の問題について

　都道府県計画では，ほとんどが重点取組みとして「消費者被害防止教育」を挙げており，それは目指す消費者像のうちの「被害に遇わない消費者」に対するものといえる.「合理的消費者」や「消費者市民」に対するものについては必ずしも重点取組みとされているわけではなく，これら三つの消費者教育の内容を統一的に取り上げる例はほとんど見られない.

　この三つの消費者教育内容についても，消費者が市場から影響を受ける側面と市場に影響を及ぼす側面を軸に整理すると，それぞれに盛り込まれるべき内容を「消費者被害防止教育」,「合理的消費者教育」,「消費者市民教育」にとらわれずに必要な内容を入れていくことができる. さらにこのような整理は，イメージマップに示されている4領域もこれに沿って分類が可能であり，地域の特性，社会の変化等に対応した新たな内容もこれらに取り込むことが可能になる. その結果，各自治体は消費者教育内容の全体像を踏まえて，地域の特性を考慮に入れながら重点内容を特定して実施していくことが可能

になると考える.

　第二，消費者教育と関連教育との関係の問題について

　推進法では，関連教育については消費者教育と連携して実施されるべきことが記載されている．このような背景をもとに多くの都道府県計画が関連教育を追加的に記載していたが，消費者教育と併せて統一的に把握しているところは少なかった．関連教育についても上述した市場における消費者の二つの側面をもとに分類していく必要がある.

　消費者教育の三つの内容および関連教育について体系的理解のないまま進めていくことは，なぜそれらが必要なのかを吟味することなく取り入れることになり，ひいては必要な領域の消費者教育が実施されないということになる．さらには新たに求められる領域にも対応できないことになりかねず，社会や時代の変化に対応できないということになる．そもそも「対象を限定する意味はどこまであるのだろうか」（色川　2016：16）の指摘も存在する.

　以上の考察をもとに消費者教育内容の体系化を持続可能な社会を前提に，市場における消費者の二つの側面を軸に整理すると表7-2のようになる.

お わ り に

　本研究の目的は，都道府県についての消費者教育の体系的な推進の現状調査及び消費者教育の体系化に関わる先行研究を行うことによって，推進法で

表7-2　消費者教育内容の体系化——市場と消費者の関係から

市場における消費者の二つの側面	消費者教育内容（例）	持続可能な社会における考慮すべき利益
影響を受ける側面	消費者被害防止，安全，生活，情報，金融	消費者利益
影響を及ぼす側面	高齢者見守り，フェアトレード，食品ロス削減，環境保全	他者・環境利益

出所：筆者作成.

求める消費者教育内容の体系化を明らかにすることであった.

　47 の都道府県計画の実態調査によると，発達段階に沿った体系化としてライフステージに合わせた消費者教育が計画されていたが，消費者の行動については，自立の変化を踏まえた消費者の権利や役割を位置付けているところがほとんどみられないこと，消費者教育内容については，新たな教育は従来のものに並列的に加えられるにとどまっていたことから，推進法で求める消費者教育の推進のためには，さらに「消費者行動の体系化」および「消費者教育内容の体系化」を検討する必要があることを明らかにした.

　これら二つの消費者教育の体系化の考察にあたっては，まず消費者教育の背景にある目指す社会像について考察した.　消費者教育は現在および将来の社会が関わるからである.　目指す社会像については国の基本計画の中で「安全・安心な社会」,「豊かな社会」,「消費者市民社会」の三つが示されており，具体的ではあるが，これらの関連性が分からないという問題，そして三つの社会像が示されることでそれぞれの消費者教育内容が並列的に進められる懸念があり，実際の都道府県計画においてもそのような状況であった.　そこで，これらを一つに包含する社会像としては「消費者市民社会（公正で持続可能な社会)」とするのが適切であるとした.　なぜなら，国際的にも国内的にも持続可能な社会を目指す動きが加速しており，それは「安全・安心な社会」や「豊かな社会」を超えるものだからである.　しかし，これまで「持続可能な社会」が「安全・安心な社会」や「豊かな社会」とどのような関係にあるかは明確にされてこなかったことから，消費者にとってこれらは持続可能な社会の必須の前提であり包含されるべきものであることを明らかにした.

　次に，「消費者行動の体系化」については，持続可能な社会を前提に，市場において影響を受ける消費者の側面および市場に影響を及ぼす側面という軸をもとに，消費者の権利や役割を位置付けていくことで消費者行動が全体として市場における消費者の二側面の軸で体系化が図られることを明らかにした.

　さらに「消費者教育内容の体系化」についても同様に，持続可能な社会を

前提に，市場における消費者の二つの側面という軸をもとに，三つの消費者教育内容，関連教育，イメージマップで示されている4つの領域などを整理することが可能であり，消費者教育内容全体が市場における消費者の二側面の軸で体系化されることを明らかにした．

　本研究によって，既に体系化が図られていた「発達段階に沿った体系化」に加えて，「消費者行動の体系化」および「消費者教育内容の体系化」が加わり，持続可能な社会に向けた消費者教育の三つの体系化が明確になった．そのことによって，地域の消費者教育施策において，さらには消費者教育に関わる担い手が，消費者教育の全体像をもとに体系的な消費者教育を推進していくことが可能になったと考えられる．それは，従来の消費者行動と新たな消費者行動の融合，従来の消費者教育と新たな消費者教育の融合，さらには地域や消費者の特性も踏まえながら消費者教育を効率的・効果的に推進していくことを可能にするものと考える．

　本研究では消費者教育の三つの体系化について考察してきたが，消費者教育の範囲は膨大であり，それは生涯続くものであり，さらには社会や時代の変化を踏まえる必要があることから，体系化された消費者教育を実践に移していくためには，消費者教育の三つの体系化をもとに「消費者教育プログラムの枠組み」の検討が必要になる．本研究の考察をもとにすると，基本枠組みとしては，持続可能な社会の理解，基本的な消費者行動の理解，必要となる消費者教育内容の特定などを示すことになるだろう．今後の研究課題としたい．

1) 日本消費者教育学会「学会設立趣意書」に「学会創立者 今井光映氏 起草」のなかで述べられている．
http://jace-ac.org/information/foundingbrief/［2018年5月10日閲覧］
2) なお，谷村は，消費者教育内容については「消費生活の安定と向上を図ること」と「持続可能な消費」の二つとしているが，「持続可能な社会」と「消費生活の安定と向上を図ること」との関係を明確にはしていない（谷村　2013：58-59）．
3) 基本法においても消費者の役割の規定の中では，消費者に環境や知的財産権への配慮を定めているが，推進法では付加的なものとして求めているのではなく，

さらに積極的に公正で持続可能な社会の形成への参画を求めている.

4)　2003年に環境の保全のための意欲の増進及び環境教育の推進に関する法律が成立していることから，環境教育は独自に実施されることも多い.

5)　「消費者基本計画」は基本法成立後，2005年，2010年，2015年と策定され，現在のものは2015年に策定されたものである（閣議決定　2015）.

6)　「消費者基本法において消費者政策の基本理念として消費者の自立支援が規定されたことから，消費者教育の推進体制を強化する必要がある」（閣議決定　2005：12）として，その一つに消費者教育の体系化が掲げられた.

7)　都道府県計画とは，推進法第10条第1項の規定（「都道府県は，基本方針を踏まえ，その都道府県の区域における消費者教育の推進に関する施策についての計画を定めるよう努めなければならない.」）に基づくものを指す.

　　消費者庁では，都道府県計画の策定状況を消費者庁のWebにおいて公表し，現在のものは「都道府県消費者教育推進計画等策定状況（2018年4月1日現在）」である.

http://www.caa.go.jp/policies/policy/consumer_education/consumer_education/promote/prefectures/［2108年5月1日閲覧］

8)　消費者庁では，2015年5月から2年間にわたり「倫理的消費」調査研究会を開催し，人や社会・環境に配慮した消費行動「倫理的消費（エシカル消費）」についての調査や議論を行い，倫理的消費の普及・啓発を行っている. 倫理的消費は消費者市民としての行動の一つといえる.

http://www.caa.go.jp/policies/policy/consumer_education/public_awareness/ethical/［2018年6月1日閲覧］

9)　代表的なものとして，2015年9月に国連本部で採択された「我々の世界を変革する：持続可能な開発のための2039アジェンダ」の採択がある. この文書の中心は17の目標および169のターゲットを含むSDGs（持続可能な開発目標）であり，国連加盟国はこれらの目標達成に向けて国内のステークホルダーとともに実現に向けて動いている.

http://www.unic.or.jp/activities/economic_social_development/sustainable_development/2030agenda/［2018年6月1日閲覧］

参 考 文 献

阿部信太郎（2014）「日本における消費者教育論の草創・展開期の研究」（『城西国際大学紀要』第23巻第1号）31-45頁.

石崎徹（1997）「購買後における広告の役割に関する一考察：消費者による広告への関心，期待，意識を中心として」（『早稲田商学』第373号）87-117頁.

伊藤元重（2015）『入門 経済学 第4版』東京：日本評論社.

井上崇通，小木紀之，木村立夫，中村年春（1999）『消費者問題の展開と対応』東京：放送大学教育振興会.

162

今井光映（1994）「消費者教育の基本概念」今井光映，中原秀樹編著『消費者教育論』東京：有斐閣，62頁.

今井光映（1994）「消費者教育の方法のシステム化」今井光映，中原秀樹編著『消費者教育論』東京：有斐閣，122-126頁.

色川卓男（2015）「消費者市民社会に向けた地方における消費者教育の現状と課題」（『国民生活』2015.3）1-4頁.

　http://www.kokusen.go.jp/wko/pdf/wko-01503_01.pdf［2018年6月10日閲覧］

色川卓男（2016）「消費者教育の射程とその課題」（『現代消費者法』No.33）16-17頁

閣議決定（2005）「消費者基本計画（平成17年4月）」.

　http://www.consumer.go.jp/seisaku/keikaku/file/keikaku.pdf［2018年6月1日閲覧］

閣議決定（2015）「消費者基本計画（平成27年3月24日）」.

　http://www.caa.go.jp/policies/policy/consumer_policy/basic_plan/pdf/150324 adjustments_1.pdf［2018年6月1日閲覧］

閣議決定（2018）「消費者教育の推進に関する基本方針」.

　http://www.caa.go.jp/policies/policy/consumer_education/consumer_education/ basic_policy/pdf/basic_policy_180320_0002.pdf［2018年6月1日閲覧］

木谷秀次（1998）「学校における消費者教育」松村晴路編著『くらしのための消費者論』東京：法律文化社，123-125頁.

正田彬（1991）『消費者の権利』東京：岩波書店，38頁.

消費者教育支援センター（2006）内閣府「消費者教育の体系化に関する検討会報告書」.

　http://www.consumer.go.jp/seisaku/shingikai/20bukai3/file/shiryo5.pdf［2018年6月1日閲覧］

消費者庁（2012）『「消費者教育推進のための課題と方向」の公表』.

　http://warp.ndl.go.jp/info:ndljp/pid/10981304/www.caa.go.jp/information/pdf/120406_ torimatome.pdf［2018年6月1日閲覧］

消費者庁（2013）「消費者教育の体系イメージマップ〜消費者力ステップアップのために〜」.

　http://warp.da.ndl.go.jp/info:ndljp/pid/11010180/www.caa.go.jp/information/ pdf/130122imagemap_4.pdf［2018年6月1日閲覧］

鈴木深雪（2010）「消費者政策 消費者生活論第5版」東京：尚学社.

谷村賢治（2013）「第4章 消費者市民教育の構図」岩本諭，谷村賢治編著『消費者市民社会の構築と消費者教育』東京：晃洋書房，57-80頁.

内閣府国民生活局（2003）『21世紀型の消費者政策の在り方について』東京：国立印刷局.

中原秀樹（1994）「消費者教育と環境教育」今井光映，中原秀樹編『消費者教育論』東京：有斐閣，291頁.

西村隆男（2017）『消費者教育学の地平』東京：有斐閣.

日本消費者教育学会（2004）「消費者基本計画に関する提言（2004年12月13日）」.

日本弁護士連合会（2017）「消費者教育の推進に関する意見書」.

　https://www.nichibenren.or.jp/library/ja/opinion/report/data/2017/opinion_170317.pdf

　［2018 年 6 月 1 日閲覧］

古谷由紀子（2017）『現代の消費者主権―消費者は消費者市民社会の主役になれるか』

　東京：芙蓉書房出版，129-131 頁.

宮坂広作（2006）『消費者教育の開発』東京：明石書店.

Consumers International（2015）, *UN Sustainable Development Goals and consumer protection: A shared 2030 Agenda.*

　https://www.consumersinternational.org/news-resources/blog/posts/20150923-un-sustainable-development-goals-and-consumer-protection-a-shared-2030-agenda/

　［2018 年 6 月 1 日閲覧］

別添資料 「消費者教育の体系イメージマップ」

重点領域 / 各期の特徴	幼児期	小学生期	中学生期	高校生期	成人期 特に若者	成人一般	特に高齢者 Ver.1.0
各期の特徴	様々な気づきの体験を通じて、家族や身の回りの物事に関心をもち、それを取り入れる時期	主体的な行動、社会や環境への興味を通して、消費者としての素地の形成が望まれる時期	行動の範囲が広がり、生涯を見通した生活の管理や計画の重要性、トラブル解決方法の理解が望まれる時期	生涯を見通した生活の管理や計画の重要性、社会的責任を理解し、主体的な判断が望まれる時期	生活において自立を進め、消費生活のスタイルや価値観を確立し自らの行動を始める時期	精神的、経済的に自立し、消費者市民社会の構築に、様々な人々と協働し取り組む時期	周囲の支援を受けつつも人生での豊富な経験や知識を消費者市民社会構築に活かす時期
消費がもつ影響力の理解（消費者市民社会の構築）	おつかいや買い物に関心を持とう	消費をめぐる物と金銭の流れを考えよう	消費者の行動が環境や経済に与える影響を考えよう	生産・流通・消費・廃棄が環境、経済や社会に与える影響を考えよう	生産・流通・消費・廃棄が環境、経済、社会に与える影響を考える習慣を身に付けよう	生産・流通・消費・廃棄が環境、経済、社会に与える影響に配慮して行動しよう	消費者の行動が環境、経済、社会に与える影響に配慮することの大切さを伝え合おう
持続可能な消費の実践	身の回りのものを大切にしよう	自分の生活と身近な環境とのかかわりに気づき、物の使い方などを工夫しよう	消費生活が環境に与える影響を考え、環境に配慮した生活を実践しよう	持続可能な社会を目指して、ライフスタイルを考えよう	持続可能な社会を目指したライフスタイルを探そう	持続可能な社会を目指したライフスタイルを実践しよう	持続可能な社会に役立つライフスタイルについて伝え合おう
消費者の参画・協働	協力することの大切さを知ろう	身近な消費者問題に目を向けよう	身近な消費者問題及び社会課題の解決や、公正な社会の形成について考えよう	身近な消費者問題及び社会課題の解決や、公正な社会の形成に協働して取り組むことの重要性を理解しよう	消費者問題その他の社会課題を解決し、公正な社会の形成に向けた行動の場を広げよう	地域や職場で協働して消費者問題その他の社会課題を解決し、公正な社会をつくろう	支え合いながら消費者問題その他の社会課題を解決し、公正な社会をつくろう
商品安全の理解と危険を回避する能力（商品等の安全）	くらしの中の危険や、ものの安全な使い方に気づこう	危険を回避し、物を安全に使う手がかりを知ろう	危険を回避し、物を安全に使う手段を知り、使おう	安全で危険の少ないくらしと消費社会を目指すことの大切さを理解しよう	安全で危険の少ないくらし方をする習慣を付けよう	安全で危険の少ないくらしと消費社会をつくろう	安全で危険の少ないくらしの大切さを伝え合おう
トラブル対応能力	困ったことがあったら身近な人に伝えよう	困ったことがあったら身近な人に相談しよう	販売方法の特徴を知り、トラブル解決の法律や制度、相談機関を知ろう	トラブル解決の法律や制度、相談機関の利用法を知ろう	トラブル解決の法律や制度、相談機関を利用する習慣を付けよう	トラブル解決の法律や制度、相談機関を利用しやすい社会をつくろう	支え合いながらトラブル解決の法律や制度、相談機関を利用しよう
選択し、契約することへの理解と考える態度（生活の管理と契約）	約束やきまりを守ろう	物の選び方、買い方を考え適切に購入しよう 約束やきまりの大切さを知り、考えよう	商品を適切に選択するとともに、契約とそのルールを知り、よりよい契約の仕方を考えよう	適切な意思決定に基づいて行動しよう 契約とそのルールの活用について理解しよう	契約の内容・ルールを理解し、よく確認して契約する習慣を付けよう	契約とそのルールを理解し、くらしに活かそう	契約トラブルに遭遇しない暮らしの知恵を伝え合おう
生活を設計・管理する能力	欲しいものがあったときは、よく考え、時には我慢することをおぼえよう	物や金銭の大切さに気づき、計画的に使うことを考えよう お小遣いを考えて使おう	消費に関する生活管理の技能を活用しよう 買い物や貯金を計画的に	主体的に生活設計を立ててみよう 生涯を見通した生活経済の管理や計画を実践しよう	生涯を見通した計画的なくらしを実践しよう	経済社会の変化に対応し、生涯を見通した計画的なくらしをしよう	生活環境の変化に対応し支え合いながら生活を管理しよう
情報の収集・処理・発信能力（情報とメディア）	身の回りのさまざまな情報に気づこう	消費に関する情報の集め方や活用の仕方を知ろう	消費生活に関する情報の収集と発信の技能を身に付けよう	情報と情報技術の適切な利用法や、国内だけでなく国際社会との関係を考えよう	情報と情報技術を適切に利用する習慣を身に付けよう	情報と情報技術を適切に利用するくらしをしよう	支え合いながら情報と情報技術を適切に利用しよう
情報社会のルールや情報モラルの理解	自分や家族を大切にしよう	自分や知人の個人情報を守るなど、情報モラルを知ろう	著作権や発信した情報への責任を知ろう	望ましい情報社会のあり方や、情報モラル、セキュリティについて考えよう	情報社会のルールや情報モラルを守る習慣を付けよう	トラブルが少なく、情報モラルが守られる情報社会をつくろう	支え合いながら、トラブルが少なく、情報モラルが守られる情報社会をつくろう
消費生活情報に対する批判的思考力	身の回りの情報から「なぜ」「どうして」を考えよう	消費生活情報の目的や特徴、選択の大切さを知ろう	消費生活情報の評価、選択の方法について学び、意思決定の大切さを知ろう	消費生活情報を評価、選択の方法について学び、社会との関連を理解しよう	消費生活情報を主体的に吟味する習慣を付けよう	消費生活情報を主体的に評価して行動しよう	支え合いながら消費生活情報を上手に取り入れよう

※本イメージマップで示す内容は、学校、家庭、地域における学習内容について体系的に組み立て、理解を進めやすいように整理したものであり、学習指導要領との対応関係を示すものではありません。

出所：消費者庁『消費者教育の体系イメージマップ～消費者力ステップアップのために～』，裏表紙，2013 年.

第8章

新しいリベラルアーツ批判の
リベラルアーツ理解
——持続可能な社会における大学批判の考え方——

石　綿　寛

はじめに——社会の持続可能性と大学およびその批判

　持続可能性が問われる現代日本社会において大学はよりその明確な教育・研究成果を出すことが求められている．例えば，宮地晃輔は，現代日本の大学が変革を迎えているとしたうえで，以下のように述べている．

　　現在の大学は，歴史的に見ても顕著な変革の中に立たされている．少子高齢化，18歳人口の減少，地方の衰退，国・地方の今後の財政への不安，企業の競争環境の国際化（グローバル化）に対応できる人材需要の増加，雇用慣行・労働市場の変化等がその背景にある．激変する社会に対して，大学は十年一日のごとく，安定的ですらある．教育サービスという観点からいえばそれでも良いように思われる．教授から学生への伝統・知識・文化の蓄積・継承拠点である大学は，その基本機能からいえば，むしろ安定的であることに意味がある．しかし他方で，変化を拒絶するかのような大学の態度に対する社会的視線は，ますます厳しさを増している（宮地　2016：iii）．

　日本の高等教育は，文系理系を問わず，学問の成果・教育の成果を目に見える形で貢献することが求められている．例えば，現在の大学では「外部機関による認証評価や大学自身の自己点検・自己評価活動，その前提となる大学の教育ポリシーの作成……FD（Faculty Development）の導入，学生による授業評価，あるいは学生ポートフォリオやそれらのデータを駆使した大学経営であるIR（Institutional Research）」などが導入されている（南島　2016：13）．また，経済産業省や文部科学省は日本の大学教育が育成する人材目標として「社会人基礎力」や「学士力」という教育成果指標を大学に要請している．文部科学省によって進められている国立大学の「ミッションの再定義」では，大学を全国一律同じものとするのではなく，「世界最高の教育研究の展開拠点」「全国的な教育研究拠点」「地域活性化の中核的拠点」の中で各大学の類型を明確化することを試みている（南島　2016：16-17；木村　2017；羅　2016）．政府の大学に対する予算措置も大学の取り組みを評価するために競争的資金の導入を重視している．例えば国立大学に対する政府の運営費交付金は大学規模に応じた交付から大学が応募して認められる取り組みに支給される方式に変化している（木村　2017：13）．この意味で，かつてあった「レジャーランド」化していると批判されてきた大学の姿は，少子高齢化による大学の危機をともなって，消えつつある（宮地　2016：iv；大内　2012）．

　このような中で進む大学改革に対して批判的言説はどのような役割を果たすことができるだろうか．大学は，研究を含む教育を通じて人材を社会に輩出してきた．そして，その人材が社会の運営の一部を担うという意味で，大学の教育は社会の再生産の一端を示している（Bourdieu 2003）．批判的言説の役割が，現実に対して異なる現実の可能性を示していくことにあるならば（Said 1996），社会の持続可能性の名目で実施される大学改革を通じた社会の再生産に対して異なる社会の再生産のあり方を示すことである．その際に何をもって「異なる」とするのか．この問いを進める上で，本章では，必ずしも大学改革という現状，社会の持続可能性という土台を否定する必要はないと考える．

　本章は，人文社会系学問を中心とした現代日本の新しいリベラルアーツ批判言説を研究対象として取り上げる．新しいリベラルアーツ批判言説は，現代進んでいる大学改革およびそこで実践されている学問，新しいリベラルアーツが市場や企業の要請を前提に進められていることを批判し，大学の自治や学問の自由を擁護することを試みている．しかしながら，その一方で，批判言説のそのような否定が，新しいリベラルアーツのもとで推進されている学問が地域社会や人々とどのように関わるべきかという論点を見えなくしているのも事実である．新しいリベラルアーツ批判言説が擁護する学問の自律性の重要さを前提にしたうえで，本章は，批判言説が地域や大学の持続可能性が問われる中で新しいリベラルアーツの実践とどのように向き合うべきかを論じる．その際に，批判言説のリベラルアーツの理解に論点をしぼって議論する．本章は，現代日本において新しいリベラルアーツが目指しているものは，社会問題解決のための能力・技能の付与だけでなく（地域）社会の中で人々が自分と向き合う実践でもあると議論する．以下，第1節では，そのようなリベラルアーツ批判がどのような批判を展開しているかを議論する．第2節では，リベラルアーツ批判に対して必ずしも大学改革という文脈で実施されている教育の実践を否定するべきではないという議論を展開する．第3節では，現代の大学改革批判を実施する上で，批判が根拠とするリベラルアーツの考え方には2つの異なる可能性があることを議論する．ここではなぜ新しいリベラルアーツの実践をすべて否定するべきではないことの論拠が示される．そしておわりにでは，本章の議論をまとめた上で今後の課題が示される．

1．新しいリベラルアーツとその批判

　現代日本社会においてリベラルアーツの意義が積極的に語られている．確かに，1991年に大学設置基準の大綱化以降大学の一般教養課程が縮小して

いったのは事実であるが，政官財学界をすべての領野において，幅広い知識を備える教養人というだけでなく知識を実践に活かしていける主体およびそのような主体を育むことの重要性は議論され続けてきた．そして現在の大学においても，学習成果や研究成果の明確化を求める政策とともにこのリベラルアーツの考え方は強く意識されるものになっている．本章では，様々な名前で呼ばれるこの議論や実践を新しいリベラルアーツと呼ぶ[1]．そして特に大学の教育や研究分野における新しいリベラルアーツを取り上げる．

この新しいリベラルアーツとして議論される学問の最大の特徴とは，文系・理系およびフィールドワーク実践などを含む総合知としてのリベラルアーツは「学問のための学問，そしてそれを通じた自己の陶冶」を目指すかつての教養理念もしくは19世紀ドイツで誕生したフンボルト型大学の理念[2]とは異なるということである[3]．この点について村上陽一郎は，以下のように議論する．現代において「教養がある」とは「広い知識を持ち，理解力を備える」ことではない（村上　2010：5）．

> 無論，それは教養の大事な要素には違いないが，如何なる「他者」に対しても，平等にコミュニケーションが出来る能力を持ち，かつ他者の枠組みに理解と共感を得ることができる能力，そして自分のなかに作り上げた規矩への信頼とともに，それを他者との共感のなかで修正する可能性に開かれているような自分を確保する能力を備えることこそ，教養教育の目的とすべきではないか（村上　2010：5）．

この教養＝能力とは何も文系の大学教員や学生だけに要請されるものではない．これは，理系の科学者，法曹，ビジネスマン[4]そして広く一般の人々が身につけるべき能力・技能であるとされる．そしてこの能力・技能は，リベラルアーツによって磨かれると議論されている．例えば，リベラルアーツの成果は，ここで語られる教養として説明されること以外にも倫理や多様な視点，批判的な意識，コミュニケーション能力，過去と未来を繋ぐ力など様々

な言葉で説明されている（池内　2008；奥野　2008；鷲谷　2008；淡路　2010；西尾　2010；山影　2010；麻生川　2014；出口　2014；守屋　2014など）．

　本章は以上のような教育や研究の成果を社会に対して明確にしていく新しいリベラルアーツを批判的に論じる論稿を対象とする．特にその中でも大学改革と関連させて論じられる新しいリベラルアーツへの批判を対象とする．批判にはもちろんのこと濃淡があるのは事実である．新しいリベラルアーツをラディカルに否定するものから，大学内で実施されている新しいリベラルアーツの中でオルタナティブを見つけようとする論稿もある（松下　2010）．特に本章が新しいリベラルアーツ批判として取り扱う議論は，学問の自律性を根拠に新しいリベラルアーツを批判する言説である．それら批判に共通していることは，現在の大学改革およびリベラルアーツは市場および企業の要請に強く影響を受けておりその中で，あるべき大学の自治や教育・研究の自律性が侵害され（てい）るという論点である．

新しいリベラルアーツ批判

　新しいリベラルアーツ批判において，批判者に共通している認識とは，現代日本社会の社会変化とそこにおいて求められている（大学）教育・研究の変化である．少子高齢化やグローバル化が進み，科学技術が急速に発展し，変容を遂げている現代社会において求められる社会課題や社会問題に対処できる人材の育成や知識生産の重要性が高まっている．このような意味で新しいリベラルアーツが希求されていることは事実である一方，そのような課題や問題への対処自体が，特定の権力関係や利益集団に依存していた場合，また社会に対する無関心をもたらす場合，リベラルアーツは社会や人々に貢献すると言えるだろうか．以下の論者たちはリベラルアーツが貢献する批判的な視点とは，社会の要請に対して異議を唱えることを可能にするものであることを強調している．新しいリベラルアーツに批判的な人々は，実践的な知識や社会問題・解決の名目で議論されているもしくは導入されている，新しいリベラルアーツ（教養教育）の「教養」自体が，特定の目的や利益のために

動員され，それらに対して無関心になっている点を問題視している.

　村澤真保呂は，現在の日本の大学に国家が要請している教養教育＝リベラルアーツ教育を「ネオリベラル・アーツ」と定義している（村澤　2009）. 村澤によれば，そこで目標とされているのは，「主体的に行動し自己責任観念に富んだ創造力あふれる人材」である. これは経済のグローバル化やサービス産業が進展するポストフォーディズム化の中で重視される能力である. 村澤は現在のネオリベラル・アーツは時代の変化に合わせたクリエイティブな人材を必要とする産業界によって要請されているという[5]. だからこそ，自己発見セミナーのような就職カウンセリング，オフィスで即戦力となれるようなワープロ・表計算の指導，生涯賃金や保険制度の仕組みを伝授，ストレスケア，実践英会話などが「学士力」の名目で重視されるのだという（村澤2009：161）. リベラルアーツが実現するとされる技能は，ポストフォーディスト型のクリエイティブな人材に必要な素養として理解するべきであると村澤は指摘している（村澤　2009：160；他にも鵜飼・島薗　2015；池内　2015；吉田2013 など）.

　また杉原真晃は，現代の大学などにおいて上述した意味で要請されている新しいリベラルアーツとは，あくまでも個人の能力育成というものを重視していることに注目している. そこでは，「多様な学問領域に共通する知の基盤や知的技法を，ある特定の学問領域の知識・技能から切り離し，取り出すこと」（杉原　2010：116）が行われ，「前学問的活動とも言えるようなパッケージ化された独自の基礎的なトレーニングプログラムを別途実施するという流れに」なっている. 杉原は，そこではそのような能力や技能を育成することが自己目的化する危険性があると指摘している（杉原　2010：116-117）. 杉原によれば，このような中で何のためにそのような能力を身に付けるのかということ自体が問われなくなり，社会に適応すべしというメッセージを学習者は抱くようになる. それは，社会という大きなシステムの矛盾自体もあたかも個々人が能力を身に付ければ解決できるかのような偽装（シミュレーション）を与えかねないという（杉原　2010：127-130；これ以外にも中西　2014；広田　2011

など）．

　このような新しいリベラルアーツに対抗するために，批判者たちは（大学の）学問そのものがもっているポテンシャルに注目をしている．そのような可能性を守ることこそが現在の新しいリベラルアーツが推奨される現在社会に望まれるものとなる．杉原は，先程の文脈で以下のように述べている．新しいリベラルアーツとして提供される能力などを育成する教育や研究は，

> 「導入」としての位置づけを明確にし，その後の学問活動につないでいくという役割自体の意義は持ってはいる．あるいは，その使い方次第では学問世界や学生の生活世界との相互関連を持つこともある．しかし，その関連性を含んだ教育の大きな目標に関心を払わず，型を真似，テキストを使用することにより汎用的知識・技能を身につけさせようとするだけならば，やはりそれはシミュレーションに終始することになるのである（杉原　2010：130）．

と述べている[6]．また上述した村澤も本来の大学の知とは個人の実践力に活かされるだけでなく，社会の未来をつくる重要なものであることを重視する．

> 大学の教養教育がそのような未来を顕在化させるための手段にほかならず，個々の人間形成という以上に広い意味での社会形成を目的とするものであるとしたら，私たちは，その闘争の内包されている潜在的な社会秩序——現在の知的世界のなかに仮想的に表現されたものとして——のうちに，新しい教養のあり方を探らなければならない（村澤　2009：164）．

　以上のように批判者たちは，新しいリベラルアーツを現代の市場や企業の要請に応える適応主義的な主体を育成する実践と見なしている．そこでつくられる能力とは，流動的な企業や人間関係のなかで他人とチームワークをとれるためのものであり，うまく相手に共感できるものであり，リーダーシッ

プを取れるものである．そこで犠牲になっているのは，そのような流動的な社会およびその社会が孕む問題に対する想像力であるという．それらを理解し，考えるためには，大学という制度の中で育まれ，蓄積されてきた自律的な学問・知の体系であるという．

2．地域に根差した教育から考える新しいリベラルアーツ批判

それでは現在の大学という文脈で新しいリベラルアーツの実践とは，社会に適応的な汎用的能力の育成[7]であり，前学問的であくまで真の学問領域に繋いでいくためのものでしかないのであろうか．ここではこのことを考えるために，特に地方を中心とした地域に根差した国公私立大学の新しいリベラルアーツの実践を振り返りたい．

地方人口の減少を食い止め[8]，および産学官連携を通じた「知の地産地消」を実現するために現在の地方大学においては地域活性化の拠点としての役割が期待されている．また同様に，地方の大学側としても18歳人口の減少[9]に伴い，大学をいかに持続可能なものにしていくかという課題に向き合っている[10]（南島 2016：3）．そして政府の運営費交付金や私学助成金などの運用もあって多くの地方の国公立大学や私立大学が「地域活性化の中核」をミッションとして定義している（木村 2017：11）[11]．この間の地方大学の地域に対する役割の変化は，以下のように指摘されている．2000年代前半までは地方大学が地域と関わると言った時，そのほとんどが，大学内部の教員による研究対象・フィールド調査の対象とすることであった[12]．そのため大学と地域社会との関わりも個別的で短期的かつ限定的なものであった．しかしながら，2003年のGPプログラムの実施や2007年の教育法改正などの政策的な誘導も相まって，地方大学が制度的に地方自治体，地元企業，地元の住民など多様な主体と協力して実践型地域協働システムを作り出すことが本格化している（富野 2017：5-6）．そこにおける地域と大学の関係性は，大学教員による研究を

通じた一方的な地域への関わりから，教職員を含めた大学全体と地域社会の主体が双方的に地域産業の育成，地域課題の解決，地域を担う人材の育成・教育を担うことが期待されるようになった（富野 2017：5-6；羅 2016：26-31）．自治体・地域産業などと連携した企業支援・起業支援，インターンシップ，商店街の空き店舗を活用した街おこし，地域イベントの共催や参加，地域観光文化資源の開発・保護，地域課題の解決にむけた協働[13]など，産学官連携を通じた様々な取り組みが実施されている（木村 2017：19-20；小林 2017：27-30）．

教育（や研究）もこのような地域連携の中での取り組みが重視されるようになってきている．小林によれば，地域社会との連携を図る地方大学において「課題解決・プロジェクト型学習 Project/Problem Based Learning」が積極的に実施されている．それは学生が行政，産業界，NPO など様々なセクターと地域課題に向き合うという試みである（小林 2017：27）．これは知識を実践に活かすという意味でまた実践から知識を獲得するという意味において，新しいリベラルアーツとして議論されていたことと関連している．

もちろん，そのような「課題解決・プロジェクト型学習」が，新しいリベラルアーツ批判が疑問を提示するような学生の就職に役立つ「社会人基礎力」を養成するのみの目的で，また学生の教育よりも大学のブランディングのために実施するプログラムとして，機能している場合がありうる[14]．

しかしながら，地方大学における「課題解決・プロジェクト型学習」の実践や議論の中で本章が注目するのはその成功した場合[15]の学生への教育効果として報告・議論されていることである．

羅一慶は，中京大学において実施された「ソーシャルビジネス人材創出・インターンシップ事業」の学生アンケートをもとにプロジェクト型学習の効果を以下のように述べている．羅によればその成果とは，「学生の社会に関する見方や社会とのかかわり方が変わったこと」である（羅 2016：40-41）．羅によれば，事前のアンケートの中で，学生たちは，社会は労働市場で，「労働市場で少しでも高く評価されたい」と思うものたちが多数であった．しかし

174

ながら，実践的な学習を通じて，学生たちは，学生でも社会に影響を与えることができると実感し，「NPO・企業・行政の方など立場も仕事も考え方も違う多くの社会人とかかわる中で，社会とのつながりを積極的に捉えるようになり，自分の世界を広げることができた」と述べるようになったという．羅は以下のように述べている．

> 社会を抽象的なものではなく，「自ら切り開く人生」を創造していく場として積極的に捉える態度の変容が〔学生たちに〕起きていた……．このように学生は地域で活動することで，地域に興味を持ち，社会に出ていくことを自らのこととして積極的に捉えることができることになる（羅 2016：41)[16]．

　本章が新しいリベラルアーツを考える際の準拠点としているのがこの羅の示した事例の学生の変化である[17]．自分の知識を地域社会で生かす，そして地域の中で実践的な学習をする（能力を育成する）というのは，確かに新しいリベラルアーツとして想定されるものである．この意味で新しいリベラルアーツ批判が批判する適応的な汎用的能力の育成もしくは前学問的なものかもしれない．しかしながら，そのような実践的な学習は，学習をする主体が当事者意識を抱くきっかけになる可能性がある．本多敏明は，上野千鶴子や中西正司の議論をもとに，当事者意識を以下のように述べている．「自分で自分のニーズの欠損に気づき，そうではない新しい現実をつくりだそうとする構想力をもったときに，ニーズとは何かがわかり，人は当事者になる」（本多 2012：12)[18]．地域に関与するという実践的な学びを通じて，自分自身のニーズを発見する可能性は重要ではないだろうか．それは新しいリベラルアーツの批判者にとっても重要な効果である．適応主義的にならないために社会を批判的にとらえるためにも，社会で要請される実践的な能力を個人個人が考えることができるようになるためにも，その主体が当事者意識（自分が自分や社会を望ましいように変えていきたいという意思）をもっていることは重要であるだろ

う．

　問題は，新しいリベラルアーツ批判が新しいリベラルアーツの問題を指摘することで，新しいリベラルアーツがもつこの当事者意識の涵養という側面を否定してしまうことにある．確かに，批判の議論が示すように現在の高等教育の文脈において新しいリベラルアーツとして実践される教育や研究が，市場や企業による影響を強く受けているという指摘に対しては，注意を払うべき点はあると考えられる．また同様に，個人の能力や学習成果を明確化するという学問の傾向が，学問の質の低下や目的を問わない盲目的な能力育成や成果追求になってしまうという指摘も重要な論点ではあるだろう．そしてそれらを通じて教育や研究の自律性を守るべきという指摘も重要であるだろう．しかしながら，それらの自律性とは何のためのものであるだろうか．そのような自律性は大学が置かれている社会にこそ還元されるべきものであろう．そして，そのような知識の成果の社会や主体への効果をはかっていこうとする新しいリベラルアーツは多義的で多様である．この新しいリベラルアーツの土台自体を否定することは，少子高齢化・グローバル化の中に置かれている変化する大学で，批判的な知識生産とその成果を発揮する場を縮めることにもなりかねない．

　大学学問の効果や意義を鮮明にしていこうという新しいリベラルアーツ実践の主体への貢献をリベラルアーツ言説から整理することの重要性はここにある．多様なリベラルアーツの実践を否定することなく，言説分析を通じた主体への貢献の整理は実践の質を評価するためのメルクマールの役割を果たすであろう．以下では現在の新しいリベラルアーツを巡る議論からリベラルアーツが主体に貢献すると言った時に2つの異なる意味合いがあることを示す．リベラルアーツがリベラルアーツに携わる主体に貢献すると言ったときに問題解決型と問題提起型の2つの貢献がある．能力育成を通じて学問の成果を社会に活かすということは必ずしも社会に適応主義的な主体を育成することだけではないことを議論する．

3. 2つのリベラルアーツの実践
——問題解決型と問題提起型

3-1. 問題解決型のリベラルアーツ

　新しいリベラルアーツ論においてリベラルアーツが主体に貢献をすると言った時に2つの異なる貢献があると指摘されている．1つ目は，問題解決型の貢献である．新しいリベラルアーツ論の多くの議論が，リベラルアーツの貢献とは，人々に能力や技能を提供することで，現在の複雑な社会状況をより良いものに導くとしている．

　例えば，火浦俊彦は，リベラルアーツによって培われた視点こそ，現実の社会問題解決に必要なものであるとしている．彼自身が従事しているコンサルティング業を事例に彼は以下のように語っている．現実に実施されている会社の経営は，経営学組織論（組織内階層論やレポーティング理論など）で取り扱うような会社経営を特定の会社の文脈から切り離す一つの視点だけでは理解できない．理解できたとしてもそれは偏見になるという．一つの企業には，歴史や風土，DNA があり，経営の組織などのハードだけを改良したとしても，歴史や風土などのソフトを考慮しない限り従業員が変化しない．そしてその結果，企業経営は変化しないと火浦は指摘している．

　　　世の中の事象はルービックキューブに似ている．ある部分をいじれば必ず全体に影響が及ぶし，一面だけ色を揃えたところで今度は別の面の色が揃わなくなったりする．経営も同じだ．ある問題を解決するには，常にいろいろなものが組み合わさっているという前提で……経営を見る必要がある（火浦　2014：40）．

　火浦にとってリベラルアーツによって養われる批判的な視点＝複眼的な視点こそ，事象の複雑性を認識することに貢献するという．

リベラルアーツは，直訳すると「自由の学問」である．自由であるがゆえに，自分自身が知識体系を構築しなければいけない．自分が構築した知識体系から他の事象を見つめると，思考の幅が拡がり，「自由な発想」が生まれる（火浦　2014：40）．

今田高俊もリベラルアーツによって涵養される批判的視点は，社会問題解決のために重要になることを指摘している．今田によれば，現代社会は高度に技術への依存度を高めている．その中で，21世紀の科学技術と人間社会の不調和の可能性，つまり人類の環境との調和，経済活動との両立の困難などが予想されている．これらに応えるためには文理融合型のリベラルアーツに基づく教養教育が必要になる．今田によれば，社会問題は，既存の学問体系のように文系・理系そして専門分野によっては分割されていない．リベラルアーツによって実現される視点，つまり専門分野を超えて思考し判断するための知識や人間への洞察・人間を理解する力こそが求められていると述べている．今田は以下のように述べている．既存のたくさんの知識を持っている教養人の育成ではなく「あくまで21世紀の高度知識社会を担う専門家の育成を前提とし，かつ地球市民としての自覚と責任感を備えるための基盤教育」としてのリベラルアーツこそが現在必要になっている（今田　2008：43）．

　このようにリベラルアーツを現代社会の問題（企業のマネージメント改革や高度な技術と社会との調和）を解決する手段として理解するとき，リベラルアーツは道具的に人々に能力や技能を授ける道具となる．新しいリベラルアーツ批判はこのようなリベラルアーツのあり方を警戒している．学問がこのように社会問題解決の道具となるとき，社会的な要請が学問を一方的に規定するようになり，権力が介入する道具となる危険性がある．このように新しいリベラルアーツおよびその人々への貢献を理解するからこそ，新しいリベラルアーツ批判は，リベラルアーツという議論や実践自体を否定することになるだろう．

3-2. 問題提起型のリベラルアーツ

しかしながら，現在リベラルアーツとして議論・実践されていることは社会問題や課題解決のための主体の能力育成というだけではない．それらの主体の能力育成とは，主体と社会の関係を作り直すもの，主体の生き方に問題を提起する問題提起型の実践とも構想されている[19]．

この意味で，阿部謹也が提示している古典の読解を通じたリベラルアーツの教養，能力育成の考え方は，「社会問題解決のための道具を身に付ける」こととは区別されるべきものである．阿部によって提示された，リベラルアーツが批判的な視点を提供することの意義とは，個人の人生特に個人の誠実な生き方への貢献なのである．

阿部によれば，中世ヨーロッパにおいてリベラルアーツを学ぶことは，それ自体が社会への貢献であるよりも前に，自分自身のために実施することであった[20]．都市国家が誕生し，人生をかけて農村から移住し日々どのように生きるべきか（「将来をどのようにするべきか」「今日は物乞いをするかそれとも文字を学ぶか」など）を考察する中で，また1215年のラテラノ公会議により義務付けられた告白の実践によって，一部の人々が「個人」として自分の将来や自分の果たすべき善悪について自分の内面と向き合うことになっていく．そしてその自分の内面を表現する手段や内面に与える指針となったのが古典書物であったという（阿部　2000：42-54）．

　「教養」というのは，何遍も言いますように，「古典を読む」ということから始まったように見えますが，そうではないのです．その前の段階があります．それは，「自分はどうすべきかということを考える」ということ．これを敢えてやや抽象的に言えば「いかに生きるかを考える」ということ．……ここが意外に理解されないところがあります（阿部　2000：55）．

ただしそれは，フンボルト型の教養のように自己を社会から切り離し，全

体的な視点を獲得するために学芸が実践されたわけではない．学習したこと
は，各人の日常生活に持ち帰るものとされそこにおいてこそ試されるもので
あったという[21]．だからこそ過去のリベラルアーツにおいては職人の技や医
術を学ぶという実技も重要な要素とされたという．

　このような過去のリベラルアーツをもとに，阿部は，リベラルアーツを通
じて実現される教養を以下のように議論している．教養とは本来地位や外部
から評価される人格・成果とは関係がない．それは集団に生きる個人と個人
の内面との関係性であり，その間の調和を図ることそのために「どのように
生きるべき」かという問いを深めていく姿勢が阿部にとって教養である．

　　あるべき教養というものには人格が含まれていなければいけない，「人格
　　高潔な人」でなければならない……しかし，人格高潔なんてことを言っ
　　た瞬間に，嘘が見えてきます．つまり，「人格高潔な人」というのは，私
　　は残念ながらこの60何年の生涯の中で会ったことがない．……
　　　そうするとどうなるかというと，それぞれの持ち場において（その持ち
　　場というのは，学生なら学生，職人なら職人，商人なら商人，銀行員なら銀行員
　　……何でもいいです），その持ち場を誠実に生きようとしている人々の生き
　　方の問題だというふうに考えている．つまり，誠実に生きようと思えば
　　考えるしかない（阿部　2000：58）．

　　人類の遺産で，それらの書物も……ソクラテスもプラトンも，あるいは
　　ダンテも，皆「いかに生きるべきか」という努力の結果書いたものだか
　　ら，参考にならないはずはないのです．そういう意味で参考になるので，
　　そういう物を読む必要がある．ただ，「読んだ」ということは自分の行動
　　に関わった時にのみ意味があるので，その名前をひけらかすことに意味
　　があるのではないということが分かってさえいれば，読んでも読まなく
　　てもいい．読んだ方が恐らくプラスになるだろうというだけの話なので
　　す（阿部　2000：65-66）．

　「いかに生きるべきか」ということを自分の持ち場で正直に考え，誠実に
　それを生きてみるということ．しょっちゅうそういうことをやっていた
　ら疲れますから，私が先程言いましたように，やはり一生に何回か，き
　ちっと考える．そういう瞬間があってもいいのではないか（阿部　2000：
　67）．

　このように考えるならば，阿部にとって，リベラルアーツを追求すること
は何を意味するのか．それは何よりも，自分自身の人生や自分自身の生活に
おいて参照軸を提供することにある．そしてリベラルアーツに関わる主体は，
その参照軸を通じて自分の生き方や生活を把握し，自分の生き方を決めてい
くことにある．阿部にとってそれ故，教養があること，教養がないことで違
いがあるとすれば，それは自分の人生の選択について「自分自身で誠実に向
き合う姿勢」をもっているかどうかということであった．そのうえで二次的
にそのような「誠実に向き合う姿勢」を涵養する手段として書物を読むこと・
リベラルアーツがあり，また副次的な結果として「他者の考えを理解するこ
とができる」ことや社会の問題を解決し調和をもたらすことを期待されるこ
とが上げられるのである（阿部　2000：67-72）．阿部にとって教養を通じた人
間的豊かさの実現とは何よりも社会に生きる個人の生き方に自分自身で答え
ることを意味する．

　もし，このようにリベラルアーツを理解するならば，リベラルアーツの実
践は，新しいリベラルアーツ批判が適応主義としてもしくは個人化を押し進
めるものとして否定したものではなくなる．むしろ，リベラルアーツの批判
者たちが，新しいリベラルアーツの外側に求めたものを，社会と個人と知識
を結ぶリベラルアーツの実践として構想することができる．言い換えるなら
ば，批判者たちが，この理解にもとづいて新しいリベラルアーツを論じるな
らば，現在の大学改革の中で，自分達の居場所を全否定することなく，戦略
的に批判を展開することができるだろう．

お わ り に

以上本章は，現在の新しいリベラルアーツ批判が，リベラルアーツの実践そのものを否定することで，リベラルアーツ実践の多様性を見られなくなることを問題として議論を展開した．そしてそのようなリベラルアーツ実践の多様性を認識するためには，新しいリベラルアーツ批判のリベラルアーツが主体に貢献することの意味合いを変化させる必要性を論じた．持続可能な大学や地域の下で要請される学問のあり方が，新しいリベラルアーツが批判したように，大学や学問の自律性を危機にさらす可能性は十分にある．しかしながら，要請されている学問のあり方が，学問と人々・社会の関係性を従来とは異なるあり方で作り直すこともありうる．その可能性を認識する必要があるだろう．

今後追求されるべき課題として，要請されている新しいリベラルアーツの中でどのような実践が問題提起型のリベラルアーツになりうるのか．また，問題解決型のリベラルアーツと問題提起型のリベラルアーツは両立可能なのか．このような問いを，新しいリベラルアーツの実践の中で追求していく必要があるだろう．

1) 本論が，新しいリベラルアーツ論という時，そこには教養論，一般教養課程，リベラルアーツ教育論，など，広く人文社会系および理系の学問を総合的に研究・学ぶことの意義を語る議論の事を意味する．
2) 大学を現世の利害や関心と切り離し，哲学を中心とした抽象的な学を通じて，社会全体に対する視野や自分自身の内面を磨くという理念である．
3) かつての「教養」の意味合いを現在において強調する論考もあるのは事実である（潮木　2008；山岸　2008；亀山　2010）．
4) この点において山口周の議論は注目に値する．ハイデガーの世界劇場の議論をもとに，山口は，現存在としての自己と，世界が要求してくる役割＝役柄を分ける技術こそリベラルアーツであると議論する．世界という劇場の中で現存在としての自己が，不完全で不本意に演じることが求められる世界や自分自身の脚本を書きかえる，演出を変えること，それが世の中で端役を演じているビジネスマン

にとって本当に必要なことであると山口は議論する（山口　2014：55-56）.

5）　広田は，教育内容だけでなく大学自体が，企業のように統治されるべきという議論や実践が広がっていることを問題としている．広田によれば，大学の研究や教育に国際的な通用性を与えるために，第三者機関などによる客観的な評価を実施し，そのような評価にもとづく資源配分を実施するあり方は，民間企業の経営手法を大学に適用するものである（広田　2013：47-48）．このような民間企業の経営手法を大学に適用することの問題は，このような手法が少子高齢化やグローバル化に対応する技術的な中立性を標榜しているようでいて，その有効性が実証されていないことにあるという（広田　2013：50-51）．広田によれば，そもそも歴史的に見て，大学の大衆化に対して大学の教育や研究の質を維持してきたのは文部省による教員資格などを通じた大学教育への規制であり，学生の増員をはかり収益を上げようとする大学経営者に対する教育者の教育環境や研究環境への異議申し立てであったという（広田　2013：57-60）．しかしながら現在大学改革の中で実施されようとしていることは，経営と教育研究の分離であり，学生や社会のニーズに応えることであり，大学の外部組織による評価である．つまり内部者は既得権益者であると想定されるため，時代に合った大学改革・教育研究内容を提供するためには，ふさわしくない存在とされる．大学の役割分化にしても大学としてスタンダートを低下させる結果になりかねないと広田は指摘している（広田　2013：64-65）．広田は以下のように強調している．大学の価値や質というものを根本的に定義しつくりだしているのは大学内部の教育者＝研究者であり，大学の経営者や外部評価機関ではない．そのため，現在の大学改革は大学の価値を低下させるものに他ならない（広田　2013：66-67）．そのため，広田によれば，大学を取り巻く環境の変化に向き合うためには，現在の大学の研究者や教育者を排除して進む大学改革ではなく，彼らが教育・研究の内容として大学のマス化・大衆化・グローバル化に向き合うことであるという.

6）　例えば，杉原は，大学が学問として形成してきた知の体系はそのものが実体知として意味をもっており，現在の新しいリベラルアーツが議論するような能力の育成とは関係なく，実践知に意味をもっていると述べている（杉原　2010：122-127）.

7）　この論点には異論もある．例えば高等教育や職業教育の分野で議論されているキー・コンピテンシーの概念は必ずしも企業内部で使える職業能力の開発というだけでなく，市民として課題を解決するための内面的能力の育成という側面もあることが指摘されている（松下　2010）.

8）　人口の社会増減の鍵は，大学への進学，大学からの卒業であることが背景にある（南島　2016：3）.

9）　18歳人口は1966年249万人でピークであり，1992年に205万人までもちなおしたものの2014年には118万人になり，2043年には99万人になると予想されている（南島　2016：7）.

10)　例えば,「平成 28（2016）年度私立大学・短期大学等入学志願動向」（日本私立
　　学校振興・共済事業団）によれば,全国において定員を充足できていない私学は
　　44.5%あり,その中でも定員数 800 人未満の大学および宮城・埼玉・東京・神奈
　　川・北陸・愛知・京都・大阪・兵庫・福岡以外の大学の定員充足率が 100% を下
　　回っている（岩田　2017：32）.小林によれば,その理由とは教育の質よりも若者
　　が都市に流出していることが主要因としている（小林　2017：27）.

11)　例えば,国立 86 大学のうち約 64% の 55 大学がミッションとして「地域活性化
　　の中核」を選択している.その背景には,大学法人化以降の運営費交付金の削減
　　があり,一番実現可能性があるミッションを選択し,競争的資金を獲得すること
　　があると指摘されている（木村　2017：11-12）.公的私学助成が私学の全収入の
　　10% 弱であることに対して,2015 年国立大学法人全体で運営費交付金は収入の約
　　74% を占めると言われている（木村　2017：12；尾西　2016）.

12)　大学と地域社会の連携は戦後以降その性質を変化させてきた.戦後から高度経
　　済成長期までは,戦後復興および民主主義確立の名の下に分権型地域社会におけ
　　る地域指導者層の育成が期待されてきた（富野　2017：5）.その後高度経済成長
　　期になると大学入学者の増加とともに地域の産業を担う労働者や地域人材の育成
　　が実施されるようになる（富野　2017：5）.

13)　例えば,福岡県立大学では「不登校・引きこもりサポートセンター」を創設し,
　　「不登校・ひきこもり援助力プログラム」を実施している（木村　2017：20）.

14)　この点において新しいリベラルアーツ批判の指摘は正しいと考えている.上野
　　俊哉が「社畜になる準備段階としての「家畜化」」をうながす教育と指摘される
　　ようなプログラムは問題と考えている（上野　2015：156）.その一方で,以下で
　　議論するように「書物だけではなく身体を動かして覚醒する感覚や知性を学生や
　　社会に見せていく」（上野　2015：158-159）そのような実践教育としてのリベラ
　　ルアーツは意義があると著者は考えている.

15)　羅はこのような課題解決・プロジェクト型学習はリスクが伴うメソッドである
　　ことを強調している.もしも地域の自治体・企業や大学が収益などの短期的な成
　　果を求めて課題解決・プロジェクト型学習を学生に実施するとするならば,教育
　　効果を伴わない安い労働力として学生が使われる結果にもなりかねない（羅
　　2016：43-44）.重要なことは,大学を含めて連携する地域社会がプロジェクト型
　　学習ということを学生の教育を目的としている理解を共有するとともにそこから
　　お互いに学び合える関係をつくることであるという（羅　2016：45-47）.

　　　　産学公連携の成果は,収益や生産性の向上など「直接的」な効果よりも,連
　　　携相手のブランド力やコミュニティ再生など地域を活性化するプロセスにお
　　　ける学習とイノベーションを促す社会的装置として評価されていることが多
　　　い…….文系分野における産学公連携は,地域の各アクターの自立化とイノ
　　　ベーションに向けた学習効果をもたらし,地域の問題解決を行うための地域
　　　力の向上において,重要な役割を果たすことが期待されている（羅　2016：

38).

16) 他にも小林はプロジェクト型学習の成果として以下のように述べている.

> 学生は地域の人々に鍛えられる. 初めはろくに挨拶もできない学生が, 地域
> の人々との交流を通して成長し, 地域で信頼されていく. そして, 地域に就
> 職することで地域に帰っていく（小林　2017：27）

17) もちろん, 羅の示した事例は特殊なものであるかもしれない. また, 学生の意
識変化は, 個人個人の資質などプロジェクト型学習だけによるものではない可能
性は大いにある. しかしながらそのきっかけを与えていることは事実ではないだ
ろうか.

18) 実践的学問として批判される専門学校の職業教育の文脈でもこのような意識の
存在が指摘されている. 植上一希は, 専門学校の職業教育の意義を青年の社会化
としたうえでその重要性を述べている. 職業教育として実施されていることが単
純な技術の継承ではなく, 技術と関連した業界や地域社会と関わることと結びつ
いている. 学生は職業教育を通じて社会と関わりをもっていることを植上は重視
している. 植上によれば, 専門学校の職業教育は職業という狭い限定的な選択肢
を学生に示すことで, 学生が自分自身のライフコースを選択する・考えるという
機会を提供している.

> 青年は, 自己を自らが所属する社会のなかで認識し, また自らが埋め込まれ
> ていくなかで社会を認識していく. その過程のなかで, 自らのありようと自
> 身が埋め込まれる社会の選択を積み重ねていく. それゆえに, 選択という要
> 素は, 青年の社会化にとって重要なものであり, 青年期教育は青年の選択を
> 支援する役割を本質的に有している（植上　2016：161）.

19) この問題提起の理解はパオロ・フレイレにもとづいている. フレイレは, 識字
教育から課題提起教育の重要性を議論している. フレイレの理解に従うならば,
被抑圧者として我々は物理的・経済的に自由を奪われているだけでなく, 自分た
ちが抑圧されているという自分達を対象化する自由を奪われている. そのため,
学習をするとは, 何よりも自分たちを対象化する道具を身に付けることであり,
そのような道具を通して自分を抑圧する社会・世界と自分の関係性を結び直すこ
とであった（樋口　2010：92-93）. 樋口とみ子によれば,

> フレイレの実践は, 文字を獲得するということの中に, 人間が自覚的に現実
> 世界と向き合うようになる主体的契機を構築する可能性のあることを示唆し
> ている. 既存の抑圧的な社会構造にともすると埋没していた学習者が, 自ら
> を取り巻く現実世界に対する批判的意識を獲得し, 自己の解放さらには社会
> の変革へと向かうことのできるような実践をフレイレは試みてきた（樋口
> 2010：94）.

20) 阿部は以下のように指摘している. 中世西欧世界において実践され世界に伝播
したリベラルアーツの起源とは, 書物などの読解を通じて人間的完成を目指すも
のであったという. サン＝ヴィクトルのフーゴーの議論をもとに以下のように述

べている．中世において知恵をつけるとは，

> 知恵とは何かといえば我々の自然本性の十全性が回復されることを意味する．自然本性とは人間のうちにある善のことであり，同じく人間のうちにある悪を欠如と見なして善を回復することが知恵なのである．そのためには学芸知と徳が必要である（阿部　1997：57-58）．

そしてこの目的のために，古典の読解や実技などが教えられていたという（阿部 1997）．そして最終的には世界に対して自分の意見をもつこと，それこそが学問を通じた人間の完成であったと阿部は指摘している（阿部　1997：59）．

21)　阿部は以下のフーゴーの言説を引用している．

> 研究に必要なものは何かといえば素質と修練と学習である．素質とは耳にした事柄をたやすくつかむ能力であり，修練とはもって生まれた才能を耕し尽くすことであり，学習とは称賛に値する仕方で生きながら，日々の行いを学知と結合させることを意味する．そして天賦の才能を修練するのは読解と黙想である．読解とは書かれたものを通じて我々が形成されることである（阿部　1997：58-59）．

阿部によれば，

> 世界に対する愛から学問をするのではない．自己の中から学問への衝動が生まれ，哲学を中心とした学問の全分野を修めなければならないが，そのすべてを修めた上で何をなすべきかも問われている．ある哲学者はすべてを学習した後に陶工の仕事に転じたといわれ，またある学者は靴直しの技芸の熟練に至っていたという．フーゴーの言う知は単に書物を読むことだけではない．行動も含まれていたのである（阿部　2001：25）．

参 考 文 献

麻生川静男（2014）「リベラルアーツ概論」（『Think!』第 60 号）32-35 頁.

阿部謹也（1997）『「教養」とは何か』講談社現代新書.

阿部謹也（2000）『大学論』東京：日本エディタースクール出版.

阿部謹也（2001）『学問と「世間」』岩波新書.

淡路剛久（2010）「法科大学院とリベラルアーツ」（『學鐙』第 107 巻 1 号）11-13 頁.

池内了（2008）「私のリベラルアーツ論―自然科学の立場から」（『学術の動向』第 13 巻 5 号）35-39 頁.

池内了（2015）「「大学改革」と日本の将来」（『現代思想』第 43 巻 17 号）42-48 頁.

今田高俊（2008）「新しいリベラル・アーツを求めて」（『学術の動向』第 13 巻 5 号）42-43 頁.

岩田雅明（2017）「大学が地域で生き残っていくために必要なこと―大学経営の視点から」（『都市問題』第 108 巻 2 号）32-36 頁.

植上一希（2016）「「大学の専門学校化」批判の問題性　専門職業大学の創設に関連して」（『現代思想』第 44 巻 21 号）154-163 頁.

上野俊哉（2015）「人文系 BF 私大を再活性化するためのいくつかのアイディア」（『現代思想』第 43 巻 17 号）153-163 頁.

鵜飼哲・島薗進（2015）「大学への支配と抵抗」（『現代思想』第 43 巻 17 号）62-79 頁.

潮木守一（2008）「欧米におけるリベラルアーツの起源と教訓」（『学術の動向』第 13 巻 5 号）10-15 頁.

大内裕和（2012）「再生のために必要なこと　大学はどう変容してきたか」（『週刊金曜日』第 884 号）28-29 頁.

奥野信宏（2008）「総合政策学部とリベラルアーツ」（『学術の動向』第 13 巻 5 号）31-34 頁.

尾西康充（2016）「地域圏大学での試み」（『現代思想』第 44 巻 21 号）104-109 頁.

亀山郁夫（2010）「世代間の戦いとしての教養」,（『學鐙』第 107 巻 1 号）, 6-10 頁.

木村誠（2017）「地域への貢献をめざす国公立大学」（『都市問題』第 108 巻 2 号）9-20 頁.

小林功英（2017）「地域共創―地方小規模私立大学の地域貢献」（『都市問題』第 108 巻 2 号）26-31 頁.

杉原真晃（2010）「〈新しい能力〉と教養―高等教育の質保証の中で」松下佳代編著『〈新しい能力〉は教育を変えるか　学力・リテラシー・コンピテンシー』京都：ミネルヴァ書房, 108-140 頁.

出口治明（2014）「未来について考えるために，過去の歴史を学ぶ」（『Think!』第 60 号）27-31 頁.

富野暉一郎（2017）「自治体と大学の連携について」（『都市問題』第 108 巻 2 号）4-8 頁.

中西新太郎（2014）「グローバル競争時代の能力論・人材養成論と内面統治の国家主義」（『現代思想』第 42 巻 6 号）186-197 頁.

南島和久（2016）「地方大学の新段階と新展望―地方消滅・大学淘汰・改革文脈―」平岡祥孝・宮地晃輔編『「それでも大学が必要」と言われるために―実践教育と地方創生への戦略―』東京：創成社, 3-27 頁.

西尾隆（2010）「リベラルアーツこそ大学の原点」（『學鐙』第 107 巻 1 号）14-17 頁.

火浦俊彦（2014）「複雑な事象を多面的に捉え，構造を見抜く「思考のクセ」」（『Think!』, 第 60 号）37-41 頁.

樋口とみ子（2010）「リテラシー概念の展開―機能的リテラシーと批判的リテラシー」松下佳代編著『〈新しい能力〉は教育を変えるか　学力・リテラシー・コンピテンシー』京都：ミネルヴァ書房, 80-107 頁.

広田照幸（2011）「学校の役割を再考する―職業教育主義を超えて」神野直彦・宮本太郎編『自壊社会からの脱却　もう一つの日本への構想』岩波書店, 151-176 頁.

広田照幸（2013）「日本の大学とグローバリゼーション」広井照幸他編『グローバリゼーション，社会変動と大学』岩波書店, 43-72 頁.

本多敏明（2012）「現代社会における排除の危機とサービスラーニング」（『淑徳大学

サービスラーニングセンター年報』第 2 号）9-13 頁.

松下佳代（2010）「〈新しい能力〉概念と教育—その背景と系譜」松下佳代編著『〈新しい能力〉は教育を変えるか　学力・リテラシー・コンピテンシー』京都：ミネルヴァ書房，1-42 頁.

宮地晃輔（2016）「編者のことば」平岡祥孝・宮地晃輔編『「それでも大学が必要」と言われるために—実践教育と地方創生への戦略』東京：創成社，iii-vi 頁.

村上陽一郎（2010）「教養教育の将来」，『學鐙』（第 107 巻 1 号）2-5 頁.

村澤真保呂（2009）「ネオリベラル・アーツ化する大学教育と「教養」の未来」（『現代思想』第 37 巻 14 号）158-166 頁.

守屋淳（2014）「日本人が自分を知るための中国古典」（『Think!』第 60 号）98-103 頁.

山影進（2010）「戦争を知らない子供たちから質問できない子供たちへ」（『學鐙』第 107 巻 1 号）18-21 頁.

山岸俊男（2008）「リベラルアーツのパラドックス」（『学術の動向』第 13 巻 5 号）40-41 頁.

山口周（2014）「「武器」としてのリベラルアーツ」（『Think!』第 60 号）50-56 頁.

吉田文（2013）「グローバリゼーションと大学」広田照幸他編『グローバリゼーション，社会変動と大学』岩波書店，15-42 頁.

羅一慶（2016）「学生をとする文系の産学公（官・NPO）連携と学び合う地域」渋谷努編『大学と地域社会の連携—持続可能な協働への道すじ』福岡：石風社，17-50 頁.

鷲谷いずみ（2008）「環境危機の時代のリベラル・アーツ」（『学術の動向』第 13 巻 5 号），22-25 頁.

Bourdieu, P. (2003), "The Invisible Hand of the Powerful", in His *Firing Back: Against the Tyranny of the Market 2*, Verso, pp. 26-37.

Said, E. (1996), *Representations of the Intellectual*, Vintage Books.

第9章

社会の持続可能性に資する「人文学」のあり方について

山 内 勇 人

は じ め に

　本章の目的は,「社会の持続可能性」のために日本の高等教育において行われている人文学[1]という研究／教育的営為はどのような貢献ができるのかという点について理論的に考察することにある.

　持続可能な社会に向けた教育的試みの一つは,持続可能な開発のための教育(Education for Sustainable Development:ESD)である.この教育的試みは,国際的には1992年にリオデジャネイロで開催された「環境と開発に関する国際連合会議」(地球サミット)で採択された「アジェンダ21」の36条が教育の役割を重要視したことを直接の端緒として始まった.日本においては2000年代から本格化し,「批判的な思考」や「他者への想像力」,「主体的に参加しようとする態度」といった能力・態度の育成を目指した実践が行われている.

　ESDは従来の教育の内容に「持続可能性」を加えれば良いというものではない.それは従来の教育の在り方が「持続不可能」な社会の構築に寄与してきてしまったことへの反省を含んでおり,「アジェンダ21(第36条)」でも述べられているように「持続可能な開発」に向け既存の教育の再方向づけ(reorientation)」をも目的とするものである(United Nations 1992).つまりESDは

知識の内容だけではなく，既にある「正答」を伝達していくという従来の教育の在り方そのものも再検討の対象とするものでもあったといえる．この点は柴川（2017：74）も指摘しているように「持続可能な社会を形成するような価値観というのは既にある正答ではなく，それ自体を追求し，再考し，また批判的に検証され続けるべき対象でもある」と考えられること，言い換えれば伝達すべき「正答」がない，という状況を考えるならばもっともなことである．しかし，ESD のそのような野心的な試みが必ずしもうまくいっているわけではない．日本における ESD の取り組みにおいては，多様な立場や主張のある議論には踏み込まない傾向があることや教育の方法が従来型の教育とあまり変わりがないといった点が課題として指摘されている（湯本　2015：198）．このような課題を抱えている ESD に対して人文学はどのような貢献ができるのか．

「正答」がない中で，それでもなお社会の持続可能性を目指すという努力に対して，人文学がなしうる貢献の一つは，人文学の「内容」によるものである．人文学的な営みは「持続可能性」について普遍的な解を供給できなくとも，自らのものとは異なる立場をよりよく「知る」ためには有効かもしれない．例えば人文学が供給する他文化に関する知が多文化共生に必要な他文化への愛情と敬意を育成するという芳賀徹（2015：46）の考えや，文学テキストに現れる自然環境に関する表象やその表象に垣間見える人間の自然観の読解を通じて持続可能性への理解を深めようというサステナビリティ文学研究者，松岡信哉の試み（松岡　2012）[2]，文学作品の読解を通じて他者への想像力を膨らませ得るという西真木子（2012）の理解などはその一例であるといえるだろう．

だが本論が考察したい「社会の持続可能性」に対する人文学の貢献とは，人文学的知の内容というよりも，人文学に見られる「知」と主体の関係によるものである．人文学とは，「人間の精神的活動（文学，芸術，哲学など）を対象とし，人間本性の探究を目的とする，いわば人間の反省的な学問」を意味しているが，そこでは「広義のテクストの読解と注釈が主たる活動であるた

め，人間の精神的所産を人間が読み解くという過程において解釈者自身の倫理性や情動，身体性などが介在しやすい」（西山　2013：16）という特徴を持つ．これが意味しているのは，人文学的な営みが「客観的な真実」とされる知識を伝達していくことを基礎とする近代教育の影響を受けながらも，同時にそれとは異なる「知と主体の関係性」を示しうると考えられるということである．これまでも人文学に対して知識の内容の供給以上のものを求める議論は存在していたが，教育によって供給される知識と学習者が発揮しうる主体性との関係はほとんど論じられてこなかった．人文学が可能態として有している知と主体の関係を理解することは，多様な価値観や主張を伴う議論に入ることに躊躇している ESD の議論の在り方に対して，従来のそれとは異なる方向性を示唆するものとなり得ると考えられる．そこで本論は，人文学的知が持ちうる知と主体の関係とはどのようなものであるのか，それがなぜ社会の持続可能性にとって重要であるのか，という点を論証していきたい．

　かかる目的を達成するために本論は以下の作業をおこなう．まず，1)「持続可能性」が（例えば環境負荷の少ない車といった）技術の問題ではなく価値観の問題であること，そして持続可能性をめぐる議論が，「客観的な知」の伝達をその基礎とする近代教育制度の中で，ある種の機能不全となっていることを確認する．次に，2) 人文学的知が「価値観を問い直す」という作業を含むことを確認し，イギリスの教育哲学者，ガート・ビースタの議論を援用しながら，人文学には近代教育の「知識の伝達」に見られる知と主体の関係とは異なる関係が提示しうることを論じていきたい．

1．ESD と近代教育制度

1-1.「持続可能性」概念の曖昧さ

ESD に関する二つの引用から議論を開始したい．

ESDに普遍的なモデルは存在しない．持続可能性の原則とそれを支える
概念については，全体的な合意がなされているものの，地方の状況，優
先事項，アプローチによって，微妙な違いはあるであろう（国連教育科学
文化機関　2006：191）．

「〔国連　持続可能な開発のための教育の〕10年」における国内の実践を
ふり返ると，その目標に記された「社会変容に求められる価値観・行動・
ライフスタイルを学ぶ機会」はつくられましたが，それらが日常に浸透
するまでには至らなかったと言えます．正解のように示される『持続可
能な社会像』や『暮らし方』が知識として伝えられても，それらを日常
の暮らしや営みに反映させなければ，持続可能な社会づくりにはつなが
りません．いかに持続可能な開発を日常にしみ込ませるのかが今後の課
題と言えます（永田・曽我　2017：20，〔　〕内は本章筆者）．

　一つ目の引用は，2005年から2014年までの10年にわたって実施された
「国連　持続可能な開発のための教育の10年」(UN-DESD)の国際実施計画に記
載された文言であり，二つ目の引用は，永田と曽我が日本におけるUN-DESD
の10年の経験を振り返り，今後のESDの課題を論じたものである．これら
の引用だけを取り上げてみると，人々の間で「持続可能性」の原則やそれを
達成するために必要とされる「価値観・行動・ライフスタイル」等に関して，
合意があるかのようにみえる[3]．
　確かに「持続可能性が大事である」という総論については，合意に至って
いると言えるかもしれない．だが，どのような状況をもって望ましい「持続
可能性」というのか，それを支える価値観は何か，という点に関し人々が直
面してきた／いるものは，「微妙な違い」にはとどまらないものであり，常に
矛盾と対立を孕むものである．例えば，生命にとって水が欠かせないことを
考えるならば人類が持続可能であるためには水資源を大事にすることが欠か
せないという総論には多くの賛同が得られるだろう．だが，「水資源を大事に

する」と言っても，それが具体的には水源を手つかずのままにしておくこと
を意味するのか，水のリサイクル施設を作るのか，水源の美しさを人々に体
験してもらう公園を整えるのか，意味するところは多様である．そこには常
に様々な価値観や利害の矛盾と対立があるのだ．この点は，「持続可能性」概
念の歴史的な変遷にも現れている．

　「持続可能な開発」が問題として論じられるようになったのは，1972 年，ス
ウェーデンのストックホルムで開催された国連人間環境会議に端を発すると
言われている．そこで議論の中心となったのは，60 年代の高度経済成長に伴
い発生した環境問題であった．自然環境保護という観点から「持続可能な開
発」の重要性が問われたわけだが，そこでは立場によって「持続可能性」と
いう価値観への理解が全く異なることが問題となった．具体的には，既に経
済発展を終えた後に環境を重視し，開発を止めるよう考える先進国と，これ
から経済発展をするために開発を行いたい途上国との対立であった（別所
2013：8-9）．その対立の結果，この国際会議の宣言文では，世界の資源と富を
公平に分配すべきである，という地域間公正の視点が盛り込まれたという．

　「持続可能な開発」概念が明確に定義されたのは，1987 年のいわゆるブル
ントラント報告によってである．この報告書は，1984 年に設置された「環境
と開発に関する世界委員会」の 3 年間にわたる調査・公聴会の結果である．
同報告書においては経済開発と同時に環境保護が重視され，「現代世代のニー
ズのみならず未来世代のニーズをも視野に入れた開発のあり方が目指された」
のであった（永田　2009：76）．1997 年，ギリシャのテサロニキで開催された
「環境と社会に関する国際会議」の宣言文（いわゆる「テサロニキ宣言」）では，
「持続可能性」概念の包含内容が更に広がることになった．テサロニキ宣言で
は，持続可能性という概念が環境に限定されず，「貧困，人口，健康，食，民
主主義，人権，平和を包含するような概念である」とされ（柴川　2017：75），
「究極的には，持続可能性は道徳的・倫理的規範」とされたからである（永田
2009：78）．

　このように「持続可能な開発」や「持続可能性」といった概念の歴史を振

り返ると，最初は，地域間・社会間（国家間）の公正という地理的広がり，次に世代間という時間的広がり，そして環境問題からその他の問題領域を包含するという対象領域の広がりという，概念内容が拡大していく歴史であったことがわかる．だが，この概念の内容の広がりは意味内容の明確化や合意形成への試みを活性化させてきたとは言えない状況にある．むしろ「概念の広がりは同時にその意味の拡散」であり，持続可能性という概念は今や「それ自体では何らその具体的内実の普遍性を保証するものではなくなっている」（桑田　2010：16）とも評されているのである．

　持続可能性という概念の意味内容の曖昧さの解消に向けては，例えばこれまでの議論を振り返り規範的基礎付けを行おうとした桑田学の議論（桑田2010）やこれまでの持続可能性概念に関する議論を類型化し，成果を測るための共通の基準がないといった課題を提示した副島武彦（副島　2006）の試みなどがある．

　「はじめに」でふれたように持続可能性概念が常に再検討に付される可能性があることに鑑みるならば，「持続可能性」概念の意味内容が曖昧なことはむしろ当たり前だとする考えもあるだろう．その意味では，桑田や副島のような試みがどんなに洗練された「持続可能性」概念を生み出したとしても，それは常に再検討の可能性に開かれている．それでも「持続可能性」概念の曖昧さを指摘したのはこの「曖昧」な持続可能性概念が，ESD という学校教育にもちこまれる際，ある問題を含んだ認識論的枠組みの中で理解されていることが懸念されるからである．次にその点を確認していこう．

1-2．ESD と近代教育制度の齟齬

　笹井宏益と佐藤和子は，持続可能性な社会について次のように述べている．すなわち，

　　ESD が目指す持続的な社会を実現することは，そう簡単ではない．そこに至るまでには，長い時間と多様なセクターによる協働が必要であり，

課題解決に向けてそれぞれの立場で参加し，連携を取りつつ実践的な取組みをするプロセスにおいて，仲間と相談をしたり，議論を行い，意思決定の内容に納得し，実践に取組み，その結果を省察する，といった「教育的な営み」が創出されるプロセスが重要である（笹井・佐藤　2015：162）．

「それぞれの立場」，「意思決定の内容」等を互いに理解しあうには，なぜある価値観が他の価値観に比べて持続可能性に資すると考えられるのかを提示することが必要である．根拠を提示し，議論を重ねること（ただし同時にそれがもつ限界を認識し，再検討の余地を残すこと），それが ESD が目指す持続可能な社会実現への道だろう．だが，後述するように現代の ESD の試みにおいて曖昧な「持続可能性概念」は，互いに根拠を提示するといった行為を通じて，議論や対話への道を開くというよりも，競合する「多様な理解」がお互いに関係付けられることが困難なまま浮遊している状態にあると評されている．むしろ，ESD は内容があいまいでそれぞれの論者が自由に自分の希望を反映できる記号としての性質，言い換えるならば「『空っぽな記号（empty signifier）』という性質をもつが故に〔……〕環境保護，経済成長，社会正義といった論争的な要求の違いを同価し，異なる意味や立場を包摂することで，望ましい共通目標の代表となり得た」（小栗　2015：33）という側面があったとも評されているのである．

　もちろんこれまでの ESD の議論において持続可能性概念の曖昧なものであり，多様な考えがある中での合意に至る必要性などが認識されていなかったわけではないだろう．ESD においては，既存の知識への批判的思考や他者への想像力の育成の必要性が謳われているのは，多様な考えがあり，「正解」を与えるという方法の限界を認識しつつも，異なる価値観をもつ他者と共に生きる方法が模索されているからに違いない．だが ESD 実践の調査や報告からは，むしろ多様な持続可能性概念が互いに関連付けられることなく浮遊している状態にあることが浮かび上がってくる．

　湯本浩之は，日本における「国連持続可能な開発のための教育の 10 年

(UESD)」の報告書である『ジャパンレポート』には，語句の数としては「環境教育」が多く登場し，平和や人権といった論点が登場しないことを指摘する．また，そのレポートの中の東日本大震災が ESD に与えた影響に関する言及においては，「エネルギー問題」「地球温暖化問題」「ライフスタイル」に対する国民の意識が高まったという記述はあるものの，「原発問題」や「原発に対する批判」などが記載されておらず，その点がバランスに欠けるという批判が草稿段階で批判があったこと，しかし，その批判が回避される形でレポートが作成されたことを指摘し，「従来の日本の ESD では，学校現場で取り上げやすい問題は取り上げられても〔……〕政治的あるいは政策的に多様な立場や主張のある課題に踏み込んでいくことに対しては，躊躇ないしは葛藤があるように見える」（湯本　2015：198）と述べている．

　また，日本における持続可能性に関する代表的な市販のテキストを検討した森岡正博は，それらのテキストにおいて「持続可能性であるべきもの」についての候補は提出されているが，それは直観的に提出されているだけであり，ある事象に取り組むことが，なぜ持続可能性につながるのか，という点についてはほとんど論じられていないこと，そして，持続可能であるべきもの同士が競合したときに，それにどう取り組むのか，という点についても考察がなされていないことなど持続可能性概念の曖昧さを指摘している．

　例えば，テサロニキ宣言では持続可能性を達成するために貧困削減も取り組むべき課題に含まれていたことは先に触れた．だが森岡は，なぜ所得格差がないことが人類全体の持続可能性につながるのか，という点は曖昧である，という．そこでは所得格差があったほうが，みんなが頑張って働こうとし，その結果として社会全体の持続可能性に寄与する可能性がある，という点は考慮されていないからだ．森岡によれば，これは他の課題にも当てはまる．「健康」も取り組むべき課題であることはテサロニキ宣言に見た通りであるが，持続可能性概念をめぐる議論においては健康で安全・安心に暮らせなくとも，人類全体として持続可能ならば良いのではないか，という考えに対する反証もなされていない．近年，人権の一つとして広がりつつある同性婚に

対しても，それが社会に広まることにより，安全や安心が脅かされていると考える人々もいる．同性婚の広がりは人類の持続可能性を脅かすのか否か，と森岡は問う．さらにはテサロニキ宣言において持続可能性にとって重要とされている「平和」を脅かす戦争に対してでさえ，戦争がありつつも人類が存続してきたことを踏まえると，戦争が持続可能性に寄与しないと根拠なしに前提できない，と指摘しているのである（森岡　2014：39-48）．森岡は持続可能性概念の包含範囲，すなわち地域間公正，世代間公正などに反対しているわけではない（森岡　2014：41）．彼は，なぜある事象や価値観が「持続可能性」に貢献すると考えられるのか，その論拠を示すべきであると指摘していたのである．

　湯本，森岡の指摘は，持続可能性概念が曖昧なままで提示されていることを指摘しているわけだが，たとえ提示された「持続可能性」概念が曖昧であっても，それがESDを経験した学生の中で，彼ら自身の経験や価値観と結びつき，曖昧ではないものに結実しているならば，さしたる問題ではないと言えるかもしれない．しかし，ESD実践の報告書からはESDにおいては，「価値観の多様性などに気が付くこと」が最終地点となっており，その後，どのように曖昧で多様に理解可能な持続可能性概念と学生自身のこれまでの価値観やライフスタイルなどと結びつけていくのか，というおそらく最も大きいであろう課題への対応が個人に任されていることが浮かび上がってくる．

　例えば，二ノ宮リム幸は2009年度に文部科学省「戦略的環境リーダー育成拠点形成事業」に採択された東京農工大学「アジア・アフリカ現場立脚型環境リーダー育成プログラム」を事例として取り上げ，「現場の文脈」と研究・教育を結び付ける実践，現場体験型グローバル教育としてのESD実践について報告している．二ノ宮リムは参加学生による現場体験をふりかえる発言の中に，現場の文脈と自分の研究を結び付けることの葛藤（現場にニーズのない研究をしているため，ビジネスとつながらないなど）や文脈の多様性や協同の必要性への意識（日本のやり方は現地には通用しない，経済的・社会的な状況に鑑み優先順位をどうするのかといった葛藤）が示されたことを報告している．「現場体験」

が，学生が研究と学習を現場の文脈と結び付け，多様なローカルな知との出会いやその重要性への気づきを得る可能性を有しているということが結論となっていたのであった（二ノ宮リム　2015：141-143）．もちろん，こういった「多様性」に気がつく実践そのものも貴重な機会であるのは疑いようもない．だが，「持続可能な社会」実現のために欠かせない，多様性への気づきやその気づきと従来の自分のライフスタイルとの間の葛藤，言いかえれば，「個人的」な事象を「社会的」なものへと接続していくという課題は個人に任されているままなのである．

　「持続可能性概念の曖昧さを取り扱わない」，もし多様さに気がついたとしても，「気づきが個人レベルに留まり社会的に関係づけられない」といった従来の ESD の限界は，教員・学生の個人的資質に依るものであるかもしれない．しかし，ESD が行われているのは文化的に中立な場ではない．教育はその知の内容だけではなく，それが営まれる「制度」——知識だけではなく，その知識をどのように使うのか，どのように位置づけるのか，といったメタ知識が一体化したもの（小林　2001：23）——の影響も受けている．日本は国際的には ESD の先進国としてイメージされているが，実際に日本の ESD の現場を見た海外からの見学者からは，その教育がさして進歩的ではないと評されることが珍しくないと報告されている．「学校の雰囲気や授業やその他の活動で採用されている手法の大半は『普通』なのである．教育内容は持続可能な開発や持続可能性についてであっても，学校の文化や支配的な価値観，その反映とも言える手法は旧態依然としている場合が少なくない」と報告されていたのだ（永田　2014：168-169）[4]．上記の日本で行われている ESD への批判は，「正答を伝達する」というスタイルを基礎とする近代教育制度の枠組みを維持したまま，持続可能性といった「正答のないもの」を取り扱うことに伴う「齟齬」から生じたものと考えられる．もう少し詳しく見てみよう．

　近代教育の特徴，それは松下良平（2005：51，強調は松下）によれば，「世界について知ることと世界の表象を獲得することを同一視した上で，世界の表象（＝知識）の習得や操作をめざす」学習，つまり「表象の学習」と呼ばれて

いるものである．「表象によって捉えられた世界は，表象を導きだした解釈者によって媒介された世界」であるが，表象の学習は，世界の表象が解釈者による産物であるという点を忘却することによって成立している（松下　2005：52）．

　ただし，表象を媒介する解釈者の存在が無視されることによって成立している表象の学習においても解釈者の存在が常に忘却されてきたわけではない．松下によれば，70年代くらいまでは，表象の背後に表象しえぬものが存在することが自覚されていることも珍しくなかった，という．表象の背後にある表象しえぬものをどのように補うのか，という問題意識もあったが，近年では，むしろ表象の背後は「余計なもの」として存在そのものが忘れ去られるようになった，と指摘している（松下　2005：52-54）．

　このような表象の学習は，松下（2005：52，〔　〕内は本章筆者）も指摘しているように「学ぶ内容が表象としての知であるからこそ，すべての人にあらゆること〔を〕教えることが可能になった」という点では，必ずしも否定されるべきものではない．また，表象の学習は，不確実な世界に独力で向き合うという危険性を減じるという点でも，意味のあることであったと考えられる（森田　2011：7）．

　しかし，「表象の学習」はESDにいくつかの困難をもたらすものであると懸念される．

　第一の問題点は，解釈者が忘却されることから生じる．解釈者の存在が忘却されること，言い換えれば表象の内容の決定がある種の恣意性を含んでいることが忘却されることは，ある表象が決定される際の権力性の問題が見落とされるということを意味している．先にあげた湯本や森岡の例においては，相互に矛盾・競合する持続可能性の理解の中で，特定の「理解」が「持続可能性のあるべき姿」として提示されていた．これは，ESDの試みにおいても，権力関係において劣位にある存在の考えや生の在り方等が周辺化されていることを意味している[5]．むろん，劣位にある者の価値観が常に尊重されるべき価値を有しているかどうかは議論が残るところであるが，「表象の学習」に

おいては，そもそも競合する価値観同士の対話等が困難になると考えられる．ESD の課題としては，（ある価値観の論争的側面を隠蔽した知を）「正答」として受けとるのではなく，学習者が論争的なビジョンの生成に関わることの必要性や（cf. 小栗　2015：33），そもそも「あるべき価値観」を目指す対話の場から排除されている人々を想起する必要性が指摘されているが（cf. 酒井　2015：50），それらが可能となるのは，「表象」の背景に，表象され得ぬものの存在が認められたときである．「表象の学習」における解釈者の忘却は，上記のような課題への取り組みをより困難なものとすると考えられるのだ．

　第二の問題は，第一の点で述べた「議論・対話が困難となる」という点とも関係しているが，表象の学習において，学習者は専ら知を受けとる受動的な存在として位置づけられるということである．特に表象が専門家によって供給され，非専門家との間に知／無知という分断と階層が前提された場合，この点はより顕著になることが懸念されている（澤田　2014：137-138）．供給された「表象」と学習者個人の経験や価値観との間に大きなずれがない場合には，この点は大きな問題とはならないかもしれない．しかし，ある人からは持続可能な社会の達成の妨げになるとして是正の対象とされる価値観は，別の人にとっては，まさに彼の生を支える価値観である場合もある．だが，「表象の学習」において学習者はもっぱら受動的な存在として位置付けられるため，是正の対象となった価値観が，彼にとっていかに重要であったとしても，彼は正答とされた表象の前では，正しい世界像から外れた，逸脱者として位置付けられてしまうのである．

　これらの問題を回避するため，世界に関する複数の表象を併記する，という方法で表象が特定の立場に独占されないようにするという対処方法もあるだろう．だが「表象の学習」という枠組みの中では，これら「複数の表象」を前に学習者がもちうるのは「選択の自由」に留まる．そこでは提示された表象のリストの中から選ぶ自由はあっても，表象のリストを書き換えるプロセスからは学習者は排除されたままにとどまることになるのだ．

　このような懸念は，単に理論的な産物ではない．国連持続可能な開発のた

めの教育の10年に向け，国内に設定された「国連持続可能な開発のための教育の10年」間連省庁連絡会議（2011：10）が，ESDにおいては「単に知識の伝達にとどまらず体験，体感を重視して，探究や実践を重視する参加型アプローチとすることが大切」であるとしたようにESDという営みにおいては，体験学習やディベートといったアクティブ・ラーニングと呼ばれる手法が用いられている．それは，こうした「持続可能な社会」という未知の領域に向かうに際して，「表象の学習」だけでは不十分であることが認識されているからといえる[6]．だが，体験学習やディベートの導入が「表象の学習」という認識的枠組みの解体に必ずしもつながるわけではない．アクティブ・ラーニングとは言え，「正答」を教員がすでに所有しており，学習者は（従来の座学とは異なる方法で）設定されたゴールに向かうというケースがアクティブ・ラーニングとされる場合もあることが指摘されている（cf. 今泉　2016：25）．また，アクティブ・ラーニングの問題は，先にあげた二ノ宮リムのケースのように，学習者が解釈者の位置を占めることになった場合でも生じている．学習者が多様性等に気がつくことを持って成果とする試みでは，個々の参加者は新たな表象の作成者となり得る可能性は有しているが，他の表象との交渉や調整は個人任せになっていた．そこでは「世界の表象」の解釈者が，「他の誰か」ではなくアクティブ・ラーニングに参加する学習者自身に変更となったという側面が認められるものの，個々の学習者によって生み出された表象が相互に関係付けられることのないまま，相対主義を帰結する可能性が依然として残されている[7]．

　「持続可能性」という概念の意味するところは一見合意があるように扱われているが，本来多様で相矛盾する理解すら内包する概念である．この概念を教育においてどのように取り扱うのか．ESDに取り組む際に多様な理解のうち一つだけを取り上げたのでは，他の理解を排除・隠蔽することになる．だが，その一方で単に理解や価値観の多様性を言祝ぐだけでは，競合する諸価値観同士を関係付けることや調整することができず，「持続可能な社会」像は個人的な願望・思いつきにとどまってしまう．ESDは「正答の伝達」を基礎

とする近代教育の在り方の中で,「答えが決まっていない」持続可能性という課題にどのように取り組むのか,という思考錯誤の中にあると言えるだろう.「教育と持続可能性はしっかりと結びついているものの,私たちが知っている教育と持続可能性のための教育の違いは,多くの人々にとって不可解」(佐藤・阿部　2007：83) なものにとどまっているのである.

2.「表象の学習」とは異なる営みとしての人文学

2-1. 人文学とは何か

では,「持続可能性」という未だ正答のない問題点に取り組むために,どのような教育の在り方が考えられるのか.ここで本章が注目したいのが,「人文学」である.

「はじめに」でも述べたように,人文学とは,「人間の精神的活動(文学,芸術,哲学など)を対象とし,人間本性の探究を目的とする,いわば人間の反省的な学問」である.それは「必ずしも実験や統計による実証が当てはまるわけではなく,主に文献学的手法に立脚し,その解釈の妥当性や整合性が学問的明証性の基準となる」ような分野のことである(西山　2013：16).だが,例えば哲学の隣接分野であった心理学は近年では脳科学に近づいていることに見られるように領域の境界があいまいになっているのも事実である.そこで本章では野家(2013：166)の議論にならい,「『人文学』という名称を厳密に定義することはせず,大まかに大学の文学部や人文学部で教育・研究がなされている学問分野を指すもの」として用いることにしたい.

一般的に人文学のイメージは,個人的なもの,どちらかといえば「趣味的」なものとして理解されている.そうであるからこそ,例えば松岡信哉(2012：38)は個人の視点を重視する文学テキストと社会における公正の問題を重視するESDの間に齟齬があるとして,その架橋を課題としていたのである.

しかし,今日の大学論において,人文学の社会的な側面も指摘されるよう

になっている．例えば人文学は教養教育と同義に論じられることも珍しくないが，「教育は，とりわけ教養教育の本質は，はじめから未来の社会の担い手（市民）を育成し社会を持続させることだったのであり，社会の持続可能性と切り離された教養教育の理念はありえない」（戸田山　2007：27）とする議論もある．また，近年の人文学の有用性が問われる風潮において，人文学を「既存の価値観への批判」や「新たな価値の創造」といった社会的な側面を有しているものとして位置づけるという理解も登場している．

　市場至上主義や環境を専ら人間の操作の対象として見なすといった「持続不可能性」を下支えしてきた価値観も人間の精神的活動の所産であることには違いない．とするならば，持続可能性への道をさぐる際には，従来の知を反省し新しい知識を生み出すことが欠かせないだろう．そこでは，吉見俊哉（2016：69-70）が指摘したように予め設定された目的を実現するために最適な方法を探すという，どちらかというと理系の知にあてはまる目的遂行型の知ではなく，目的自体を創造する価値創造型の知が必要となる．人文学はこの価値創造型の知，すなわち「既存の価値や目的を限界を見定め，批判・反省していくことにより新しい価値を創造することができる知」と位置づけられるのである（吉見　2016：110）．

　ただし，このように人文学を特徴づけたからといって，人文学が「表象の学習」から自由であり直ちに「持続可能な社会」の実現に寄与しうると位置づけ得るわけではない．

　例えば，吉見は別の論考において，現代社会においてこのような人文学が必要とされる領域として，開発，環境保護といった「持続可能性」に関係するグローバルな問題をあげる．吉見によればこれらの問題の解決に資するのは，理系に属する学問と理解されがちであるが，「本当に問題を解決し，新しいビジョンを開こうとしたら，文系的な知と理系的な知をいかにうまくつないでいくか」が重要となる，という．それらは単に工学の側面から取り組めばよいのではなく，人文社会的な知を組み合わせて「文理融合」ができる人を育てて初めて解決可能となる分野であり，文系を切り捨てることは自殺行

為であろうと指摘していた（吉見　2015：26）．しかし，吉見俊哉が指摘した文理融合の領域に限定したとしても，その議論の場からは専門家以外のほとんどの人間が締め出されているのが現状だ．たとえ，ESD に人文学的知が加えられたとしても，その ESD において人々が「文理融合」の研究の結果，すなわち「従来とは異なり理系・文系の要素をも網羅した」研究の結果を表象として受けとるだけの立場に留まるのであれば，それは内容の洗練された「表象の学習」に留まっている．

　「表象の学習」への留まりは，理系・文系の両方にまたがる問題に取り組む際にのみ生じる問題ではない．批判的な認識の獲得をめざすという試みにおいても生じる．「個人」や「専門家以外」といった人々にとって，物事を批判的に検討する能力が重要であると議論する論者に哲学者の三谷尚澄がいる．三谷は，近年の学生たちにみられる社会や将来の不確実性を前にして，そういった難しい問題は専門家に任せ「わかりやすい」結論に逃げ込むという傾向があることを批判的にとりあげている．というのも三谷から見ると「わかりやすい結論」も確実なものとは言えず，上手くいかなくなる可能性が常にあるからである（三谷　2017：135-137）．

　だが，こういった批判的に物事を検討する能力を涵養しようとする哲学の試みも「表象の学習」から必ずしも自由ではない．三谷は「自己」をめぐる哲学講義を担当しているが，講義に出席し続けた，「自己が誰かよりも就職活動のほうが大事」だという学生についてのエピソードに次のように言及している．三谷の話をまとめると，その学生は，三谷が講義において「当たり前の問題を立ち止まり考えることの重要さ」を説けば，「先生の発言はもっともだと思った」とコメント・シートに記入し，三谷が「自己の問題は複雑だから自分なりに考えてほしい」という旨の説明を行えば，本人が具体的に苦しんだり悩んだりした痕跡がまるでないコメント・シートには「さまざまな議論に触れて視野が広がった．しかし難しい問題なので今後も自分なりに考えていきたい」と記載された，という。それは三谷にとって，頭を掻きむしりたくなる体験であった（三谷　2017：127-128）．これは近代の教育の基底にあっ

た「表象の学習」の認識論的枠組みを維持したままでは，「『当たり前』に対する批判が重要である」という文言は，実際に「当たり前」に対する批判的態度を醸成するのではなく，「当たり前に対する批判が重要」という表象として消費されてしまう危険性があることを示している．本論の文脈から理解すれば，三谷の議論は ESD の取り組みに際しても「表象の学習」において培った知への態度が維持され，「持続可能性を達成する正答」を他者から供給してもらおうとする姿勢が残存し続ける可能性に対する警鐘として読み替えることができるだろう．

　このように見てくると，持続可能性に資するものとして人文学を位置づけるのであれば，人文学における知と主体がどのような関係でありうるのかを考察する必要があることが見えてくる．より具体的には，表象の学習のように専門家が生産した表象に「個々人の生」を従属させるのはなく，しかし「個々人の気づき」を言祝いだ結果相対主義を帰結するのでもない，知と主体の関係を考える必要がある．この点を考えるのに本論が補助線として導入したいのが，イギリスの教育哲学者，ガート・ビースタの議論である．

2-2.　教育の3つの機能——ガート・ビースタの議論から

　ガート・ビースタは，シティズンシップ教育や生涯学習，教授パラダイムから学習パラダイムへの移行といった現代イギリス社会の教育が直面している様々な教育問題を積極的に，かつ批判的に論じている教育哲学者である．シティズンシップ教育など持続可能性に通じる事例を議論の対象とすることもあるが，彼の議論の中心は知の内容というよりも，教育制度や社会における知の認識枠組みにある．したがって，彼は ESD における「あるべき知と主体の関係」を直接的に提示しているわけではない[8]．それでも彼の議論を補助線として導入したいと考えるのは，ビースタが「正答」とされる表象と，それを批判的に捉える「個々の自由」とをお互いに必ずしも排他的なものとして捉えない，教育の機能に関する枠組みを提示しているからである．その枠組みを議論する前に，「表象の学習」という本論の中心的議論に関係する

ビースタの認識を確認しておこう．それは彼の知識論にみることができる．

　ビースタは，知識の認識論が変化しているにもかかわらず，学校教育に見られる知識の認識が，彼が「知識の表象的理解」（representational view of knowledge）と呼ぶ枠組み，すなわち，シニフィエとシニフィアンの間に対応関係を見出すという理解から変化していないことを指摘している．この枠組みにおいては，例えば道徳といった実践に関連しているものも，知っているか否かテストされうる「知識」として位置付けられることになる，と指摘していたのである（Biesta & Osberg 2007：15-17，24-25）．この知識観は，表象の学習にもみられるものである．

　ビースタにとって，この認識論的枠組みは問題である．というのも，知識がそこにある現実を写し取ったものである，という見方においては，知識が伝達されるときには受け手の解釈を伴うことや，送り手の意図と受け手の解釈の差異によって生じる「新しいもの」が到来する余地がなくなってしまうからである（Biesta 2009：396-397，399）．ビースタは，この「新しいもの」の到来は非常に重要である，という．というのもビースタは刻々と変化する現状において，既存の知識に頼ることは，それがたとえ過去においては有効であったとしても「無責任」であると考えているからである（Osberg & Biesta 2007：45-46）．

　では，教育の重要性を否定せず，しかし，従来の表象に収まりきらない「新しいもの」を重視するというビースタの議論において，知と主体はどのような関係にあるのだろうか．

　ビースタは，教育を相互に重複・関連する３つの領域，すなわち，「資格化」，「社会化」，「主体化」の３つの領域の組み合わせとして理解する．

　「資格化」とは，学習者に必要な知識や技能，理解を提供することである（ビースタ　2016：35）．教育における「資格化」という文言は，現代日本社会における文脈では，例えば市場で自らの価値を上げるための資格試験等を連想させる．だが，ビースタの議論における「資格化」はより広い概念であり，労働の世界への準備も含まれているのであるが，その他にもシティズンシッ

プに必要な知識や技能である政治的リテラシーなども含む概念である（ビース
タ　2016：36）．「社会化」とは，「教育を通して，我々が特定の社会的，文化
的，政治的な『秩序（orders）』の一部になる多くの方法」であり，「個人を既
存の行動様式や存在様式にはめ込」むことである（ビースタ　2016：36）．

　この2つは，一般的な「教育」のイメージと合致するものであろう．では，
「主体化」とは何を意味しているのだろうか．「主体化＝主体的になる」と理
解されるとき，日常における言葉づかいとしては，それは「選択する判断を
する」「積極的に取り組む」といった意味合いが含まれることがある．このよ
うな理解において，主体は（弁護士資格や英検などといった狭義の）「資格化」や
「社会化」と非常に親和的なものである．例えば「資格化」との組み合わせで
いえば，「どのような資格を得るのか主体的に選ぶ」，「積極的に資格の勉強に
励む」ということが考えられるし，「社会化」との組み合わせでいけば，「ど
の価値がいいのか（どの価値に社会化されるのか）選ぶ」，「その場のやり方に馴
染むよう（＝社会化されるよう）積極的に取り組む」ということも可能であろ
う．

　しかし，ビースタの議論において「主体化」の意味するところはこういっ
たことではない．ビースタは，現代社会における教育を考える上で，「社会
化」と「主体化」を差異化することが重要であると指摘しており（Biesta 2012：
15），彼の理解において両者はむしろ逆の関係にある．「主体化」は，「既存の
秩序からの独立」に関わるものとして理解されていたのである（ビースタ
2016：37）．彼のいう主体化は，既存の枠組の中に言説的位置付けをもたなかっ
た存在や，既存の枠組における自らの位置付けに違和を覚えた存在が，既存
の言説空間に働きかけ自らを社会的な存在として現すことを意味している．
それによって「新しいもの」が到来し，既存の言説編成に影響を及ぼしうる
こと，その行為を主体化と呼んでいたのだ．「独立」という概念は，人間関係
からの切断を意味しているのではなく，人間関係へと（再）接続されていく
ことを意味しているのである．

　ビースタは，この3つの機能が分断されている，あるいは区別されるべき

であると言いたいわけではない．3つは互いに重複・影響しあっており，その影響は「正」でもあり「負」の関係のこともある．例えば，資格試験等の勉強をするという意味での資格化は，同時にその職業人の世界のルールなどに社会化されていくことである，という意味では「社会化」と「正」の関係にあるが，資格試験ばかりに注視して，競争が協力よりも常に望ましいという「資格化」の在り方は，「主体化」にとって負の影響を与える可能性をもつと指摘している（Biesta 2012：14）．ビースタ（2016：41，強調はビースタ）は，問題なのは「資格化か社会化か主体化かを選択することにあるのではなく，むしろこれらの次元の独特な『混合』にある」と述べていた．彼にとって重要であったのは，教育をこの3つの組み合わせとして理解するか否か，という点ではない．ビースタから見ると，この3つの組み合わせとしての教育はすでに生じているのであり，問題とすべきはどのように組み合わせるのか，ということなのである（Biesta 2012：14）．

2-3. 表象の学習を超えるものとしての人文学

　これまでの日本の高等教育において主流だったのは，フンボルト理念にのっとった学習モデルであった．そこでは，「知は断片的に提供されたり，あるいはされなかったりもするのだけど，それを学生の側が自律的に吸収し，統合していくことで，それぞれ専門を深めたり教養をつけたりする」と考えられていた（広田他　2014：271）．しかしながら，提供された表象（＝知）と主体の組み合わせはブラックボックスのままであった．ビースタの3つの機能の組み合わせとしての教育という枠組みを用いると，持続可能性に資するものとして人文学をいかに定位できるだろうか．

　　人文学，とくに広義のテクストを研究対象とする学問分野においては，むしろテクストを読解し解釈し，自らの価値観や世界観を踏まえたうえでの文章執筆が重要であるため，ある種の孤独が不可欠なのである（西山　2013：17）．

　これは，西山雄二が自然科学，社会科学，人文学の3つの文化があるとしたうえで提示した人文学の特徴である．この人文学の特徴は，人文学に研究者として従事している者にとっては当たり前にみえるかもしれない．だが，人文学者が経験する人文学的営為における「資格化」「社会化」「主体化」の組み合わせは，将来的に研究職に就くことを望んでいるわけでもなく，受験教育を中心とした「表象の学習」の枠組を維持したまま大学の人文学系の講義に臨む人々が経験している組み合わせとは全く異なるものである．

　「表象の学習」においてもテクストの読解は行われることは間違いない．しかし，そこではテクストの意味は，「最終的な解」を教員などの専門家が握っているという点で，学習者にとっては所与のものであった．講義を受けたり，テクストを読解する過程において表象の学習に基づく制度に置かれた学習者は授業の内容やテクストで書かれている内容，その解釈に対して違和感や不満を覚えないわけではないだろう．この点は，先に述べたようにビースタが送り手によって発信された「知識」が受け手に届くとき，そこには解釈が伴うと理解していたことに鑑みれば疑問はない．日本の大学教育や学生を念頭して論じている溝上慎一（2003：113）もまた，「学生が授業に参加し，自分でものを考え理解しようとするときには，必ず自身のそれまで培ってきた知（世界に対する知識，理解．ここでは授業観やものの見方）が引き出されてくる」と述べ，学習者の違和感や不満は，授業の内容に対してこの学習者自身のもつ参照枠組みが用いられることによって引き出されてくるものであると指摘していた．ESD が，これまでのライフスタイルの「限界」の認識から生じたという背景に鑑みれば，「持続可能な社会像」はこれまでの社会の常識などの表象から逸れるものであり，学習者のもつ従来の表象への違和感や不満は新たな価値観を生み出すための一歩となる可能性がある．

　だが，表象の学習に基づく制度において，この違和感（＝「新しいもの」の萌芽）は社会的な関係に還流することがない．知識が世界の写しとして扱われ，世界と同一視されてしまうのであれば，知に対して違和感を覚えるのは世界に適応できない「私」の側の問題となるからだ．この点で，表象の学習

という枠組みにおいて人文学を行うことは，確かに「孤独」が付きまとう．というのもテクストの内容に違和感を覚え，「新しいもの」の萌芽を抱いたとしても，表象の学習という学習スタイルに従う限りは，その「違和感」をなかったものとして，いわば封印しなければならないからである．たとえ教室や大学キャンパスにおいて，物理的に他者といたとしても孤独に違和感を抱き続ける必要があるのだ．

　そのような違和感を胸の内に封印し続けることに耐えられず，言葉としてそれを発することもあるだろう．だが，その場合でも「孤独」の影は付きまとう．先に言及した哲学者，三谷は，哲学を学んだ人々に，与えられた表象という「わかりやすい結論」に流されがちな人々に疑いをさしはさみ，みなの目線をこれまでとは異なる方向へ向ける役割を期待していた（三谷　2017：188）．だが，人々が安住している既存の知を批判的に取り上げることは無視や否定といったネガティブな反応を引き起こす可能性があることも三谷は認識していた．だからこそ，三谷は哲学を学ぶ際には，嫌われてもよいという孤独に対峙する「勇気」や「覚悟」を求めていたのである（三谷　2017：189）．

　このように個人の違和感の表出，ビースタの言うところの「新しいもの」の到来が困難な「表象の学習」の枠組みにおいて，出現したのが，「なるべく苦労することなく・手っ取り早く，期待される状態に到達して——ときには到達したかのように演技して——，教育する側から『合格』等の承認＝証明を得ること」に切り詰められた「学び」である（松下　2005：55）．そこでは「資格化」と「社会化」が特出し，さらにはそれぞれの意味が資格試験などの意味での「資格化」や答えを受けとる存在になるという意味での「社会化」に切り詰められていくのだ．

　大学教育はそのようなものではない，という人もいるだろう．例えば山影進（2010：19）は大学教育は正解のわからない問いに取り組む態度を身につけることであり正解を要領よく教えてもらうのを待つという態度は困る，と述べていた．だが，現在の大学教育で進行しているのは，「資格化」と「社会化」のみを特出させるような流れである．具体的には，田中毎実（2002：188）

が「学校化」と指摘する動き，すなわちカリキュラムやシラバス，授業方法などを画一化しようという動きであり，それは大学教育における「表象の学習」の全面化ともいえる事態である．そして，この「表象の学習」という制度の元では，人文学がその役割として自認していた「価値の見直し」ということは生じにくくなるのである．

「資格化」と「社会化」が特出している，といっても同時に「自分で考えること」「主体的であること」が求められているのも現代社会である．だが，「主体化」，「資格化」，「社会化」の関係を整理しないまま，「主体的」であることを求めることは，別の「問題」を結果することがある．教育学者の牧野篤は，近年の入試での面接での体験に基づきながら，近年の学生の特徴について次のように論じている．近年の学生においては，

> 文章全体の構造をとらえ，意味をとらえるのではなく，一文一文の意味どころか，単語一つひとつに分解され，それが彼らのもっているなにがしかの感覚や価値にヒットすると，そこで，彼らの意味づけや解釈機械が作動する．文章全体が一つの意味世界を構成するのではなく，一文のさらに細分化された単語がデジタル的に取り出されて，彼ら自身によって価値づけられ，意味づけされて，使われる．であるが故に，設問の意味をとらえることもなく，また面接委員との間で会話が成立することもない（牧野 2005：414）．

このような学生の言動は，単なる不勉強と経験不足の証左であり，既存の知識を得るという「資格化」のプロセスやコミュニケーションの方法を学ぶといった「社会化」のプロセスの習熟を果たさぬままに主体的たれ，という社会的な要求に応えた結果とも考えられる．これらの学生のことを批判するのは簡単だ．だが，注意しなければならないのは，学生達の言動は高校まで一般的に行われており，大学でも全面化しつつある「表象の学習」という観点からすれば「当然の結果」とも考えられるということである．では「表象

の学習」とは異なるものとしての人文学はどのようなものとして考えることができるだろうか.

　先に述べた西山の言う人文学の特徴は，ビースタの3つの組み合わせの元では学生達の経験とは別様にも理解しうる．まず，「広義のテクストを読解」する中で，研究者が得るのは，まさに「資格化」のプロセスで得られる，「学習者にとって必要な知や理解」である．人文学への「社会化」は，議論の組み立て方や参考文献の書き方などが含まれているが，ここで西山が述べている「孤独」もまた，社会化の一部である．というのも，理系の研究においては共同研究が行われ，共著という形で論文が発表されることも少なくない．だが，文系においては，個人による，しかも論文の集成としての書物が好まれる，といった違いがあるからだ．このような「学問のやり方」に適応していくことは社会化の一環といえよう．そして，「自らの価値観や世界観を踏まえた上での文章執筆」というところに主体化の萌芽を見出すことができよう．

　このとき，ビースタの議論においては「主体化」が社会関係からの離脱ではなく「新しいもの」を既存の言説編成に持ち込むことにあったことを思い出すことは決定的に重要だ．人文学を行う中で獲得される既存の表象は，読み手のそれまでの経験等に基づいて解釈され，違和感や不満，疑問を想起させる．しかし，その違和感や不満は表象の学習の中に置かれた場合とは異なる結果をもたらす．それは既存の言説編成の中に位置をもっていなかった存在や，既存の言説編成における自らの位置付けに対して違和感・不満を有した存在が，彼自身を排除・周辺化してきた表象を資源として流用し，その存在（＝「新しいもの」）を表象のネットワークの中に現す起点となる，ということである（それは同時に，枠組みに変更を迫ることでもある）[9].

　主体化を重視する視点にたてば，「資格化」においてもっぱら知を得ることは象牙の塔の象徴として批判されるかもしれない．だが，（個々の研究の評価は別として）知識を求めることそのものは，否定的にのみとらえられる必要はない．ビースタ（2016：41）の言うように「政治的な知識や理解（資格化）は明白に政治的な行動様式や存在様式（主体化）の発展のための重要な要素となり

うる」と考えられるからだ. 資格化によって得られる知識や理解は, 主体化という点から考えると, むしろ「かかせない要素」でさえある.

　既存の知識や理解がない状態で考えること, 言いかえるならば「思考の自由」は一般的には, 言葉やアイデアを型にはまらない新しいやり方で作り出すこととイメージされがちである. しかし, 坂本尚志 (2017：180) によれば, 「制約なき思考は決して自由な思考ではない. むしろ, 自由さと新しさに固執することによって, かえって陳腐な決まり文句の反復に陥ったり, あるいは他人にとっては理解不能な表現を羅列することに終始したりする可能性がある」という. この制約として機能するのが,「資格化」の過程で得られる知識なのである. 先の主体化の説明において論じたように, 様々な表象を解釈する際に, 違和感や不満といった「新しいもの」の萌芽が到来するわけであるが, その「新しいもの」を明示したり, 新しいものを排除・周辺化してきた既存の枠組を批判したり, 書き換えを望んだりする場合には, 従来の言説編成がどのようなものであったのか, それはなぜそのような編成になっており, どのように社会的制度に組み込まれ維持されているのかなどを知らなければ, 議論できないのである.

　違和を覚える表象について, ある程度の知識を得たとしよう. しかし, それらを順不同に論じていたのでは, 相手に届かない. そこで「社会化」の出番である. 再び坂本の議論によるならば,「社会化」によって獲得される思考の型は,「自分自身の考えを明確に組み立て, 表現するための手段でもある. 同じ『型』を学んだ人々によって作られる社会においては,『型』は, それにしたがい表明される意見を理解し, 批判するための基盤として機能する」(坂本　2017：183) のである.「資格化」「社会化」は共に, 既存の秩序に従属していく動きとも言える. だが, ビースタのいう「主体化」と併せて考えると「資格化」と「社会化」は主体化を可能とする際の資源であり, 条件ですらあるのだ. 人文学は孤独を伴うが, 孤立して終わるわけではないのだ.

　これまでの議論を振り返ると, 人文学的営為においては, 与えられた表象に対して「違和をもった私」が,「資格化において得た知識」を「社会化に

よって得た方法」によって組み立て直すことにより，「主体化」するという一連の動きが見えてくる．無論，全ての人文学の研究にこの３つの要素を見出せるわけではない．例えば文学研究や作家研究には「某という作家を扱うとすれば，その作家の作品を読み，伝記を読み，先行研究を読み，で，なにか新しいものを付け加えられないかという順序」(浅田・松浦　2007：16) があることが指摘されているが，ここでの「新しいもの」は「これまで知られていなかった事実」といった類の，資格化の中で供給されるような知識かもしれない．また，かつては「主体化」の結果生み出された認識が，固定化され，次の世代の人文学徒にとっては「資格化」の中で学ばれなければならない知識の一部となることも十分考えられよう．だが，このように供給される知であっても，本論が論じてきた人文学の枠組みにおいては，「表象の学習」におけるそれとは異なった位置づけを得ることになる．それは世界をそのまま描写した「正答」，研究の終着点ではなく，次の問い／違和感を生み出したり，表明された違和感を説明し位置づけるための「資源」として位置づけられるのだ．その意味で，表象の学習という既存のスタイルで知識を生み出すことは人文学が重視される場合でも必ずしも否定されるわけではないのである．

#　　お わ り に

　表象の学習の遺制の中で行われている ESD が抱えている課題は，正答を伝達することを基礎とする制度において，「正答がない」という問題に取り組むことの難しさにある．そこでは本来は曖昧で多様な「持続可能性」という概念が「正答」として提示されれば，その過程で異なる認識や価値観などの排除や周辺化といった問題を生み，その一方で個々人の気づきを言祝げば，相対主義を帰結しかねない．だが，本論で見てきたように人文学に見られる知と主体の関係は，表象の学習のもとでは浮遊していた「個人の気づき（新しいもの）」をもう一度表象のネットワークの中に還流する仕組みを有している．

持続可能な社会の達成には「新しいもの」の到来が欠かせない．だが，「新しいもの」は既存の枠組と関係付けられなければ「わからないもの」のままである．人文学はこの到来した「新しいもの」と既存の知を互いに拒否するでもなく，否定するでもなく関係付ける方法論を提供するものとして「社会の持続可能性」に資することができるのである．この場合，人文学は持続不可能性という問題への直接的解決策を提供するものではない．だがその問題に対応するために欠かせない，異なる意見を持った人々の「間」を繋ぐという点で重要な貢献を為しうると考えられるのである．

1)　「人文学」の定義については，第2節で論じる．
2)　松岡は他の論文の中でESDと人文学との関係について興味深い指摘を行っている．例えば，ESDにおいて重視される体験学習のフィールドを準備することは大変であるが，特定の地域の課題を表出した芸術作品を通じて，「バーチャルな体験」を提供しうる（松岡　2013：4），文学という虚構の世界が現実とは異なるため，例えば原発といったセンシティブな問題であっても学生らは比較的自由に論じることができる（松岡　2013：9）といった点である．松岡は，文学作品の内容を重視するという点で本論とは方向性が異なっているため，本論ではこれ以上この点は論じない．
3)　ただし，持続可能性に資するライフスタイルの提示はできたとしている永田と曽我であるが，別のところではESDの教育の在り方は誰かが提示してくれるものでも，誰かの後を追うものでもなく，自分たちで問いながら見出していく必要があることも指摘していることからもわかるように，今後のESDの在り方については未定のものと見なしていると考えられる（永田・曽我　2017：19）．
4)　このように日本のESDを評しているのは，永田だけではない．永田は，国連大学と地球環境戦略研究機関による2012年の報告書，(*Education for Sustainable Development: Country Status Reports: An evaluation of national implementation during the UN Decade of Education for Sustainable Development (2004-2015) in East and Southeast Asia*) において「ESDの最前線に立ってきた」はずの日本におけるESD実践が，さして進歩的でないとして「意外に思われている」ことを指摘している（永田　2014：168）．
5)　この点は，いずれの言及もエピソード的に挿入されているだけであるが，環境に関する教材作成の配布に対して公権力からの介入があったと指摘する秦（2015：88）や原発をめぐる議論の偏りに対する批判が政府によって聞き届けられなかったとする湯本（2015：198）などにその実例を見ることができる．
6)　例えば田中昌弥（2016a：20）は，アクティブ・ラーニング導入の背景として

　「持続可能な開発」という開発観の転換によって，先行世代が「真理」「本質」と信じてきたものを教え，その延長線上で考えさせるという従来型の教育の限界が認識されたこと，そして「真理」や「本質」と信じられてきたものを反省的に捉え返し，新たな知を生み出す能力が希求されるようになったことを指摘している．

7)　この点に関して，田中昌弥は，アクティブ・ラーニングにおいて一面的に「アクティブさ」を打ち出されたことにより，相手や環境を受け止めて立ち止まったり考えたりする契機が軽視される恐れがあることを指摘している．田中は「学習者がすでにもっている枠組み，シェマに当てはまる範囲でものを考え，それに合わないものや，細部に姿を現している矛盾など，手間がかかるものは切り捨てる，あるいは，初めから目に映らないようなものの見方になっている」と指摘している（田中　2016b：7-8)．

8)　ただし，ビースタの議論において持続可能性が念頭にないわけではない．ビースタの議論において，個人が他者とともに生活を営む「成熟した存在」になることが重要であると考えられているが，それを重視する理由として「長期的に見れば，資源の限られた惑星上で他の人間たちと共に暮らしていかなければならないという事実に向き合うことが不可避であるということ以外に，絶対的な理由を説明することは難しい．〔…〕長い目で見れば，成熟した存在であることこそが持続可能な唯一の選択肢なのである」と述べている（ビースタ　2017：203)．

9)　周りから浮くことを恐れる傾向があるとされる日本の文脈を念頭に，本論は人文学における「主体化」の役割を，他者と共にあるという関係を維持しつつも自らを社会関係に現す，という側面に特に注目する形で論じている．このような人文学の実践の例としては，比較文学者のエドワード・サイードをあげたい（サイードの実践について，山内（2007）を参照)．資格化のプロセスにおいて他者の考えを学んだ上で，自らの在り方を現すということは，自らの欲望を至高のものとはしないことを含んでいる．このプロセスは，ビースタ（2017：202）が述べたように「私の欲望を中断して問い直し，私が望むもののなかで何が，私自身の人生にとって，そして私が他者と共に生きる人生にとって，望ましいものと見なされ得るかを見極めることを伴う」のである．

引 用 文 献

浅田彰・松浦寿輝（2007）「対談　人文知の現在」『表象』01，8-32 頁．

今泉博（2016）「アクティブな思考を生み出す授業とは」『教育』No. 850，21-28 頁．

小栗有子（2015）「ポスト DESD に残された社会教育としての課題―環境教育史論が提起する問題を中心にして」『日本の社会教育』第 59 集，33-43 頁．

桑田学（2010）「持続可能性の規範理論の基礎―福祉・代替・資本」『歴史と経済』第208 号，16-31 頁．

国連教育科学文化機関（ユネスコ）佐藤真久・阿部治監訳（2006）「国連　持続可能な開発のための教育の 10 年（2005 年～ 2014 年）国際実施計画（日本語訳)」持続可能

な開発のための教育の 10 年推進会議（ESD-J）『ESD-J2005 年活動報告書』
　　https://www.yc.tcu.ac.jp/~sato-laboratory/files/3-5-3.pdf ［2017 年 11 月 21 日閲覧］
「国連持続可能な開発のための教育の 10 年」関係省庁連絡会議（2011）『我が国におけ
　　る「国連持続可能な開発のための教育の 10 年」実施計画（ESD 実施計画）』
　　https://www.cas.go.jp/jp/seisaku/kokuren/keikaku.pdf ［2018 年 7 月 26 日閲覧］
小林信一（2001）「知識社会の大学―教育・研究・組織の変容」『高等教育研究』第 4
　　巻，19-45 頁.
酒井佑輔（2015）「ESD は地域の社会的排除／包摂とどう向き合うか―ガヤトリ・スピ
　　ヴァクによる unleran の可能性」『日本の社会教育第 59 集』，44-54 頁.
坂本尚志（2017）「専門教育は汎用的でありえるか―ジェネリック・スキルとバカロレ
　　ア哲学試験」藤本夕衣・古川雄嗣・渡邉浩一編『反「大学改革」論　若手からの問
　　題提起』京都：ナカニシヤ出版，171-187 頁.
笹井宏益・佐藤一子（2015）「ESD 推進に向けた大学と地域の連携・教育―地域づくり
　　の担い手養成の視点から」『日本の社会教育』第 59 集，160-170 頁.
佐藤真久・阿部治（2007）「『国連持続可能な開発のための教育の 10 年』の国際実施計
　　画とその策定の背景」『環境教育』第 17 巻第 2 号，73-86 頁.
澤田稔（2014）「批判的教育学から見た今後の日本における ESD の意義と課題」田中
　　治彦・杉村美紀共編『多文化共生社会における ESD・市民社会』東京：上智大学出
　　版，123-141 頁.
柴川弘子（2017）「ESD における Education『教育』概念の批判的検討」『神戸大学大
　　学院人間発達環境学研究科研究紀要』第 10 巻第 2 号，73-90 頁.
副島武彦（2006）「持続可能性（Sustainability）の要件」『環境科学学会誌』第 19 巻第
　　5 号，415-424 頁.
田中毎実（2002）「〈総括〉大学授業研究から大学教育学へ」京都大学高等教育教授シ
　　ステム開発センター『大学授業研究の構想―過去から未来へ』東京：東信堂，185-206
　　頁.
田中昌弥（2016a）「アクティブ・ラーニングの背景と課題」『人間と教育』第 91 巻，
　　18-25 頁.
田中昌弥（2016b）「アクティブな学習のあり方を考える」『教育』No.850，5-12 頁.
戸田山和久（2007）「「持続可能な社会」における教養とその教育」『大学教育学会誌』
　　第 29 巻第 2 号，26-31 頁.
永田佳之編著・監訳・曽我幸代編著・訳（2017）『新たな時代の ESD　サスティナブル
　　な学校を創ろう　世界のホールスクールから学ぶ』東京：明石書店.
永田佳之（2014）「ポスト『国連 ESD の 10 年』の課題―国際的な理念と国内の実践と
　　の齟齬から見えてくる日本の教育課題」田中治彦・杉村美紀共編『多文化共生社会
　　における ESD・市民社会』東京：上智大学出版，165-184 頁.
永田佳之（2009）「ポスト・ネオリベラルな時代の教育の行方―「サスティナビリティ」
　　を手がかりに」『比較教育学研究』第 39 号，74-90 頁.

218

西真木子（2012）「LSD（Literary Sustainable Development）：持続可能な発展のための英文学研究　文学における ESD と多文化性の考察」『英文学研究　支部統合号』2012 年 4 巻，19-25 頁.

西山雄二（2013）「序論　人文学と制度」西山雄二編『人文学と制度』東京：未來社，7-40 頁.

二ノ宮リムさち（2015）「大学院の国際・グローバル教育と ESD ―『文脈』のなかで研究と学習を結ぶ『現場体験型グローカル教育』」『日本の社会教育』第 59 集，136-146頁.

野家啓一（2013）「人文学の使命―スローサイエンスの行方」広田照幸・吉田文・小林傳司・上山隆大・濱中淳子編『シリーズ大学第 4 巻　研究する大学』東京：岩波書店，165-195 頁.

芳賀徹（2015）「『人文』の力―金素雲『朝鮮詩集』による経験から」『IDE　現代の高等教育』No.575，43-47 頁.

秦範子（2015）「ポスト 3.11 の社会教育における環境学習・ESD の可能性と課題―津波被災地の自然体験活動を中心にした教育実践を事例に」『日本の社会教育』第 59集，79-89 頁.

ビースタ，ガート　鈴木康弘・高田正哉訳　小玉重夫監訳（2017）「幼稚園のなかのデモクラシー―幼児たちが世界に安心して存在することを支えるということ」『東京大学大学院教育学研究科基礎教育学研究室研究室紀要』第 43 号，193-209 頁.

ビースタ，ガート　藤井啓之・玉木博章訳（2016）『よい教育とはなにか　倫理・政治・民主主義』東京：白澤社.

広田照幸・吉田文・小林傳司・上山隆大・濱中淳子（2014）「［編集委員による討議］新しい『大学像』を鍛える―現実に立脚しつつ，理想を追求するために」広田照幸・吉田文・小林傳司・上山隆大・濱中淳子編『シリーズ大学第 7 巻　対話の向うの大学像』東京：岩波書店，235-280 頁.

別所良美（2013）「序論　大学にとっての ESD」名古屋市立大学人文社会学部編『ESDと大学　〈人間文化研究叢書別冊　ESD ブックレット 1〉』名古屋：風媒社，4-15 頁.

牧野篤（2005）『〈わたし〉の再構築と社会・生涯教育―グローバル化・少子高齢化社会そして大学』岡山：大学教育出版.

松岡信哉（2012）「環境問題と文学：持続発展教育の観点から」『英文学研究　支部統合号』2012 年 4 巻，35-42 頁.

松岡信哉（2013）「持続発展教育と現代アメリカ文学―パール・バックによる津波と原子力の表象とその教材化」『龍谷政策学論集』第 2 号第 2 巻，1-11 頁.

松下良平（2005）「表象の学習／生としての学び」『近代教育フォーラム』No.14，49-62頁.

溝上慎一（2003）「学習主体形成論―学生の世界から大学教育を考える」京都大学高等教育研究開発推進センター編『大学教育学』東京：培風館，107-133 頁.

三谷尚澄（2017）『哲学しててもいいですか？―文系学部不要論へのささやかな反論』

京都：ナカニシヤ出版.

森岡正博（2014）「サステイナビリティ学において何がサステイナブルであるべきなの
　　か　持続可能性概念の批判的考察序説」『人間科学　大阪府立大学紀要』Vol. 9,
　　35-61 頁.

森田伸子（2011）「あえて，今『学校知』のほうへ」『教育哲学研究』103 号，1-9 頁.

山内勇人（2007）「エドワード・サイードに見る知識人像」『政策文化総合研究所年報』
　　第 10 号，113-127 頁.

山影進（2010）「戦争を知らない子供たちから質問のできない子供たちへ」『學鐙』第
　　107 巻第 1 号，18-21 頁.

湯本浩之（2015）「開発教育から見るポスト DESD に向けた課題と展望―市民セクター
　　による教育ネットワークづくりに向けて」『日本の社会教育』第 59 集，194-204 頁.

吉見俊哉（2016）『「文系学部廃止」の衝撃』集英社新書.

吉見俊哉（2015）「大学は国に奉仕しているわけではない．『人類的な価値』に奉仕し
　　ているんです」『週刊金曜日』1052 号，24-27 頁.

Biesta, Gert JJ & Osberg, Deborah（2007）"Beyond Re/Presentation: A Case for Updating
　　the Epistemology of Schooling" *Interchange* vol. 38 No. 1, pp. 15-29.

Biesta, Gert（2012）"The Future of Teacher Education: Evidence, Competence or
　　Wisdom?" *Rose-Research on Steiner Education* Vol. 3 No. 1, pp. 8-21.

Biesta, Gert（2009）"Witnessing Deconstruction in Education: Why Quasi-
　　Transcendentalism Matters" *Journal of Philosophy of Education* vol. 43 No. 3,
　　pp. 391-404.

Osberg, Deborah & Biesta, Gert（2007）"Beyond Presence: Epistemological and
　　Pedagogical Implications of 'Strong' Emergence" *Interchange* vol. 38 No. 1, pp. 31-51.

United Nations（1992）"Agenda 21"
　　https://sustainabledevelopment.un.org/content/documents/Agenda21.pdf［2017 年 11
　　月 21 日閲覧］

あ と が き

　本書は，中央大学政策文化総合研究所の研究プロジェクト「日本社会の持続可能性：経済と環境と福祉の相互補完の総合政策研究」（2016 年度〜 2018 年度）の研究成果の一部を取りまとめたものである．

　本研究プロジェクトに参加した研究員・客員研究員・準研究員は総勢 12 名で，参加者全員が一堂に会した研究会を開催することはできなかったが，プロジェクトとしての研究会活動や現地調査活動などで得た知見を共有して，各自がプロジェクトの趣旨を踏まえた個別の調査・研究活動を行ってきた．

　本プロジェクトとしての研究会活動や現地調査活動の詳細については，『中央大学政策文化総合研究所年報』第 20 号・第 21 号に記載されているが，招請した外部研究者の研究報告とプロジェクト・メンバーとの意見交換・討論形式による招請研究会と，地域社会の持続可能性を高めるための地方創生関連施策に関する現地調査については，その概要を以下に披露しておきたい．

　招請研究会については，2016 年度 1 回と 2017 年度 3 回開催した．2016 年度は 11 月 26 日に堀場勇夫・総務省地方財政審議会会長（青山学院大学名誉教授）による「地域社会の持続・発展に向けた地方税財政改革について：地方法人課税を中心に」の研究報告と意見交換・討論を行った．そして 2017 年度は，8 月 26 日に平嶋彰英・立教大学特任教授「人口構成の変化と地方税財政制度の課題：多文化共生社会・地方自治と憲法」と矢尾板俊平・淑徳大学准教授「地方創生の総合政策論：持続可能な地域を創るための公民連携・協働・共創の在り方」の研究報告と意見交換・討論，10 月 28 日に中澤克佳・東洋大学教授「高齢者の社会動態と介護保険制度の持続可能性」の研究報告と意見交換・討論，12 月 9 日には川瀬晃弘・東洋大学准教授「土壌汚染対策の実態と評価：東京都の事例」と天野恵美子・関東学院大学准教授「高齢社会における買物弱者とその支援——高齢者の生活を支える「共助」と「商助」の

展開事例――」の研究報告と意見交換・討論を行った.

　現地調査については，以下のような地方創生関連施策の取り組み状況を踏まえ 2016 年度と 2017 年度とも 2 地域について実施した．すなわち，第二次安倍政権のもとで，「人口急減・超高齢化という我が国が直面する大きな課題に対し，政府一体となって取り組み，各地域がそれぞれの特徴を活かした自律的で持続的な社会を創生することを目指して」，まち・ひと・しごと創生本部が設立され，国土交通省を中心に「都市機能の近接化による歩いて暮らせる集約型まちづくりの実現に向け，拡散した都市機能を集約させ，生活圏の再構築を進めていくため」の支援制度すなわち集約都市（コンパクトシティ）形成支援事業も実施されている．さらには総務省を中心に，「地域を活性化し経済を持続可能なものとし，国民が安心して快適な暮らしを営んでいけるようにするために……人口減少・少子高齢社会においても一定の圏域人口を有し活力ある社会経済を維持するための拠点を形成すること」を目指す連携中枢都市圏構想推進の取り組みが，2015 年から実施され現在に至っている．

　2016 年度は，9 月 5 日〜6 日に富山市内のコンパクトシティ関連施設の視察及び富山県庁・富山市庁の施策責任担当者へのヒアリング，2016 年 11 月 7 日〜8 日に青森市内のコンパクトシティ関連施設の視察及び青森県・青森市の施策責任担当者へのヒアリングを現地調査として行った．現地調査においては，富山県の新田一郎・知事政策局長（調査時点での職位：以下同じ），長谷川尚・都市計画課長，川上孝裕・課長補佐，西村友徳・計画係副係長，富山市の高森長仁・都市整備部長，高田秀昭・都市政策課主幹，堀友彰・企画係長，青森県の田中良斉・総務部長，仁藤司史・財政部長，若木憲悟・企画調整課長，青森市の佐々木浩文・都市政策課長，はじめ多くの富山県・富山市及び青森県・青森市の行政担当者各位に大変お世話になった．

　2017 年度は，調査開始時点で形成されている 23 連携中枢都市圏のうち圏域人口が最大の広島広域都市圏とそれに次ぐ北九州都市圏域の連携中枢都市である広島市・北九州市及び両市を抱える広島県・福岡県を，現地調査対象にした．すなわち，9 月 4 日〜5 日に福岡市・北九州市内の地方創生施策及

び連携中枢都市圏構想の関連施設の視察と福岡県・北九州市の施策責任担当者へのヒアリング，10月30日〜31日に広島県・広島市の地方創生施策及び連携中枢都市圏構想の関連施設の視察と広島県・広島市の施策責任担当者へのヒアリングを行った．この2地域の現地調査では，福岡県の野村政樹・総務部長，山田信吾・企画地域振興部次長，北九州市の松元照仁・副市長，中本成美・政策部長兼地方創生推進室長，井上美紀・政策調整課長，松本進・都市計画課長，岩嵜政紀・広域行政担当係長，広島県の竹中正博・総務局長，小寺洋・地域政策局長，村上明雄・地域振興部長，田所一三・経営企画監，水本全彦・都市圏魅力づくり推進課主査，田中亮・同主査，広島市の及川亨・企画総務局長，金森禎士・企画調整部長，藤川宜陽・広域都市圏推進課長，木戸一成・主査，森次裕司・主任，はじめ福岡県・北九州市・広島県・広島市の多くの関係者各位に大変お世話になった．

　招請研究会と現地調査にご協力いただいた上記の皆様に，心よりお礼を申し上げたい．とりわけ，現地調査に関しては平嶋彰英・立教大学特任教授（地方職員共済組合理事長，元総務省自治税務局長）に多大なお力添えをいただいた点，謹んで感謝申し上げる次第である．こうした貴重なご協力が本書に十分に反映されているとは言い難いが，招請報告者各位の問題意識や研究成果，現地調査のヒアリングで得た貴重な情報や各施策責任担当者としての政策対応の実態から，招請研究会と現地調査に参加した本書執筆者一同が多くの示唆を得て，それを踏まえた執筆内容になっている点を，申し添えておきたい．

　さらに，政策現場の最前線で，国の大きな政策指針に沿いながらも各県各市の特殊性を踏まえた施策の優先順位付けや予算配分を行い，地域社会の持続可能性を高めようとしている施策担当者各位の政策対応の実態から，そうした政策対応実践こそが「日本社会の持続可能性」の源泉になると痛感した．日本社会を形成する人間一人ひとりが「自らの大切にする社会」を，持続可能な社会にしようとする営みこそが「日本社会の持続可能性」を高めることになる．そうした人間一人ひとりが自らの大切にする社会を持続可能な社会にしようとする営みは，複数の人間や複数の自治体や地域社会が協力し合う

ことを通して，より持続可能な社会になりうる可能性を産み出すのである．

しかしながら，自らの大切にする社会の持続可能性を改善しようとする営みは，他の人びとのそうした営みと競合し，そうした営みに傾注し合う時間コストを含めた社会的費用が発生する恐れもある．各地域が企業や大学や子育て世代を誘致し合う「底辺への競争（Race to the Bottom）」による弊害も認識する必要がある．都道府県には，各々の市町村間で企業や住民を引っ張り合い各々の地域社会の持続可能性を改善し合うことで生じる「底辺への競争」の弊害を認識したうえで，各市町村の利害調整を行う行政能力が求められる．さらには，日本政府も都道府県レベルでの「底辺への競争」を考慮した政策対応が必要になる．

日本における地域社会だけではなく企業や民間非営利団体や家族といった個々の社会の持続可能性を高めようとする人間一人ひとりの営みが，重層する社会の経済と環境と福祉の相互作用の中で，日本社会の持続可能性を左右することになる．本書も各執筆者の研究活動を通したそうした営みの結実であり，本書が日本社会の持続可能性に関して少しでも貢献できれば幸いである．

最後に，本書の編集にあたり大変にお世話いただいた政策文化総合研究所事務担当の北澤舞子さんと中央大学出版部の髙橋和子さんに，また本研究プロジェクトの推進にご協力いただいた中央大学研究所合同事務室の皆さんに，心よりお礼を申し上げたい．

2018 年秋

編者　横　山　　彰

索　引

執筆者紹介（執筆順）

横山　彰（よこやま あきら）　研究員・中央大学総合政策学部教授

篠木幹子（しの き みき こ）　研究員・中央大学総合政策学部教授

実積寿也（じつ づみ とし や）　研究員・中央大学総合政策学部教授

後藤大策（ご とう だい さく）　客員研究員・広島大学大学院国際協力研究科准教授

金　恩愛（きむ うん え）　客員研究員

古谷由紀子（ふる や ゆきこ）　客員研究員・サステナビリティ消費者会議代表

石綿　寛（いし わた ひろし）　客員研究員・淑徳大学サービスラーニングセンター助手

山内勇人（やま うち はや と）　準研究員

日本社会の持続可能性と総合政策
　　　　　　中央大学政策文化総合研究所研究叢書24

2019年3月15日　初版第1刷発行

　　　　　　　編著者　横　山　　彰
　　　　　　　発行者　中 央 大 学 出 版 部
　　　　　　　代表者　間　島　進　吾

　　　　　　〒192-0393　東京都八王子市東中野742-1
　　　発行所　中 央 大 学 出 版 部
　　　　　　　http://www2.chuo-u.ac.jp/up/
　　　　　　　電話 042(674)2351　FAX 042(674)2354

©2019 横山　彰　ISBN978-4-8057-1423-2　印刷・製本 株式会社 遊文舎